中国博士后基金项目（2016M602383）

卓越文库

马克思主义研究
青年学者论丛

丛书主编
朱　哲

郑　伟　著

普列汉诺夫一元论
历史观研究

Research on Plekhanov's
Monistic Conception of History

社会科学文献出版社
SOCIAL SCIENCES ACADEMIC PRESS (CHINA)

总　序

朱　哲[*]

迄今为止，还没有哪一种"理论""学说"如马克思主义理论那样已经并将继续深刻影响人类社会的发展前途和命运。事实上，《共产党宣言》问世以来的世界历史，就是一幅围绕着马克思主义的传播、发展、创新和全球性实践而展开的，各种力量相互交锋较量、相互交流交融的壮丽画卷。

在理论上，马克思主义对人类社会发展历史进行了前所未有的深刻分析和科学总结，对资本主义的前世今生进行了细致完整的立体剖解和全景展示，对资本主义的发展前途和人类社会的理想蓝图进行了逻辑严谨的大胆预言和宏伟擘画。

在实践上，马克思主义不但引领了 20 世纪的社会主义运动，还与全球范围内的民族解放运动、反殖民主义运动相结合，进而深刻影响了 20 世纪人类历史上第一批社会主义国家的具体实践。这一实践过程，既全面影响了主要资本主义国家的发展方向和运作模式，又为人类社会未来的发展前景指明了方向。

世界历史已经反复表明：一个国家的兴衰隆替总是与这个国家的理论自信程度和理论扎根实践的深度密不可分的。20 世纪晚期，"西风压倒东风"，世界社会主义运动遭逢苏东剧变，民主化浪潮再度兴起，美国式自由民主话语一时风靡全球。与此同时，马克思主义受尽嘲弄和质疑，历史似乎真的已经终结，马克思主义似乎真的在思想的竞技场上彻底落败。

---

[*]　朱哲（1965 年~），湖北蕲春人，武汉理工大学马克思主义学院院长，首席教授，博士生导师，中宣部"四个一批"人才。

然而,"天行有常",历史的发展自有其不可移易的运动轨迹。

随着由美国次贷危机引发的全球金融危机的爆发,资本主义世界经济急剧衰落,而坚持马克思主义的社会主义中国则在危机中一枝独秀并快速崛起。一退一进,一反一正,昭示着马克思主义的命运在一瞬间实现了翻转。而那些曾经唯美国马首是瞻、对资本主义极尽赞美之辞的学者和政客,则不得不纷纷逃离"历史终结"的美好幻想,并开始重新审视马克思主义的科学性,理性看待中国特色社会主义的合理性和先进性。"天若有情天亦老,人间正道是沧桑。"历史实践不容无视。马克思主义再次以自身实践证明了它超越时空的理论洞见和科学合理的大胆预言。难怪德里达要发出"未来不能没有马克思"的呼喊。

恩格斯曾说:"马克思的整个世界观不是教义,而是方法。它提供的不是现成的教条,而是进一步研究的出发点和供这种研究使用的方法。"[1] 只要与实践相结合,在实践中不断推进理论创新,马克思主义就会持续焕发出强大的力量。20世纪初马克思主义传入中国后,不但为灾难深重的中国指明了前进方向和发展目标,进而彻底解决了中国向何处去这一根本性问题,而且在与中国具体国情相结合的过程中,通过一个又一个中国化的马克思主义理论成果的创立,在理论和实践层面解决了怎样前进、如何发展等一系列关键问题,并由此在革命、建设和改革的实践中取得了一个又一个举世瞩目的伟大胜利。

21世纪以来,面对急剧变化的世情和国情,在国内外各种挑战前所未有、中华民族伟大复兴所展现出的光明前景前所未有的当下,继续推进马克思主义中国化、时代化、大众化,不但是坚持马克思主义的指导地位、坚持中国特色社会主义的必然要求,也是解决当代中国前进道路上出现的各种问题的根本方法。党的十八大以来,以习近平总书记为核心的新一届中央领导集体毫不动摇地坚持马克思主义的指导地位,审时度势,纵横捭阖,擘画战略,全面布局,从而为马克思主义在新的历史条件下进一步实现创新发展提供了广阔的空间和丰厚的土壤。

实践探索没有止境,理论创新没有尽头。在中国特色社会主义实践的基础上,持续推进马克思主义理论创新和马克思主义中国化、时代化、大

---

[1] 《马克思恩格斯文集》第10卷,人民出版社,2009,第691页。

众化，是历史赋予当代中国学人的光荣使命。

卓越文库是武汉理工大学马克思主义学院优秀教师坚持马克思主义理论创新，持续推进马克思主义中国化、时代化、大众化研究成果的集中体现。马克思主义学院自 2011 年组建成立以来，依托过去 20 多年学科建设的深厚根基，在短短 5 年时间内，初步建成了一级学科博士点、博士后流动站、湖北省一级学科重点学科等高层次学科平台，形成了"本科 - 硕士 - 博士 - 博士后"完整的学科与人才培养体系，为有志于从事马克思主义研究的莘莘学子和理论工作者们提供了良好环境。这套论丛则展示了武汉理工大学马克思主义学院青年学者在马克思主义研究领域的思考和探索。

当代中国马克思主义研究中的青年一代，基本都受过系统的学术训练，具备跨学科的知识背景和创新性的研究视野，这些都是当代青年学者较为突出的特点。而中国特色社会主义的伟大实践和中华民族伟大复兴的光明前景，又为从事马克思主义研究的当代中国青年学者提供了充足的养料和广阔的舞台，他们是能够大有作为也应该大有作为的一代学人。我们能够做的就是保持耐心，给他们足够的成长空间和时间。这套丛书的出版，既是对有志于从事马克思主义研究的青年学者的鼓励，也饱含着对马克思主义研究事业不断发展壮大的信心和期望。

毫无疑问，这套青年学者论丛当中肯定会有这样那样的成见或错误、缺陷或不足，我们衷心希望学界同仁给予批评指正。你们的批评和指正，不但有助于这些青年学者成长，更有助于推进中国化马克思主义研究的深入和马克思主义深度的中国化、时代化和大众化。

是为序。

目　录

导　论

一　研究意义

19 世纪，在俄罗斯这片文化净土上，巍然屹立着诸多大师，如别林斯基、巴枯宁、屠格涅夫、陀思妥耶夫斯基、列夫·托尔斯泰、赫尔岑、车尔尼雪夫斯基等。其中，普列汉诺夫作为"俄国马克思主义之父"，从 1856 年出生到 1918 年去世，短短的 62 年中，以其深邃、博大、辽远的思想独树一帜、自成风景。他上承赫尔岑、车尔尼雪夫斯基等老一辈俄国革命民主主义者，下启列宁、布哈林、斯大林等马克思主义理论家、革命家。他不仅濡染了自由主义、现实主义的传统，又脱胎于民粹主义、无政府主义；不仅以卓越的革命家身份闪耀于政治舞台，而且以哲学家的英姿傲然长空，驰骋于历史观、辩证法、唯物论、哲学史、文艺美学等诸多领域。俄国马克思主义由他肇始，因其而盛，经他不懈的努力，马克思主义在俄国枝繁叶茂、生机勃勃，与现实政治革命活动交相辉映。

虽然普列汉诺夫晚年上演了"机会主义""社会沙文主义"等剧目，但其诸多理论与政治实践活动的"主旋律"却始终回荡在人们的耳边。他始终紧贴俄国大地，紧跟时代脉搏，紧扣群众诉求，围绕俄国马克思主义哲学有没有、是什么、能否用、怎样用等问题，殚精竭虑、呕心沥血，助马克思主义哲学赓续有继，促马克思主义哲学深植俄国。这些成就使他得到了诸多褒奖，恩格斯在 1885 年 4 月 23 日给查苏利奇的信中写道："我感到自豪的是，在俄国青年中有一派真诚地、无保留地接受了马克思的伟大的经济理论和历史理论，并坚决地同他们前辈的一切无政府主义的和带有一点斯拉夫主义的传统决裂。"① 列宁评价道，"普列汉诺夫所写的全部哲学著作""是整个国际马克思主义文献中的优秀作品"，这些著作"应当成为必读的共产主义教科书"。② 梅林指出，谁要想切切实实地了解历史唯物主义，就必须研读普列汉诺夫的著作。《联共（布）党史简明教程》中指出，"普列汉诺夫是用马克思主义理论批判民粹派错误观点的第一人"，他给民粹派以"一针见血的打击"，"光辉地捍卫了马克思主义的观点"。此外，即便是坚决反对普列汉诺夫思想主张的政敌也时常被其高深的学术造诣所折服，伯恩施坦在其修正主义宣言书《社会主义的前提和社会民主党的任务》中写道："即使在我写下这些反驳的话时，我从未有任何一刻否认过普列汉诺夫在俄国传播马克思学说方面所立下的巨大功绩，我对于他为了社会主义事业的忘我活动是以非常感激的心情纪念着的。"③ 的确，普列汉诺夫对于马克思主义哲学特别是历史唯物主义诸多问题有很多独到的看法及见解，提出了诸多经过深思熟虑的创见，需要我们进行系统化的梳理、甄别与阐发。此研究的意义主要表现在如下几个方面。

一方面，阐明普列汉诺夫一元论历史观的学术价值。第一，重新认识普列汉诺夫一元论历史观的地位。普列汉诺夫曾在多个场合反复强调，研究、宣传马克思恩格斯的学说是其"毕生的任务"，因而他担负了接续历史唯物主义"香火"的重要任务。但是，从目前的研究来看，人们都希冀通过自己的努力来"走近"普列汉诺夫，试图勾勒、描画出普列汉诺夫"一元论历史观"的逻辑体系。但是，传统评价的基调，以及研究方法、理论旨趣、知识结构等方面的制约，使人们在考察普列汉诺夫思想时，难以全面、客观地把握其总貌，无法估摸普列汉诺夫的独到见解和真正局限。例如，霍布斯鲍姆认为，普列汉诺夫是"历史唯物主义最僵化的拥护者"④，拉克劳与墨菲也指出，普列汉诺夫将历史唯物主义仅仅解释为"工具—技术决定论"，俄罗斯科学院院士奥伊泽尔曼更是认为，普列汉诺夫把历史唯物主

---

① 《马克思恩格斯与俄国政治活动家通信集》，人民出版社，1987，第489页。
② 《列宁专题文集·论辩证唯物主义和历史唯物主义》，人民出版社，2009，第314页。
③ 《伯恩施坦读本》，殷叙彝译，中央编译出版社，2008，第337页。
④ 〔英〕艾瑞克·霍布斯鲍姆：《史学家——历史神话的终结者》，马俊亚、郭英剑译，上海人民出版社，2002，第187页。

义理解为"经济唯物主义",其"将经济基础的决定地位夸大到极致"①,另外,更有甚者将普列汉诺夫看作"比伯恩施坦的危害还大百倍"的大机会主义者和大叛徒②。虽然这些否定性的观点对于深化普列汉诺夫一元论历史观的研究有一定的借鉴意义,然而,它们是建立在对普列汉诺夫一元论历史观的误解之上,是不符合实际的。因此,在吸收和总结现有研究成果的基础上,对普列汉诺夫一元论历史观及其相关问题重新进行一番探讨,对于澄清这些误解、重新科学认识普列汉诺夫一元论历史观具有重要意义。

第二,有利于深化马克思主义发展史的研究。第二国际马克思主义因其独特的时空境遇、深远的影响力成为马克思主义发展链条上不容小觑的"最为关键的一环"。从其时代境遇来看,资本主义已从自由竞争时期过渡到垄断阶段,在理论发展指向上,开启了全新的"马克思主义理解史"时代。然而,国际上对于第二国际马克思主义的历史地位一直有争议,譬如,西方马克思主义者一致将其标榜为"庸俗化、实证化、教条化"的马克思主义,斯大林更是在《论列宁主义的基础》中直言不讳地指出:"在马克思恩格斯两人和列宁之间隔着第二国际机会主义独占统治的整个时代。"对于国内而言,20 世纪 60 年代,由于受政治的影响,特别是当反对"苏联现代修正主义"的思潮成为我国政治生活的主旋律之后,学者们普遍对第二国际马克思主义持否定性态度,直到改革的春风吹遍中华大地,国内学界对于第二国际的研究也开始复苏,但研究成果的数量微乎其微。从研究内容来看,则主要聚焦于国际共产主义运动史、社会主义理论史以及政党建设的理论与实践,而第二国际的哲学思想研究却仍然是薄弱环节。因此,系统研究普列汉诺夫的哲学思想,对于深化马克思主义发展史的研究意义十分重大。

第三,开掘普列汉诺夫一元论历史观大厦中的"珍宝"。对作为哲学中心的历史唯物主义的学习、反思、运用和发展,构成了普列汉诺夫人生旅程中最为亮丽的一道风景线。他几乎凭一己之力,使马克思主义哲学在俄国具备了"创派规模",他对马克思主义哲学的系统阐发,始于历史唯物主义,在这个方面其贡献大,创见深,不仅继承与发展了马克思恩格斯历史唯物主义思想,而且根据俄国国情,结合时代特征进行了出色发挥。虽然

---

① 林艳梅:《当代俄罗斯马克思主义研究》,中央编译出版社,2013,第 71 页。
② 李景治:《国际共运史学百年》,北京出版社,1999,第 191 页。

他的一元论历史观带有一些不足，甚至不乏错乱粗糙之处，却为历史唯物主义的发展承接了充沛的地气。他在历史唯物主义的研究中，有若干个"第一"，诸如第一次运用唯物史观具体地分析地理环境及其在社会中的作用，第一次系统论述社会心理学说，第一次从学理上提出"辩证唯物主义"的概念，并认为"辩证唯物主义是唯物史观的最高发展"①。而这些概念及研究方法已成为当前学术话语体系中重要的研究域界，其独到的见解，为后学提供了广博的学术视野与理论空间。

另一方面，凸显普列汉诺夫一元论历史观的当代意义。普列汉诺夫曾说："马克思主义的历史观……给我们打开了一个巨大的研究领域。要清理这个领域中只是很小的一部分，就需要更多的工作，更多的耐心和更大的对真理的爱好。但是它是属于我们的，基础已经得到了，工作已经在无可比拟的大师手里开始了，我们只需继续下去。如果我们不愿使马克思的天才观念在我们脑子里变成一些'灰色的'、'暗淡的'、'死气沉沉'的东西，我们就必须这样做。"② 由此可见，历史唯物主义既不是在变化了的历史条件下固守旧结论、旧论断"以不变应万变"的教条，也非时代主题转换下，"已被超越"的"过时"理论，历史唯物主义恰是在迎接挑战的艰难探索中不断向前发展的学说。习近平同志反复重申："历史和现实都表明，只有坚持历史唯物主义，我们才能不断把对中国特色社会主义规律的认识提高到新的水平，不断开辟当代中国马克思主义发展新境界。"③ 因而，对于普列汉诺夫一元论历史观的研究，不仅有利于我们深化对历史唯物主义的认识，也为解决我国社会主义建设的实际问题提供了强大的思想武器。

二 国内外研究综述

1. 国外研究概况

（1）苏东以及当前俄罗斯的研究状况

列宁是最早研究普列汉诺夫思想的代表之一。他曾在国家与革命、俄

---

① 《普列汉诺夫哲学著作选集》第 1 卷，三联书店，1959，第 811 页。
② 《普列汉诺夫哲学著作选集》第 2 卷，三联书店，1961，第 204 页。
③ 习近平：《推动全党学习和掌握历史唯物主义》，新华网，2013 年 12 月 4 日。

国革命道路、无产阶级专政、党的组织原则及策略等问题上,同普列汉诺夫进行过思想上的交锋,主要体现在《第二国际的破产》《国家与革命》《论冒险主义》《工人运动中的思想斗争》等著述中。在《国家与革命》中,列宁严厉斥责普列汉诺夫等人将马克思主义作了庸俗化的理解,以至于他们在国家问题上"保持缄默、躲躲闪闪",但列宁在批判普列汉诺夫的同时,也肯定了其一元论历史观思想的深刻性、科学性,认为他"精通唯物主义",对马克思恩格斯的哲学观点是了然于心的。其著作"是全俄国社会主义民主党的牢固的成果",以至于不研究他的哲学著作,"就不能成为一个自觉的、真正的共产主义者,因为这些著作是整个国际马克思主义文献中的优秀作品","不知道普列汉诺夫的哲学言论,就不可能把辩证唯物主义推向前进"。①

普列汉诺夫著作在苏联的出版状况。在列宁的倡导下,苏联对普列汉诺夫的著作开始重视起来,1923~1927年,《普列汉诺夫全集》第1~24卷陆续出版,1928年,普列汉诺夫纪念馆于列宁格勒落成,并成为普列汉诺夫思想的研究中心。1934~1940年,《普列汉诺夫遗著》8卷本相继出版,20世纪40年代,普列汉诺夫的一些脍炙人口的名著单行本也相继问世,诸如《论个人在历史上的作用》《马克思主义的基本问题》《论一元论历史观的发展问题》以及论文集《文学与艺术》。为纪念普列汉诺夫100周年诞辰,苏联于1956~1958年出版了《普列汉诺夫哲学著作选集》5卷本,《普列汉诺夫哲学文学遗产》3卷本,《论文学和美学》2卷本,《普列汉诺夫与阿克雪里罗得通讯集》3卷本。1999年11月30日,俄罗斯《独立报》在编发普列汉诺夫政治遗嘱的同时,还发表了关于遗嘱写作过程、真伪考辨等的文章。

关于普列汉诺夫思想在苏联的研究情况。第一,普列汉诺夫的哲学地位。自普列汉诺夫逝世后,整个20世纪20年代都是普列汉诺夫正统论时期,主要代表人物为德波林、戈烈夫、阿克雪里罗德以及沃尔夫逊等。他们在哲学思想上没有成为列宁主义者,而一直将普列汉诺夫奉为"精神上的父亲"。他们在这一时期主要是系统地整理了普列汉诺夫的哲学思想,肯定了他在捍卫及发展辩证唯物主义和历史唯物主义方面的重大贡献,并通

① 《列宁选集》第4卷,人民出版社,2012,第420页。

过各种渠道在青年中宣传这些思想。但是，他们既没能科学评价普列汉诺夫在哲学上具有独创性的内容，也未能指出列宁同普列汉诺夫理论思想的关系。从1930年开始，以米丁、埃彼西特柯夫斯基为代表的理论家第一次明确提出了马克思主义哲学发展的列宁阶段，必须联系列宁的哲学思想来评价普列汉诺夫。然而，米丁等人没有理解和运用列宁的哲学思想，甚至在很多问题上背离了列宁的思想，夸大了普列汉诺夫的哲学缺点，其中以米丁的《关于哲学辩论的总结》（1931年1月）为代表。随后许多学者仍然坚持这种看法，但是他们提出了各自不同的见解，诸如福明娜的《普列汉诺夫的哲学观点》（1955年）、西多罗夫的《普列汉诺夫是杰出的马克思主义理论宣传家》（1956年10月）。此外，还有研究普列汉诺夫思想的著名学者恰金，他在诸多不同的论著中，不仅强调了普列汉诺夫在苏联哲学史上的地位，而且对他的许多思想给予了深入的阐发。

第二，关于普列汉诺夫生平传记的研究。自研究普列汉诺夫第一部传记《格·瓦·普列汉诺夫传略》（阿·叶尔尼茨基著，圣彼得堡，1906）问世以来，苏联已出版关于普列汉诺夫生平活动及传记共计60多篇。然而，这些传记多集中于列宁时期，列宁逝世很长一段时间内，关于普列汉诺夫的传记几乎没有，这种现象与普列汉诺夫的声望极不相称。直到20世纪50年代，由谢德洛夫、米亚斯尼柯夫所著的《普列汉诺夫》（谢德洛夫、米亚斯尼柯夫著，王荫庭译，三联书店，1956）出版后，才开启了普列汉诺夫生平研究的新时期，70年代关于他的两部主要传记在莫斯科也相继出版，它们分别是恰根、库尔巴托娃所著的《普列汉诺夫》（1973），以及米·约夫楚克、伊·库尔巴托娃所著的《普列汉诺夫传》（1977）。

第三，关于普列汉诺夫的唯物史观贡献研究。20世纪30年代，学者们开始关注普列汉诺夫的一元论历史观，其中，以伊·加尼切夫的《普列汉诺夫为唯物主义历史观而斗争》（载《历史学家——马克思主义者》1938年第6期，第159~166页）、莫·卡马里的《普列汉诺夫论个人在历史上的作用》（载《无产阶级革命》1939年第1期）、斯·普·巴季谢夫的《格·瓦·普列汉诺夫与马克思主义哲学的宣传》（载《现代科学》1939年第8期，第84~101页）为代表，在20世纪50年代掀起了普列汉诺夫一元论历史观研究的高潮，其中颇具影响的有维·亚·福明娜的《格·瓦·普列汉诺夫在俄国传播马克思主义哲学中的作用》（《俄国哲学史》，1951）、

《普列汉诺夫的哲学遗产》（郭从周译，上海人民出版社，1957），阿·伊·别尔德曼的《论格·瓦·普列汉诺夫的历史观点》（莫斯科市师范学院，1950），尤·兹·波列沃伊的《论普列汉诺夫的历史观点》（载《历史问题》1954 年第 8 期，第 48~64 页），鲍·亚·恰根的《普列汉诺夫及其在发展马克思主义哲学中的作用》（莫斯科－列宁格勒，1957）、《普列汉诺夫对马克思主义哲学的捍卫、论证和发展》（列宁格勒，1957）、《格·瓦·普列汉诺夫对马克思主义一般社会学理论的探究》（列宁格勒，1977）。这些著作都强调了历史唯物主义在普列汉诺夫思想中的重要地位，特别是关于个人在历史上的作用，关于思想体系的产生和历史问题以及对于美学的唯物主义论证。

第四，关于普列汉诺夫的经济思想研究。苏联学者波梁斯基所著的《普列汉诺夫的经济观点》（波梁斯基著，季谦译，上海人民出版社，1957）认为，普列汉诺夫关于政治经济学一些基本问题的言论具有重要意义。普列汉诺夫经济观点的性质不单表现于对政敌的斗争，也表现于对这些问题的解决。同时，作者也指出了普列汉诺夫研究经济思想时在哲学方法论上的错误，认为普列汉诺夫擅长在逻辑的诡辩方面探求理论问题的解决，而规避对实际材料及原始资料的细心处理。

第五，关于普列汉诺夫的美学思想研究。福明娜在《普列汉诺夫的文学和艺术观》（福明娜著，张祺译，新文艺出版社，1958）中指出，普列汉诺夫在反对资产阶级艺术、反对资产阶级艺术的反现实主义倾向时，论证了艺术中的现实主义的方法，强调了用历史的观点来指导文学和艺术的方法，即只有依靠辩证唯物主义和历史唯物主义，美学和文学批评才能够顺利发展。

在东欧的保加利亚、南斯拉夫、波兰、阿尔巴尼亚、罗马尼亚等国，普列汉诺夫的主要著作曾被译作当地文字，东欧学者也对其思想展开了研究。其中，在保加利亚，1924 年，有学者发表了题为《普列汉诺夫在保加利亚》的论文，从而掀起了研究普列汉诺夫社会主义理论的热潮。在南斯拉夫，普雷德腊格·弗兰尼茨基在其《马克思主义史》一书的"马克思主义在俄国"一章中，不仅介绍了当时研究普列汉诺夫哲学思想的最新理论成果，而且论述了他对马克思主义哲学的一些"独特看法"，并认为普列汉诺夫"特别是恩格斯在晚期著作中所提出的观点的彻底继承者"①。此外，东欧著名马克思主义理论家科拉科夫斯基在《马克思主义的主流》第 2 卷的"黄金时代"中，对普列汉诺夫的思想、生平进行了详细的介绍。

（2）其他国家的研究情况

普列汉诺夫著作的广泛传播，对西方早期马克思主义者卢卡奇、科尔施、葛兰西等人的思想产生了巨大的影响。尤其是在关于马克思主义哲学基础的理解上，卢卡奇在《历史与阶级意识》以及关于莫泽斯·赫斯的论文中，表达了反对普列汉诺夫将费尔巴哈看作马克思主义哲学与黑格尔的中介的思想，此外，科尔施的《马克思主义和哲学》、葛兰西的《狱中札记》都表达了与卢卡奇相似的观点。此后，西方马克思主义者马尔库塞、梅洛-庞蒂、列斐伏尔、萨特等在其主要代表作中，都将普列汉诺夫作为马克思恩格斯与列宁主义的中介环节来评述。英国学者戴维·麦克莱伦在《马克思以后的马克思主义》一书中也充分肯定了普列汉诺夫的地位及作用，指出"普列汉诺夫最重要的贡献是对俄国革命发展提出了一种正统的马克思主义看法"②。在美国，塞缪尔·H. 巴伦教授（Samuel H. Baron）在《普列汉诺夫：俄国马克思主义之父》（*Plekhanov: the Father of Russian Marxism*，1963）、《格奥尔基·瓦连廷诺维奇·普列汉诺夫》（美国国际学术出版社，1982）及一些文章中，例如 Plekhanov's Russia：The Impact of the West Upon an "Oriental" Society 和 Plekhanov and the Origins of Russian Marxism 系统地研究了普列汉诺夫的生平及重要思想。另外，Steila 在《普列汉诺夫理论知识的起源与发展》（*Genesis and Development of Plekhanov's Theory of Knowledge*）一书中，不仅详尽介绍了普列汉诺夫的生平，而且对其理论知识的形成、发展及其历史理论的贡献作了细致的分析。在法国，éd. du Sandre 在 2008 年翻译出版了普列汉诺夫的经典名著《马克思主义的基本问题》（*Les Questions Fondamentales du Marxisme*）。在日本，从 20 世纪 20 年代到 50 年代，普列汉诺夫的一大批经典著作被翻译成了日语。20 世纪 20～30 年代，日本学者藏原惟人、外村史郎、川内唯彦、平林初之辅等将普列汉诺夫的

---

① 〔南斯拉夫〕弗兰尼茨基：《马克思主义史》第 1 卷，人民出版社，1986，第 452 页。
② 〔英〕戴维·麦克莱伦：《马克思以后的马克思主义》，李智译，中国人民大学出版社，2008，第 85 页。

代表作如《战斗的唯物主义》译为日文出版。1973 年，日本大月书店还出版了内村有三译的普列汉诺夫名著《社会主义与政治斗争》，书后还附有普列汉诺夫传记。

总体来看，国外关于普列汉诺夫的研究呈现如下特点。

其一，参与的国际性。从事普列汉诺夫一元论历史观的研究者，既有俄国、苏联、俄罗斯的学者，也包括中国、日本、美国、意大利、希腊等国的学者。普列汉诺夫作为杰出的哲学家、思想家、国际工人运动活动家，其思想影响之大，已经远远超出了本国范围。尤其是 2006 年 12 月 11 日召开的为纪念普列汉诺夫诞生 150 周年的国际学术研讨会，吸引了来自不同国家的 100 多名学者。

其二，研究范围的广泛性。这些国外学者的研究涉及普列汉诺夫思想的各个方面，包括他的生平、哲学思想、伦理学、政治经济学思想、社会民主主义思想、意识形态理论、文艺美学思想，普列汉诺夫著作对于其他国家的影响，普列汉诺夫与同时代的马克思主义者生活道路的比较研究，对 19 世纪、20 世纪国际共产主义运动的影响以及对中国特色社会主义道路的影响，等等。

其三，对普列汉诺夫哲学思想的研究趋于淡化。从以上的相关研究成果来看，对于普列汉诺夫一元论历史观的研究多集中在 20 世纪 50～80 年代这个时间段，而近几十年，普列汉诺夫的哲学思想受到冷落，譬如，在 1999 年俄罗斯哲学学会曾就人们最关注的 20 世纪俄罗斯哲学家和哲学著作做过广泛的社会调查，结果显示，普列汉诺夫的名字仅仅列第 18 位，其哲学著作没有一本能进入前十。此外，在普列汉诺夫理论思想的研究中，我们发现，国外学者更多的是关注其社会民主主义思想，普列汉诺夫与列宁在十月革命道路问题上的分歧，譬如有学者甚至通过分析马克斯·韦伯关于西方社会资本主义伦理与普列汉诺夫提出的俄国东方式伦理精神和资本主义的联系，来拔高普列汉诺夫社会民主主义思想。进而言之，他们只是借助普列汉诺夫的某个理论主张来论证自己所关心的问题，而忽略了其思想的精髓。因此，勾勒与还原普列汉诺夫一元论历史观这一项前提性和基础性的工作显得尤为重要。

2. 国内研究现状

结合我国政治形势的有关变化，依据国内学术界的有关成果，我们认为，国内对普列汉诺夫思想研究大致经历了四个阶段。

第一阶段（1949 年以前）。当俄国十月革命的胜利为我们送来马克思列宁主义之后，中国共产党的早期领袖如李达、李大钊便公开在一些报刊上撰文，介绍普列汉诺夫的事迹。随后，普列汉诺夫的一些社会主义、哲学及文艺美学著述被一批仁人志士翻译成了中文。其中最具代表性的有：鲁迅、伍国桢的《蒲力汉诺夫与艺术问题》，郑超麟译的《辩证法与逻辑》，一鸿译的《社会改造中之两大思潮》，等等。"据不完全统计，在新中国成立前的 20 年内，普列汉诺夫的著作已出版了 14 余部，包括有文章摘录文集 3 部，以及论文 3 篇。"① 其中，以《马克思主义的基本问题》出版次数最多。总之，普列汉诺夫这些著作的出版意义深远，不仅为马克思主义中国化的进程提供了"助推器"，而且其本身也具有思想启蒙的意蕴。

第二阶段（1949～1978 年）。新中国成立之初，中国共产党主张"以苏为师"，坚持"一边倒"的政策。因此，与苏联一样，中国共产党奉行着否定第二国际的错误主张，使对普列汉诺夫思想的研究出现了一个真空期。直至 20 世纪 60 年代，中国与苏联关系进一步恶化，我国理论界掀起了一股批判修正主义的热潮，矛头直指伯恩施坦与考茨基。在此情形下，诸多第二国际主流理论家的著述及文章，开始以"灰皮书"的形式集中编译及出版。与此同时，作为第二国际左派理论家的普列汉诺夫的哲学著作也开始被关注。其中，三联书店从 1959 年起，陆续出版了《普列汉诺夫哲学著作选集》第 1～4 卷，另外，《普列汉诺夫机会主义文选（1903 年–1908 年）》《社会主义与政治斗争》《论战争》《唯物论的历史观》《马克思主义的基本问题》《反对哲学中的修正主义》《车尔尼雪夫斯基评传》《我们的意见分歧》《论西欧文学》等单行本也相继问世。总体来看，这一时期的普列汉诺夫思想研究还处于起步阶段。因为对普列汉诺夫思想的研究受到了以批判赫鲁晓夫为首的"现代修正主义"及"文化大革命"等政治形势的影响，故而难以深入发掘普列汉诺夫思想的精华，公允评价他在马克思主义哲学史中的地位。

第三阶段（1978 年至 20 世纪 90 年代初）。十一届三中全会的顺利召开，使"解放思想，实事求是"的科学精神逐渐深入人心，人们不断冲破

---

① 参见高放、高敬增《普列汉诺夫评传》，中国人民大学出版社，1985，第 715～716 页。

各种思维定式的禁锢，对那些久居"冷宫"的第二国际理论家、"机会主义者"、"修正主义者"的思想开始重新进行反思，翻开那些封存已久、布满灰尘的卷宗，重新探寻其思想理论中的"珍珠"。一方面，理论界继续出版了普列汉诺夫的原著，诸如《普列汉诺夫哲学著作选集》第5卷、《在祖国的一年》、《无政府主义与社会主义》等；另一方面，研究普列汉诺夫生平的高潮开始涌现。譬如，高放、高敬增教授的《普列汉诺夫评传》、《普列汉诺夫年谱》（中国人民大学出版社，1985，1986），陈启能的《普列汉诺夫》（商务印书馆，1981）。值得注意的是，一批系统研究普列汉诺夫哲学思想的专著也相继问世。1984年，河北人民出版社出版了李清崑、王秀芳同志合著的《普列汉诺夫与唯物史观》，这是中国第一部深入研究普列汉诺夫一元论历史观的论著。此后，又有何梓焜的《普列汉诺夫哲学思想述评》（中山大学出版社，1987）、王荫庭的《普列汉诺夫哲学新论》（北京出版社，1988）、李清崑的《唯物史观与哲学史：普列汉诺夫哲学史研究述评》（河北人民出版社，1992）等从整体上系统研究了普列汉诺夫的哲学思想，并对其中一系列历史唯物主义的原理、范畴进行了全面深入的剖析，从而科学评价了普列汉诺夫哲学思想的历史地位，认为他全面系统地传播和介绍了马克思主义哲学理论，是马克思主义发展链条上的重要环节。虽然普列汉诺夫在对马克思主义哲学的理解及运用上存在诸多缺陷，但这些都无法磨灭其在马克思主义哲学史上的地位。除这些专著外，学术界还出现了大量研究普列汉诺夫哲学思想的学术论文，如陈启能的《普列汉诺夫论个人在历史上的作用》，安延明、吴晓明的《试论普列汉诺夫关于地理环境作用的基本理论》，王荫庭的《普列汉诺夫对马克思主义地理环境学说的重大贡献》，等等。与前一阶段相比，这个时期可谓普列汉诺夫思想研究的"春天"，呈现一片欣欣向荣之势。

第四阶段（20世纪90年代初至今）。这一时期的主要特点主要表现为以下几点。第一，对普列汉诺夫哲学思想的研究表现为"从历史向当代的转向"。理论界试图深挖普列汉诺夫哲学思想中的宝贵遗产，以此来观照中国特色社会主义的实践。从这些研究成果来看，它们主要聚焦于普列汉诺夫的社会心理学说、地理环境学说、社会结构学说。例如，张艳涛、杨发玉的《论普列汉诺夫"社会心理"思想的当代价值——基于社会心理视角的分析》（《徐州工程学院学报》2014年第2期），廖楚平的《地理环境与社会发展的再认识》(《湖北大学学报》1998年第3期),强调了地理环境对社会发展的重要影响作用。第二,注重对普列汉诺夫哲学体系的研究。东北林业大学出版社于2013年出版了《普列汉诺夫与苏联哲学教科书体系》一书,是年,黑龙江人民出版社又出版了《俄苏马克思主义哲学形态研究》一书,这些著作不仅深入研究了普列汉诺夫哲学的体系,而且将其放置在苏联马克思主义哲学发展的长河中加以思考。

与此同时,我们发现,与前一阶段比起来,尽管这一时期对普列汉诺夫思想的研究走向了深入,但是关于研究普列汉诺夫思想的学术专著、文章的数量呈现明显的下降态势,在研究方法上也显得有些单一,一些新的研究著述在关照俄罗斯文化传统时,却摒弃了其作为第二国际理论家的历史与理论情境。另外,一些论著虽然对普列汉诺夫一元论历史观的发展脉络、特征及评价等问题在学理上作出了系统的分析与梳理,但是对普列汉诺夫哲学思想的一些细节的阐释存在"疏漏"。

三 研究方法

本书主要采取以下研究方法。

(一) 文献研究的方法

对作为哲学中心的历史唯物主义的学习、反思、传播、理解和发展,构成了普列汉诺夫人生旅程中最为亮丽的一道风景线。在这个领域中,他花费的功夫之深、涉猎的领域之广,对马克思主义的贡献最为丰富,故而其名字永远被镌刻在马克思主义史的丰碑上。然而,我们发现,除了少数政论性文章外,在普列汉诺夫几乎所有的论著中,都不同程度地论述过历史唯物主义。因此,我们要深化对普列汉诺夫一元论历史观的研究,就必须对相关原著加以细致研读。其中主要包括:《普列汉诺夫哲学著作选集》(第1~5卷)、《普列汉诺夫文选》、《普列汉诺夫读本》、《普列汉诺夫机会主义文选》、《无政府主义与社会主义》、《论战争》、《俄国社会思想史》(第1~3卷)、《列宁全集》、《斯大林选集》和国内外学者关于普列汉诺夫相关思想的研究专著、教材、普列汉诺夫亲友的回忆录,以及学术界目前尚未定真伪的普列汉诺夫政治遗嘱等。通过细致认真的梳理工作，力图全面地挖掘出普列汉诺夫一元论历史观中的珍宝。

（二）　比较研究的方法

所谓比较研究的方法，就是对照各个事物，以确定其差异点和共同点的逻辑方法。从时间、空间、内容上来比较分析研究对象。一方面，从纵向的角度，考察普列汉诺夫与马克思恩格斯历史唯物主义思想的关系，说明普列汉诺夫对马克思恩格斯思想的继承、丰富和发展；同时，研究普列汉诺夫之后列宁及苏俄马克思主义的有关理论，探讨他们思想中所不同的理论流变。另一方面，从横向的角度，比较普列汉诺夫与第二国际主流理论家（如考茨基、拉法格、拉布里奥拉、梅林等）的相关思想，科学地说明普列汉诺夫为什么较之其他理论家对历史唯物主义的贡献是最大的，也试图佐证列宁所言："普列汉诺夫是从彻底的辩证唯物主义观点批判过修正主义者在这方面大肆散播的庸俗不堪的滥调的唯一马克思主义者。"①

（三）　历史与逻辑相统一的方法

历史与逻辑相统一的方法，是辩证思维的一个基本原则。本书的研究着眼于思想研究，偏重于从逻辑体系上揭示普列汉诺夫一元论历史观整体性、系统性的研究，揭示其特点及其当代价值。在具体研究普列汉诺夫一元论历史观的有关思想时，我们既要尽可能观照其系统性，将其中的每个原理与其他的思想联系起来加以考察，从而避免以点概面，只见树木不见森林的错误做法，又要详尽地考察这些思想形成的历史背景。诚如恩格斯所言："历史从哪里开始，思想进程也应当从哪里开始。"②

四　研究思路与逻辑框架

"普列汉诺夫之马克思主义哲学观对中国马克思主义哲学发展的影响亦

---

① 《列宁专题文集·论马克思主义》，人民出版社，2009，第151页。
② 《马克思恩格斯文集》第2卷，人民出版社，2009，第603页。

是决定性的。"① 因而，对普列汉诺夫一元论历史观的研究也成为我国理论界的一门显学，且在 20 世纪八九十年代进入了"黄金期"。然而，最近几年，虽然相关论题的数量不在少数，但从研究的深度、广度上来看，进入了瓶颈期。因此，如何在现有的研究基础上，进一步拓展普列汉诺夫一元论历史观的视域，不得不成为广大理论工作者所面临的首要问题。对此，我们认为应从以下两个方面入手。

其一，注重从俄罗斯民族文化演进的轨迹中研究普列汉诺夫的思想。在普列汉诺夫的思想中，我们既可以捕捉到马克思主义的核心元素，也能体认到俄罗斯传统文化中的某些因子。譬如，列宁对普列汉诺夫的评价主要归结为两点：一是，认为他作为杰出的马克思主义哲学家，"所写的全部哲学著作""是整个国际马克思主义文献中的优秀作品"②；二是，他作为俄罗斯思想文化领域中一颗璀璨耀眼的"明星"，是和车尔尼雪夫斯基齐名的"大俄罗斯"进步"民族文化"的卓越"代表"。这两句话为我们清晰地勾勒出研究普列汉诺夫思想的两条基本路线，即一条是马克思主义发展史的道路，另一条则是俄罗斯民族文化发展史的道路。从当前的研究成果来看，对前一条强调有余，而对后一条则略显不足。其实，在普列汉诺夫成为马克思主义者之前，他就已经深受俄罗斯传统文化的濡染，俄罗斯现实主义、自由主义传统的熏陶。从其家庭背景来看，他出生于文化气息浓厚的家庭，特别是他的母亲是"大文豪"别林斯基的亲外甥女，因而，普列汉诺夫自幼便浸润在俄罗斯传统文化的教育之中。在学校期间，他博览群书，对一批大师级人物的著述（如普希金、别林斯基、涅克拉索夫、车尔尼雪夫斯基等）已了然于心，例如，在评价车尔尼雪夫斯基时，他曾说："我自己的思想发展是在车尔尼雪夫斯基的极大影响下完成的。"③ 是故，将其一元论历史观纳入俄罗斯民族文化发展的源流中考察，是件非常有意义的事。

其二，注重普列汉诺夫一元论历史观与苏联哲学④关系的研究。所谓苏

---

① 王南湜：《重估哲学教科书的意义》，《学习与探索》2014 年第 3 期。
② 《列宁选集》第 4 卷，人民出版社，1995，第 420 页。
③ 《普列汉诺夫哲学著作选集》第 4 卷，三联书店，1974，第 433 页。
④ 关于这一哲学形态的称谓，国内学术界莫衷一是、众说纷纭，但主要有这样几种："苏联哲学""苏俄哲学""俄苏哲学""后俄罗斯哲学"等。基于俄罗斯哲学界的统一称谓，我们认为"苏联哲学"较为可取。

联哲学不能简单地等同为苏联这个国家存在过的哲学。它其实是指苏联的官方哲学，以辩证唯物主义和历史唯物主义为主要内容的苏联版的马克思主义哲学。它在 20 世纪大部分时间里，广泛盛行于包括中国在内的世界各社会主义国家。这一哲学由于过分偏执于客观性、必然性、可知性的特征，不断抬高物的原则，从而过分强调对抽象物质范畴的承诺，故而，湮没了人的主体实践活动，最后，凝固成"一总二分"的苏联哲学教科书体系，即历史唯物主义只是辩证唯物主义在历史领域的推广。也就是说，历史唯物主义变成了辩证唯物主义的"二级部门"，这种哲学完全背离了马克思所提出的"新唯物主义"的初衷。然而，有许多学者将这一哲学源头指向了普列汉诺夫。诚然，在普列汉诺夫的哲学思想中确实存在将辩证唯物主义看作先于历史唯物主义且作为其基础的表述，例如，他在《论唯物主义的历史观》中写道："辩证唯物主义指出，人们创造他们的历史，完全不是为了沿着一个预先绘好的路线进行，也不是因为他们必须服从某种抽象的进化律。"[①] 但是，我们也能清晰地看到，在其他地方，普列汉诺夫有时在解读辩证唯物主义时，却恰恰运用的是历史唯物主义。在同一篇文章中，他在对辩证唯物主义进行注释时，写道："拉布里奥拉采用恩格斯的名词，称之为历史唯物主义。"同时，他又指出："辩证唯物主义……以社会的人的需要，并以一定时间内满足这些需要的手段与方法，来解释社会的人的活动。"[②] 由此，我们可以说，在普列汉诺夫一元论历史观中，既蕴含苏联哲学教科书阐释模式的"胚芽"，又包含斩断这种解释模式的刀斧。因此，揭示普列汉诺夫哲学思想与苏联哲学的关系，不仅有利于我们对至今仍占据主导地位的哲学教科书"讲坛哲学"有一个全方位的再审视，而且可以为当今"历史唯物主义转向"的"论坛哲学"提供宝贵的理论支撑及思想资源。

基于以上研究思路，本书试图运用历史与逻辑相结合的方法来构建篇章。首先，侧重于历史的角度，探讨普列汉诺夫一元论历史观的出场境遇，既凸显国际视野，又兼顾历史脉络，从国际、国内、理论三方面对普列汉诺夫一元论历史观的形成背景，进行全方位、多视角的审视。据此，回答

① 《普列汉诺夫哲学著作选集》第 2 卷，三联书店，1974，第 267 页。
② 《普列汉诺夫哲学著作选集》第 2 卷，三联书店，1974，第 269 页。

一元论历史观为何形成的问题。其次，试图科学划分普列汉诺夫一元论历史观的形成发展阶段。在借鉴国内外相关研究成果的基础上，凝练出划分的方法论原则，对普列汉诺夫一元论历史观进行新的合理的历史阶段划分，以此回答一元论历史观何时形成的问题。再次，探寻一元论历史观的科学体系。在探讨一元论历史观的本质特征、基石以及"重心"的基础上，试图彰显普列汉诺夫一元论历史观是一个相互联系、相互依赖的有机整体。从一元论历史观的概念和体系两个层面来回答普列汉诺夫一元论历史观思想体系是什么的问题。最后，科学评价普列汉诺夫一元论历史观的历史地位。一方面，客观揭示普列汉诺夫一元论历史观中的贡献与不足，以汲取其历史经验与教训，为进一步研究历史唯物主义提供重要的生长点；另一方面，澄清普列汉诺夫与列宁的关系，说明列宁对普列汉诺夫一元论历史观的继承与发展，旨在正确认识普列汉诺夫在马克思主义发展史中的地位。

第一章 普列汉诺夫一元论历史观
出场的多重境遇

近些年，学界关于普列汉诺夫一元论历史观的研究虽然取得了丰硕的成果，但是，整体看来，大多数的论著仅就普列汉诺夫对于历史唯物主义的贡献及他在马克思主义发展史上的地位作了颇多的阐释，而对其一元论历史观的研究背景缺乏必要的关注。实际上，背景问题十分重要，它不仅是我们整个研究的始基，而且关涉到如何精准定位普列汉诺夫一元论历史观在马克思主义发展史上的学术地标。同时，它也为我们整个的研究提供了重要的理论支撑。

一 普列汉诺夫一元论历史观形成的国际背景

19世纪70年代以后，"历史向世界历史"的进程日益明显，资本主义世界发生了急剧的变化，在经济、政治、国际格局等方面出现了许多新情况新特征，与马克思恩格斯所处的古典资本主义时期相比，存在较大的反差及差异，这无疑给历史唯物主义提出了诸多新问题新挑战。作为"俄国马克思主义之父"的普列汉诺夫在面对这些犹如雨后春笋般出现的问题，不得不对历史唯物主义作出细致且深入的酌量及思考。

1. 推进发展与加深矛盾：资本主义"垄断"特征的双重影响

19世纪的最后30年间，世界经济关系发生了一系列深刻的变化。一方面，欧美资本主义处于相对和平发展时期，第二次产业革命促进电力的广泛运用，使资本主义的经济犹如插上了腾飞的翅膀，快速增长；另一方面，伴之当时社会生产力的发展，资本主义生产关系也发生了深刻的变化。其中，最显著的变化是，以自由竞争为特征的资本主义开始转向以垄断为特征的资本主义。对此，马克思恩格斯在其晚年的许多论著、书信中已有所觉察，譬如，恩格斯晚年在整理出版《资本论》第 3 卷所加的注释中写道："竞争已经为垄断所代替，并且已经最令人鼓舞地为将来由整个社会即全民族来实行剥夺做好了准备。"① 拉法格在《美国托拉斯及其经济、社会和政治意义》一书中，非常明确地指出了由于资本和生产的大量集中，资本主义经济已演进到一个"特殊阶段"。不仅如此，他还以美国为例分析了作为资本主义发展特殊阶段的一些重要特征，指出："美国的托拉斯是一种新的历史现象，它对资本主义世界的影响是如此巨大，以致最近四十年来发生的一切经济的、政治的和科学的现象都退居第二位了。"②

资本主义经济的暂时繁荣，特别是卡特尔、辛迪加、托拉斯等垄断组织的出现，似乎掩盖了其不可克服的内在危机。自 1873 年起，世界经济开始出现萎靡不振的态势，尤其是 1876 年、1882 年、1886 年出现的持续"大萧条"。然而，这种状况不但没有敲响资本主义的"丧钟"，反而使资本主义经济"戏剧性地向上攀登"③。对此，学术界产生了两种截然不同的观点，一种观点认为，资本主义世界这种大萧条本身就预示着资本主义内在矛盾的不可克服性，从而再次佐证了资本主义灭亡的必然性；另一种观点则认为这种萧条虽然造成了资本主义在某种程度范围内的衰退，但它能克服这一危机，实现经济的大踏步，由此说明资本主义是拥有克服自身的内在矛盾及驾驭危机的能力的。

此后，19 世纪末 20 世纪初的一些新现象也似乎辅证了后一种观点。这一时期，垄断已成为资本主义的主要特征，因而不断出现了一些"美化"资本主义的假象，主要表现在以下三点。其一，"人民的资本主义"。股份公司的出现，使工人能够购买公司发行的股票，他们似乎扶摇直上成为公司的主人，资本的主人，整个资本主义似乎已成为"人民的资本主义"。其二，"有组织的资本主义"。19 世纪 80 年代后，垄断组织迅速地在发达资本

---

① 《马克思恩格斯文集》第 7 卷，人民出版社，2009，第 497 页。
② 〔法〕拉法格：《拉法格文选》下册，人民出版社，1985，第 213 页。
③ 〔英〕艾瑞克·霍布斯鲍姆：《帝国的年代》，贾士蘅译，江苏人民出版社，1999，第 30 页。

主义国家发展起来，一时间资本主义企业之间的竞争俨然被各大企业集团的垄断所取代，这些垄断集团为了追求高额的垄断利润，纷纷在组织内部订立契约，划分商品销售范围，规定销售价格，似乎在自由竞争时期的无序竞争、生产的无政府状态的矛盾，已被有组织、有秩序、有计划地生产所解决。拉法格在分析美国的现代垄断组织托拉斯时，注意到了这一特征，指出，"托拉斯一面把政治经济学的那些可敬的原则抛到九霄云外，无情地驳倒了经济学家先生们的坚定论断，同时还在消除竞争，用有计划的生产组织代替资本主义生产中占统治地位的无政府状态"①。于是有大批学者如桑巴特、舒尔采·格弗尼茨等宣称资本主义是"有组织的资本主义"，同时，这也在某种程度上触发了以伯恩施坦为代表的修正主义的非分之想。然而，许多学者如卢森堡、普列汉诺夫等对这一思想进行了驳斥，普列汉诺夫指出，"过渡到生产的社会管理本身，必须以具备一定的条件为前提，在缺乏一定条件的情况下，这种过渡给社会带来的危害比它带来的益处要大得多"②。卢森堡认为，尽管垄断组织改变了资本的运行模式，"资本主义制度的统治或许还要长久保持下去。但是总有一天，丧钟迟早会敲响"③。其三，"无剥削的资本主义"。19世纪中后期，自然科学与技术的进一步融合带来了巨大的科技革命，科学技术向资本主义经济社会转化的作用更加明显，其转化效率及科技贡献率不断跃升。据统计，从蒸汽机发明到应用转化用了89年（1776年），汽车为41年（1903年），电报技术为28年（1901年），电子计算机为10年（1946年），而激光技术为3年（1961年）。④资本家剥削工人的方式发生了根本的转变，从传统的依靠延长剩余劳动时间转向通过科学技术的应用获取超额剩余价值。

　　由此看来，劳资矛盾似乎得到了缓和，资本主义剥削实质也被掩盖了。此时，如何运用历史唯物主义基本原理、观点及方法，揭开资本主义这些温情脉脉的"面纱"，成为摆在众多马克思主义者面前的首要任务。

---

① 〔法〕拉法格：《拉法格文选》下册，人民出版社，1985，第212页。

② "普列汉诺夫纪念馆档案室"档案材料，《马克思主义研究参考资料》1984年第19期，第46页。

③ 〔德〕罗莎·卢森堡：《卢森堡文选》上卷，人民出版社，1984，第275页。

④ 顾焕章：《技术经济学概论》，中国农业科技出版社，1995，第21页。

2. 民主的"扩大"与阶层的"分化": 资本主义政治上的双重变化

自1871年巴黎公社失败后, 欧洲各国出现了相对稳定的政治局面, 不仅资本主义国家的经济得到了空前繁荣, 而且在政治上他们普遍采取民主法制的手段来调节社会生活, 实现对国家的治理及控制。社会民主的扩大使工人获得了更多的权利, 尤其是随着普选制及议会制的广泛推行, 无产阶级政党逐步获得了合法地位。工人阶级可以加入工会, 并诉诸政府颁布的工厂法为自己争取更多的福利, 如1890年《反社会党人非常法》的终止。同时, 在无产阶级内部也滋生了工人贵族阶层。在这个较长的相对和平时期, 各国资产阶级不同程度地调整了统治策略, 主要发达的资本主义国家为了消解工人革命力量, 不惜从海外掠夺来的大量剩余价值中抽取巨额资金收买工人政党的领袖、熟练工人, 并使本国普通工人的生活状况得到某些改善, 从而使一些工人运动的"领袖"和"理论家"蜕变为工人贵族, 丧失了革命斗志。这个阶层尽管对社会主义运动造成了极恶劣的影响, 但在当时它在一定程度上缓和了资产阶级与无产阶级的尖锐矛盾。

3. 西方革命的"沉寂"与东方革命的"酝酿": 资本主义世界下国际关系的双重格局

在19世纪末, 资本主义生产方式的内在调节机制, 使资产阶级与无产阶级之间的矛盾有所缓解, 议会斗争成为无产阶级政党的主要政治策略。然而, 长期以来, 学界对世界革命的根本转变的时间界定存在分歧。其中, 有一种颇具影响的观点认为, 1871年法国巴黎公社运动标志着世界革命的格局已成功转向无产阶级革命, 因为它是由工人阶级领导发动并建立的第一个工人阶级专政的政府。从表面上来看, 这种观点颇有道理, 但深究起来存在偏颇。巴黎公社运动虽然建立了第一个无产阶级专政的政府, 但是, 这并不能说明它就是无产阶级革命, 因为这次革命只是意味着欧洲资本主义发展的日趋成熟, 已从旧社会的胎胞中完全脱离, 并且这次革命的爆发也只是完全建立在资本主义的基础之上, 其影响范围相当有限, 没有成为引燃世界无产阶级革命的导火线。正如马克思在《1849年至1850年的法兰西阶级斗争》导言中指出的那样: "无产阶级自巴黎公社失败以后已有数十年没有掌握武器了, 无产阶级丧失了物质的保卫手段", "在起义者方面,一切条件都变坏了"。① 对此我们认为，世界革命发生重大转折的标志性革命应该是俄国 1905 年资产阶级革命，尽管它不属于无产阶级革命，但是它是由无产阶级政党领导的有组织的非资产阶级方式的革命，且带有浓厚的东方色彩，并为此后的 1911 年中国辛亥革命、1917 年的俄国十月革命作了重要先导。故而，在这一时期，东方国家逐步成为无产阶级革命的主力军。

　　总之，19 世纪末 20 世纪初，自由资本主义向垄断资本主义过渡的完成，出现了过去不曾存在的国际性现象：帝国主义。它不仅促使世界不可分离地连成一体，而且造成了各国政治经济发展的不平衡。在分析帝国主义的地位及作用时，卢森堡指出："帝国主义虽是延长资本主义寿命的历史方法，它也是带领资本主义走向迅速结束的一个可靠手段。"② 因此，如何面对这种重大的历史性转折，如何及时转变无产阶级革命战略，如何正确分析时代的新特点，都是摆在马克思主义理论者面前的首要问题。这无疑也成为普列汉诺夫一元论历史观问题域③的一部分。

二　卷入资本主义还是绕过资本主义：普列汉诺夫一元论历史观形成的国内基调

　　马克思说："任何真正的哲学都是自己时代的精神上的精华。"④ 俄国在地理上横跨欧亚大陆，在发展历史上，它自古以来便受到东西方强国的巨大影响，在文化特点上，它基本上属于东方国家，但又与西方一样属于基督教世界，与西方文化有着深刻联系，内在地包含东西方文化的冲突。⑤ 这些特点使众多俄国理论家一直困扰于"西方化"还是"俄国化"的抉择之中。1861 年农奴制改革极大地促进了资本主义工业文明在俄国的发展，也导致了俄国与西方文化的交融与交锋，面对西方社会阶级矛盾的激化及无

---

① 《马克思恩格斯文集》第 4 卷，人民出版社，2009，第 548 页。
② 〔德〕罗莎·卢森堡：《卢森堡文选》上卷，人民出版社，1984，第 359 页。
③ 普列汉诺夫从 1890 年起，花了 10 年时间，对于资本主义经济生活中的新现象，即工业与商业中垄断的增长问题，进行了深入的研究。
④ 《马克思恩格斯全集》第 1 卷，人民出版社，1995，第 220 页。
⑤ 参见安启念《东方国家的社会跳跃与文化滞后——俄罗斯文化与列宁主义问题》，中国人民大学出版社，1994，第 11 页。

产阶级悲惨的生活境况，19 世纪俄国的西欧派与斯拉夫派，特别是 19 世纪末民粹派与马克思主义者之间展开了激烈而持久的争论。诸如"俄罗斯的道路是怎样的？它是否可能简单的重演西欧的道路？俄罗斯能否开辟自己特殊的道路，而不再重复欧洲历史的所有阶段呢?"① 成为他们聚焦的中心问题。这些问题如同"斯芬克斯"一样站在他们面前，要求给予合乎科学的答案。可以说，俄国正处于前进道路上的"十字路口"。

在这种情形下，普列汉诺夫认为马克思的历史学说对于指导俄国"向何处去"具有重要的意义。一方面，他利用从老一辈社会民主主义者赫尔岑那里借用来的语词"代数学"来指认马克思的历史学说，从而彰显历史唯物主义在全部社会科学中的方法论意义和基础性地位；另一方面，他将历史唯物主义看作一根能将俄国革命者带出混沌迷宫的"引路之线"。诚如普列汉诺夫在 20 世纪初回忆的那样："在我思想发展的民粹主义时期，我同我们所有民粹派一样，是受着巴枯宁著作的深刻影响的，其中我尤对唯物史观深表敬意。当时我就坚信不疑，正是马克思的历史理论应当给我们提供理解我们在实践活动中应予解决的那些问题的钥匙。"② 那么，历史唯物主义这根"引路之线"是如何将普列汉诺夫从深受巴枯宁主义影响的民粹主义泥潭中牵引出来的？如何为他解开俄国"向何处去"之惑的？他在俄国走向社会主义路径的问题上又是如何思考的呢？为此，我们有必要依据俄国 19 世纪历史哲学思想的演进理路，分析普列汉诺夫对"60 年代遗产"③ 的批判与继承关系，从而科学回答这些问题。

1. "俄罗斯的道路是特殊的道路"："四十年代人"的觉醒

17 世纪末，面对着西方诸国如火如荼的资产阶级革命、工业革命，俄国这艘停泊已久的巨轮在彼得一世、叶卡捷琳娜二世富有卓越胆识及强大政治魄力的改革下，如同安装了强大的引擎，加速开启了新的旅程。此前，

---

① 〔俄〕别尔嘉也夫:《俄罗斯思想：十九世纪末至二十世纪初俄罗斯思想的主要问题》，雷永生、邱守娟译，三联书店，1995，第 32 页。

② 〔苏〕米·约夫楚克、伊·库尔巴托娃:《普列汉诺夫传》，宋洪训、纪涛等译，三联书店，1980，第 13 页。

③ 列宁在《我们拒绝什么遗产》一文中，指出"60 年代遗产"的本质表现在三个方面：①对于农奴制度及其在经济、社会和法律方面的一切产物充满着强烈的仇恨；②热烈拥护教育、自治、自由、西欧生活方式和整个俄国全盘欧化；③坚持人民群众的利益，主要是农民的利益。参见《列宁选集》第 1 卷，人民出版社，1995，第 109 页。

由于沙皇专制的高压、宗教观念的钳制，俄国哲学的发展受到了极大的阻碍，哲学处于幼稚状态。此后，随着"欧洲之窗"的开启，西学东渐，西方的科学技术、文化教育和哲学思想源源不断地开始传入俄国，派遣留学生，招聘外国专家，开办新型学校，创建科学院、图书馆和博物馆等成为时髦，造就和培养了一大批崇尚西方资本主义文化的知识分子，从而导致了俄国社会的裂变："上层的西化和下层的东化"①。这股风尚时刻拨弄着俄罗斯有识之士的心弦，开始打通了他们的"历史哲学之眼"，他们急迫地想把自己的想法用于俄国现实。随后，俄国思想界涌现了一大批大师级的人物，如列夫·托尔斯泰、屠格涅夫、陀思妥耶夫斯基等，而其中"恰达耶夫对俄国的失望和赫尔岑对西方的失望""体现了 19 世纪俄罗斯主旋律的基本事实"②。其历史哲学中心聚焦于"俄罗斯能否开辟自己特殊的道路，而不再重复欧洲历史的所有阶段呢？"这一核心问题。

在 19 世纪初叶，沙皇政府的专制不但没有因为彼得大帝的改革而松散下来，反而按照旧莫斯科的精神对旧的社会关系作了更加彻底的改造，甚至为了特定目的对各居民阶级实行奴隶劳动和强制服役，此时，俄国似乎成为一个"没有人民的国家"。1825 年 12 月，一批拿破仑战争时期随俄军赴欧洲的军官及贵族在西欧资产阶级启蒙思想的影响下，极力主张推翻君主专制，召开立宪会议，创立共和制，发动了史称"十二月党人"的政变，但因其缺乏广泛的根基，最终以失败而告终。然而，其中有一个人的思想影响最为深远，那就是恰达耶夫。在对俄国现实情境及文化传统大失所望的同时，他深感俄国发展的特殊性，在《哲学书简》（1836 年）一书中，他强调："我们不是人类家庭中的成员，我们既不属于西方，也不属于东方。我们既没有西方的传统，也没有东方的传统。当我们站在时代之外时，我们不可能被人类的世界性教育所触动。"③ 而这一思想却深深启迪了之后以赫尔岑、别林斯基、屠格涅夫等为代表的"四十年代人"。

---

① 刘祖熙：《改革和革命：俄国现代化研究（1861－1917）》，北京大学出版社，2003，第380页。
② 〔俄〕别尔嘉耶夫：《俄罗斯思想：十九世纪末至二十世纪初俄罗斯思想的主要问题》，雷永生、邱守娟译，三联书店，1995，第34页。
③ 〔俄〕别尔嘉耶夫：《俄罗斯思想：十九世纪末至二十世纪初俄罗斯思想的主要问题》，雷永生、邱守娟译，三联书店，1995，第34页。

在思想上，"四十年代人"有着求学于西欧的经历①，不仅充分浸染了西欧资产阶级启蒙思想，而且深受康德、费希特、谢林、黑格尔等人的德国唯心主义的影响。此外，"十二月党人"的枪声，也促使他们意识到了救民于危难之中的重大责任。这些因素促使他们完全相信只有效仿西欧走资本主义的自由、文明之路，才是正确的选择。但出乎意料的是，席卷欧洲的 1848 年革命风暴，不但没能撬动沙皇专制的根基，反而使他们看到了西欧资本主义的可怕痼疾，普列汉诺夫在形容此时以赫尔岑为代表的"四十年代人"的忐忑心情时，曾指出："1848～1849 年的事件，并没有造成赫尔岑对西欧失望，而只是加深了这种失望。"② 于是"四十年代人"开始否定"世界精神"的终极目标，转向寻找一条特殊的道路。需要强调的是，在影响赫尔岑转变思路的原因上，存在两点往往被人忽视而相当重要的缘由。其一，虽然赫尔岑与其他"四十年代人"一样，受到黑格尔哲学的影响，但他并没有就此停住脚步，而是深入研究了费尔巴哈的哲学。这样，就促使他开始对黑格尔的"绝对观念"产生怀疑。正如列宁所言："他超过黑格尔，跟着费尔巴哈走向了唯物主义。"③ 其二，受德国浪漫主义思潮的影响。赫尔岑在德国求学期间，各种思想相互激荡，其中最主要的就是浪漫主义思潮。当时，一些德国历史浪漫主义思想家认为，西方的堕落及衰微，是因为怀疑主义、理性主义、唯物主义以及抛弃自身精神传统，然而，这种悲惨的境况不会在德国发生，因为德国的民族习惯由于没有受到西欧其他国家的腐蚀，所以还处于一个鲜活清新而青春勃发的状态，德国人可以凭借这种"充满猛健的精力，即将承接从法国人虚弱的手里掉落的遗产"。对此，他们反复强调，假使年少、野蛮以及缺乏教育是未来光荣的标准，则俄国人比德国人更有希望实现未来④。显然，他们在这里的意思是，呼吁落后的德国及俄国，利用自己国内落后的优势，实现社会的发展。可以说，这一思想极大地促成了赫尔岑通过农村公社走向社会主义理论的形成。

---

① 从 18 世纪开始，沙皇政府陆续派出学生到西欧国家留学，着重学取公民守则方面的完善训练，以便学成之后，成为俄国独裁体制更忠实的仆人。

② 《普列汉诺夫哲学著作选集》第 4 卷，三联书店，1974，第 814 页。

③ 《列宁专题文集·论辩证唯物主义和历史唯物主义》，人民出版社，2009，第 232 页。

④ 〔英〕以赛亚·伯林：《俄国思想家》，译林出版社，2001，第 148 页。

2. "俄国将经历资本主义的学校吗":俄国民粹主义的主观救赎

在 19 世纪六七十年代,俄罗斯大批知识青年发起了声势浩大的"到民间去"的运动,形成了独具声色的民粹主义。它不仅涂染上了空想主义的色彩,而且作为一种历史观,是俄国独特性特征即"经济落后性"的特殊产物。

从派别划分来看,其主要有三个派别。一是以拉甫罗夫为代表的"宣传派"或"准备派",主张俄国人民必须作好充分的准备,对于"革命的时刻什么时候到来,还无法预言",而革命者的主要领导必须在农村中,对人民进行引导以便使决战的日期快速到来。二是以巴枯宁和特卡乔夫为代表的"暴力派",认为必须开展暴力抗争,"任何犹豫不决、任何拖延耽搁都是犯罪"。三是以米海洛夫斯基、沃龙佐夫、尤沙柯夫等人为代表的自由主义的民粹派,主张发展小生产经济,反对俄国走资本主义道路。另外,从历史阶段的划分来看,俄国民粹派分为两个阶段:第一个阶段表现为革命的民粹主义即旧民粹主义,它在六七十年代的俄国思想史上居统治地位;到了八九十年代,民粹主义进入它的第二个发展阶段。从理论上来看,作为一种观点体系,它具有三个特点:"(1)认为资本主义在俄国是一种衰落,退步。……(2)认为整个俄国经济制度有独特性,特别是农民及其村社、劳动组合等等有独特性。……(3)忽视'知识分子'和全国法律政治制度与一定社会阶级的物质利益有联系。"[1] 概而言之,虽然民粹主义派别林立、观点庞杂,甚至彼此对立、相互攻讦,但是他们有一点是一样的,即在看待俄国"向何处去"的问题时,都提倡绕开资本主义发展阶段;而不同的只是他们对于具体取代、消灭资本主义路径所持的看法。概括起来,他们关于俄国"向何处去"的问题,具体经历了三个阶段。

第一阶段,19 世纪六七十年代旧民粹主义时期,以特卡乔夫、巴枯宁为代表,主张俄国依靠"公社和与之相关联的人民生活的诸特点""可能越过资本主义时期而一下子进入社会主义时期"[2] 的"跳跃论"。

面对俄国既苦于资本主义的发展,又苦于资本主义发展不够的社会现实,且在目睹了 1848 年欧洲大革命失败带给人们的伤痛后,赫尔岑对于

---

① 《列宁选集》第 1 卷,人民出版社,1995,第 118 页。
② 〔苏〕波克罗夫斯基:《俄国历史概要》上册,贝璋衡等译,三联书店,1978,第 237 页。

"俄国必须经过欧洲发展的一切阶段呢，还是俄国的生活要依着别的法则来前进呢？"这个选择题，给出了自己的答案，"否认有这些重复的必要"①，从而创立了"村社社会主义理论"。他认为俄国是在欧洲本土完成自己的胚胎发育的，因此，俄国人民不需要重新经历西欧资本主义国家的道路，而是可以凭借公社和与之相关联的人民生活的诸特点直接进入社会主义，因为俄国人民"在生活方面比所有欧洲各国人民还更接近于新的社会组织"②。另外，"保存公社和给个人以自由，普及村和乡的自治于城市和整个国家，保全民族的统一。这就是关系俄国将来的问题之所在，也是西方思想家力求解决和感觉苦恼的同样的社会矛盾的问题之所在"③。随后，另一位俄国革命民主主义者车尔尼雪夫斯基对此思想进行了推进和发展，认为"在英国人和法国人想贯彻到人民生活中去觉得无限困难的那些习惯，在俄国人方面则作为他们人民生活中的事实而存在着"，因此，俄国如果采取西方技术"教育出一群具有素食、意志坚定、眼光理性的人"便可以消灭"无产阶级化的溃疡"，就能"'跃过'社会发展的资本主义阶段"④。这一思想"传给了巴枯宁，又由巴枯宁传给了特卡乔夫先生"⑤，在特卡乔夫那里发挥到了极致，他在《给恩格斯的公开信》中，指出俄国由于没有城市资产阶级，所以"也完全没有资产阶级"，俄国人民"在本能上，在传统上都是共产主义者"，"不管怎样无知，我们的人民比西方国家的人民距离社会主义要近得多"⑥，这便是著名的"落后优势论"。

第二阶段，19 世纪 80 年代，以瓦·巴·沃龙佐夫、谢·尼·尤沙柯夫为代表的自由主义民粹派，否定"俄国将经历资本主义学校"，认为"俄国资本主义是一具死胎""俄国不存在发展资本主义生产的最起码的条件"⑦，必须根据人民的原则组织大工业，并以此排除资本，从而提出"俄国资本主义垂死论"。

瓦·巴·沃龙佐夫在《俄国资本主义的命运》（1882 年）一文中通过

---

① 《普列汉诺夫哲学选集》第 1 卷，三联书店，1959，第 143 页。
② 《普列汉诺夫哲学选集》第 1 卷，三联书店，1959，第 144 页。
③ 《普列汉诺夫哲学选集》第 1 卷，三联书店，1959，第 143 页。
④ 〔英〕以赛亚·伯林：《俄国思想家》，彭淮栋译，译林出版社，2001，第 272 页。
⑤ 《马克思恩格斯文集》第 3 卷，人民出版社，2009，第 396 页。
⑥ 转引自《普列汉诺夫哲学选集》第 1 卷，三联书店，1959，第 177 页。
⑦ 《俄国民粹派文选》，人民出版社，1983，第 659 页。

诸多实证材料及事例试图佐证"俄国资本主义只是一具死胎"的观点。尽管他指出"有不少迹象不仅可以说明我国已经走上资本主义的发展道路",但是"这一切大都是资本主义的儿戏,并非真正资本主义关系的表现"①。同时,他也指出俄国存在几种限制资本主义发展的因素。第一,国内市场有限。资本主义"大生产扩大的限度是由早已固定的(国内)市场确定了的,从而为我国资本主义的自由翱翔划定了相当狭窄的范围"②。第二,"没有销售我们产品的国外市场"③。第三,国内交通不便。"无力建造并经营为维持资本主义所必需的足够数量的铁路和公路","甚至沿传统路线顺利地运输我国财政的主要支柱——粮食——都做不到"④。第四,"俄国的气候条件本身不利于资本主义的工业体制在我国生根"⑤。无独有偶,尤沙柯夫也持同样的看法,他在《俄国农业生产的形式》一文中指出,要使资本主义发展,必须有几个要素:"脱离劳动的资本、没有自己产业的工人,以及有经验和有知识的领导者——业主。"但是,俄国"在目前和最近的将来,资本主义生产都没有任何发展的可能,倒是应当料到它会进一步衰落。要经营和繁荣资本主义生产,既没有资本,也没有业主和工人"⑥,所以,他得出结论,资本主义在俄国是"软弱无力的,站不住脚的"。

第三阶段,19世纪90年代,以丹尼尔逊为代表的自由主义民粹派。他们认为资本主义虽然"正在占上风",但其消极影响是巨大的,必须实行"公共的、社会化的大生产"的"国家社会主义",即"资本主义取代论"。

尽管与沃龙佐夫一样,丹尼尔逊也极力证明"所谓一切民族的工业都不可避免地要经过资本主义发展阶段的理论是错误的"⑦,但是,他与马克思恩格斯之间存在"暧昧"关系(尤其是马克思在着手写作《资本论》地租篇时,曾向其寻求过帮助,因此相互间曾有过多次通信往来)。在马克思的影响下,丹尼尔逊逐渐掌握了马克思主义政治经济学原理,并有幸成为第一个把马克思的《资本论》翻译成俄文的俄国人,以至于得到了恩格斯

---

① 《俄国民粹派文选》,人民出版社,1983,第653页。
② 《俄国民粹派文选》,人民出版社,1983,第655页。
③ 《俄国民粹派文选》,人民出版社,1983,第660页。
④ 《俄国民粹派文选》,人民出版社,1983,第659页。
⑤ 《俄国民粹派文选》,人民出版社,1983,第658页。
⑥ 《俄国民粹派文选》,人民出版社,1983,第641页。
⑦ 《俄国民粹派文选》,人民出版社,1983,第716页。

的赞许，称他为"精通《资本论》第一卷的专家"①。正是基于这些原因，丹尼尔逊对于俄国资本主义的看法与其他自由主义民粹主义者略有差异，主要体现两方面：其一，丹尼尔逊认为1861年农奴制改革后的整个俄国经济活动正在促进资本主义经济的发展，而且所有资料都表明"资本主义的趋势看来正在占上风"②；其二，在丹尼尔逊看来，虽然村社是"未来的经济大厦赖以建立的那种生产的基本物质条件之一"③，但在资本主义条件下，村社如果要发展，只有"使科学的农业和现代的大工业同村社衔接起来，同时把村社改变到能够成为组织大工业和把大工业的资本主义形式改造为社会形式的合适的工具的程度"④，才能"依靠从过去的历史遗留给我们的生产的物质条件来停止摧毁我国数世纪以来形成的，建立在直接生产者自己占有生产工具的基础上的生产形式"。这种"新形式"所发展的"居民生产力……不仅能够为全体人民所利用"⑤，而且能够改正资本主义的"错误"。在这里，丹尼尔逊没有把农村公社理想化，而是试图依靠大工业和科学的农业从根本上改变村社的经济组织形式。换言之，丹尼尔逊的这一思想可以被看作马克思关于未来社会制度思想与赫尔岑、车尔尼雪夫斯基"村社社会主义理论"的简单拼接及杂糅。

综上，民粹主义关于俄国社会发展道路的思考不仅充分显现了"当时俄国的先进知识分子立足俄国实际，寻求合乎俄国国情的具有俄国特色的社会发展道路的努力"⑥，而且表明了他们在对待资本主义的立场上是一致的，即认为"资本主义的发展实际上并没有给旧的社会经济关系带来任何具有进步意义的变化"⑦。与此同时，我们也看到，赫尔岑与车尔尼雪夫斯之后的民粹主义者，"不仅没有向前进步，而且在许多方面有倒退的趋势，退到赫尔岑的半斯拉夫派的观点"⑧，依然死抱住"资本主义这个人类发展

---

① 《马克思恩格斯〈资本论〉书信集》，人民出版社，1976，第473页。
② 《俄国民粹派文选》，人民出版社，1983，第811页。
③ 《俄国民粹派文选》，人民出版社，1983，第716页。
④ 《俄国民粹派文选》，人民出版社，1983，第811页。
⑤ 〔俄〕尼古拉－逊：《我国改革后社会经济概论》，圣彼得堡，1893年俄文版，第322～323页，转引自普列汉诺夫《论一元论历史观的发展问题》，王荫庭译，商务印书馆，2012，第61页。
⑥ 孙来斌：《跨越论与落后国家经济发展道路》，武汉大学出版社，2006，第80页。
⑦ 《列宁选集》第1卷，人民出版社，1995，第136页。
⑧ 《普列汉诺夫哲学著作选集》第1卷，三联书店，1959，第186页。

中的过渡阶段不会在俄国发生"① 的信念不放，没有领会赫尔岑所提出的革命代数学——"辩证法"的思维方法，不懂得"为了使某种在理论上可能的现象在实际生活中实现，就需要具备某些具体的条件，就需要有使它实现的充分理由"② 的道理。所以，最后终于堕入了历史悲观主义的深渊。对此，列宁一语道破了民粹主义历史观的本质，他指出，民粹主义在面对"所提出的资本主义是否'能够'发展、俄国是否'应当'经历资本主义、村社是否'应该'保存"等问题③时，"不是回答问题，而是以'万古神圣的制度'、离开正路一类的感伤词句以及诸如此类的无稽之谈来支吾搪塞，著名的'社会学中的主观方法'在这方面是颇为擅长的"④。然而，饶有趣味的是，这没有向前迈进的一步，却由曾经作为"纯粹民粹派"的普列汉诺夫完成了。

3. "为什么它不在它已经进了的学校里毕业呢"：普列汉诺夫对俄国民粹主义历史观的扬弃与超越

（1）普列汉诺夫关于俄国"向何处去"的思考

普列汉诺夫在成为马克思主义者之前，曾经是一名地地道道的民粹主义者（关于他加入民粹派的过程将在第二章中详细论述）。但自从他加入民粹派的那天起，他的头脑中就产生了脱离这个派别的萌芽，原因有两个。其一，"普列汉诺夫由于具备关于俄国先进思想家的哲学观点和社会学观点的牢固知识，就准备好与民粹派决裂"⑤，例如，他在沃龙涅什中学学习时，不顾学校的规定，就阅读了赫尔岑、车尔尼雪夫斯基、涅克拉索夫等人的民主主义著作。在进入彼得堡矿业大学后，他对车尔尼雪夫斯基的著述倍加关注，他曾追忆道："我自己的思想发展是在车尔尼雪夫斯基的极大影响下完成的。"⑥ 其中，他尤对富含革命民主主义精神的名篇《怎么办》情有独钟，"对它爱不释手，一遍又一遍地反复阅读、揣摩、对照、思考"⑦。其

---

① 《普列汉诺夫哲学著作选集》第 4 卷，三联书店，1974，第 106 页。

② 《普列汉诺夫哲学著作选集》第 4 卷，三联书店，1974，第 106 页。

③ 《列宁全集》第 1 卷，人民出版社，1984，第 88 页。

④ 《列宁全集》第 1 卷，人民出版社，1984，第 86 页。

⑤ 〔苏〕福米娜：《普列汉诺夫的哲学遗产》，郭从周译，上海人民出版社，1957，第 3 页。

⑥ 《普列汉诺夫哲学著作选集》第 4 卷，三联书店，1974，第 433 页。

⑦ 高放、高敬增：《普列汉诺夫评传》，中国人民大学出版社，1985，第 15 页。

二，个性叛逆。"他勇于摆脱传统观念，敢于改变自己的信仰和志向。"① 因此，在看待俄国"向何处去"的问题，特别是"俄国是必须还是'毋须'经过资本主义学校"以及村社的命运如何等问题时，普列汉诺夫思想有一个发展和变化的过程，大体说来，主要经历了下述四个阶段的演进。

第一阶段："资本主义在俄国的发展是一种倒退。"

1879 年 1 月，普列汉诺夫在《土地与自由》杂志第 3 期上发表一篇题为《社会经济的发展规律和俄国社会主义的任务》的文章，他在该文中秉承了民粹主义的一贯主张，相信村社中的"合作制形式是建立在更为高级的原则之上的"②，认为"俄国还不能称作马克思所指的那种意义上的资本主义生产的国家"，因为不存在"摆脱一切""自由得像小鸟一般"③ 的无产阶级，所以只有在消灭专制制度之后俄国才能越过资本主义阶段。在这以前，尽管普列汉诺夫 1875 年参加过由俄国著名经济学说史专家费森科领导的小组，详尽研究过《资本论》，且初步掌握了马克思主义经济理论的基本原理。但此时，他在世界观上并没有摆脱民粹主义唯心史观的影响，致使他对这部恢宏巨著的本质内涵缺乏正确的认识，无法理解其中的重要方法论原则。此时，按照他的看法，马克思承认社会主义生产必须由资本主义发展而来；俄国当时还不能称作马克思所说的那种意义上的资本主义国家；经济阶段更替的规律是任何社会发展的普遍规律。社会主义注定将在某个时候实现，但不会很快。社会主义宣传仅仅在西方有意义；至于在俄国，还不是时候，马克思的俄国追随者们的任务在于，鼓励祖国工业的发展，不要去阻止古老传统的破坏，甚至不要去阻止农民丧失土地的进程，因为对于俄国的社会主义未来的发展，所有这些都是必需的④。对于这一阶段的思想，普列汉诺夫曾在 19 世纪 70 年代末，认为自己还是"彻头彻尾的民粹派"⑤。

---

① 高放、高敬增:《普列汉诺夫评传》，中国人民大学出版社，1985，第 16 ~ 17 页。
② 《俄国民粹派文选》，人民出版社，1983，第 493 页。
③ 《俄国民粹派文选》，人民出版社，1983，第 489 页。
④ 参见〔苏〕纳尔斯基、波格丹洛夫、约夫楚克《十九世纪的马克思主义哲学》下册，金顺福、贾泽林译，中国社会科学出版社，1984，第 333 ~ 334 页。
⑤ 〔苏〕米·约夫楚克、伊·库尔巴托娃:《普列汉诺夫传》，宋洪训、纪涛等译，三联书店，1980，第 35 页。

第二阶段：俄国有两种发展道路。

随着时间的推移，普列汉诺夫对于资本主义有无可能在俄国发展以及村社是否能长期存在等问题给予了一定的重视，特别是在 1880 年初，在研读了柯瓦列夫斯基的《村社土地占有制及其瓦解的原因、过程和后果》一书后，他的思想观点发生了细微的转变。他在《俄国财富》杂志上发表的《土地村社及其可能的前景》一文中，驳斥了柯瓦列夫斯基断言俄国土地村社在内部原因的影响下到处都在瓦解的观点。普列汉诺夫指出，在国内农民和知识分子的支持下，俄国村社是可以保持下去的，但这是有条件的，即必须"及时地转向村社经营土地或者在同正在产生的资本主义的斗争中被摧毁，这就是现时的土地村社，特别是俄国土地村社的唯一抉择"[1]。可以看出，普列汉诺夫的思想此时开始趋于理性，不再简单地附和民粹派的观点，不再一味强调村社的优越性以及资本主义的发展与俄国完全无关的论调。

第三阶段："俄国已经走上了资本主义发展的道路。"

1881 年底，普列汉诺夫欣然接受了翻译马克思恩格斯的伟大著作《共产党宣言》的任务，"此时普列汉诺夫已经得出结论说，俄国已经走上了资本主义发展的道路"[2]。是年 12 月，他在给拉甫罗夫的信中写道："正如您所知道的，我是持这样一种观点的，这已经是定论。俄国'已经走上自己发展的自然规律的道路'，而其余一切道路……对我国来说都是走不通的。"[3] 依普列汉诺夫之见，如果说资本主义正在俄国发展，那么，这就可以充分表明俄国的革命运动也应按照西欧发展的客观规律而发展。普列汉诺夫的这一结论是在《共产党宣言》思想的光辉照耀下得出的，在其光芒映射中，他开始从民粹主义思想的桎梏中逐渐解脱出来，朝着马克思主义的方向日益临近。

---

[1] 《普列汉诺夫全集》俄文版第 1 卷，第 107 页，转引自〔苏〕米·约夫楚克、伊·库尔巴托娃《普列汉诺夫传》，宋洪训、纪涛等译，三联书店，1980，第 35 页。

[2] 〔苏〕纳尔斯基、波格丹洛夫、约夫楚克：《十九世纪的马克思主义哲学》下册，金顺福、贾泽林译，中国社会科学出版社，1984，第 354 页。

[3] 《普列汉诺夫遗著》俄文版第 8 卷，第 210 页，转引自〔苏〕米·约夫楚克、伊·库尔巴托娃《普列汉诺夫传》，宋洪训、纪涛等译，三联书店，1980，第 79 页。

第四阶段："为什么它不在它已经进了的学校里毕业呢。"

1882 年普列汉诺夫成为马克思主义者之后，在对待俄国是否应经过资本主义阶段这一时代课题的解释上，发生了质的转变。一方面，1882 年 1 月，由拉甫罗夫牵线，马恩答应为普列汉诺夫翻译的《共产党宣言》俄译版作序。在这篇序言中，马克思提出了他对俄国"向何处去"问题的最后解答，指出："假如俄国革命将成为西方无产阶级革命的信号而双方互相补充的话，那么现今的俄国土地公有制便能成为共产主义发展的起点。"① 据此，普列汉诺夫便开始认为资本主义的发展"具有使得革命运动获得成功的新保证的意义"，"因为它意味着无产阶级的数量增长和阶级意识的发展"②，换句话说，资本主义在其看来是向共产主义社会过渡的一种手段、路径。对此，直到政治上沦为机会主义者，普列汉诺夫仍然持这一看法，强调"坚决抵抗一切阻碍资本主义发展的企图"③，"如果我们抛弃了这个资产阶级……我们就会违反革命的直接和明显的利益"④。另一方面，在《我们的意见分歧》一文中，普列汉诺夫通过大量的实证材料及数据分析，诸如俄国国内工人人数的变化、外国生产资本对俄国的输入状况、工厂手工业的发展程度等，进一步指出，在俄国"不仅最近的将来，而且现在也是属于资本主义的时候了。所有的商业条件，所有一切生产关系的形成，越来越对资本主义有利了"⑤。后来，针对主观主义民粹主义者米海洛夫斯基对马克思在 1877 年给《祖国纪事》杂志编辑部的信中的"奇怪的误解"：

> 我得到了这样一个结论：如果俄国继续走它在 1861 年所开始走的道路，那它将会失去当时历史所能提供给一个民族的最好的机会，而遭受资本主义制度所带来的一切灾难性的波折。⑥

---

① 《马克思恩格斯文集》第 2 卷，人民出版社，2009，第 8 页。
② 〔苏〕纳尔斯基、波格丹洛夫、约夫楚克：《十九世纪的马克思主义哲学》下册，金顺福、贾泽林译，中国社会科学出版社，1984，第 355 页。
③ 〔俄〕普列汉诺夫：《普列汉诺夫机会主义文选（1903 年 - 1908 年）》上册，虚容译，三联书店，1964，第 174 页。
④ 〔俄〕普列汉诺夫：《普列汉诺夫机会主义文选（1903 年 - 1908 年）》上册，虚容译，三联书店，1964，第 174 页。
⑤ 《普列汉诺夫哲学选集》第 1 卷，三联书店，1959，第 271 页。
⑥ 《马克思恩格斯选集》第 3 卷，人民出版社，1995，第 340 页。

普列汉诺夫十分肯定地指出："是的，将继续！没有材料让人希望俄国会迅速离开 1861 年以后它已经走上的资本主义发展道路。这就是一切。"① 此外，普列汉诺夫完全承认俄国资本主义的发展是顺应历史发展的客观规律的，因为"所有的未被了解的社会发展规律都以自然的诸规律那样的不可抗拒的力量和盲目的残酷性发生作用"②。

总体看来，普列汉诺夫关于俄国"向何处去"思想的转变不仅与他流亡国外、亲历西欧无产阶级革命实践有关，而且与他对马克思主义的理解过程有关。马克思主义（特别是历史唯物主义）犹如"引路之线"，一步步地将普列汉诺夫从民粹主义的泥沼中艰难地拉了上来，涤荡了其历史观中唯心主义的本质，诚如他后来在回忆当时的情景时说的那样："没有同我们一起经历那个时期的人很难设想，我们多么贪婪地攻读社会民主主义文献，其中德国伟大理论家们（马克思恩格斯）的作品自然占着首要地位。"③

（2）由"唯心史观"转向"唯物史观"：普列汉诺夫对民粹主义历史观的批判及超越

普列汉诺夫在成功完成了自己的民粹主义"脱毛"后，首要的任务就是运用马克思主义的学说来对民粹主义的历史观进行清算，从而超越了民粹主义历史观。他在《社会主义与政治斗争》《我们的意见分歧》《专制主义的新辩护人或列吉荷米洛夫先生的烦恼》《论一元论历史观的发展问题》等文章中指出了民粹主义在社会历史观上的共同缺陷，极力论证俄国已经走上了资本主义的发展道路的观点，说明了社会主义前途在俄国不是"空想"，而是奠定在"科学"的基础之上。

①主体转换：从农民、知识分子转向无产阶级及其政党

民粹派从唯心主义的英雄史观出发，对俄国社会革命的主力军作出了自己的判断。首先，他们将"人民"的范畴仅限于村社中的农民，他们把俄国农民极度美化，"并且以令人惊异的轻率态度在农民身上发现所有一切

---

① 〔俄〕普列汉诺夫：《论一元论历史观的发展问题》，王荫庭译，商务印书馆，2012，第 269 页。
② 《普列汉诺夫哲学选集》第 1 卷，三联书店，1959，第 314 页。
③ 参见〔苏〕米·约夫楚克、伊·库尔巴托娃《普列汉诺夫传》，宋洪训、纪涛译，三联书店，1980，第 78 页。

他们想要在农民身上发现的品性和意向"①。在民粹派看来,"当前的历史时刻俄国无疑只有两个公认为杰出的阶级,即农民和平民知识分子"②,需要专门强调的是,虽然有民粹主义者承认工人的重要作用,但是认为工人数量少,缺乏独立性,例如,吉荷米洛夫在《我们所期待的革命是什么?》中指出,俄国工厂工人的"四分之三""完全不是无产者,而其中半数只是临时工"③,因此,不能将俄国的工人同比利时、法国以及英国等西欧国家的工人同样看待,在俄国,工人"既是小市民又是农民,既住在县镇里又住在城市里"④。可见,民粹派始终把工人看作农民的一部分。其次,民粹主义对知识分子的看法也异于西方。在他们看来,知识分子也来自人民群众,但"由于各种条件的偶然凑合而在思想和道德方面高于自己周围的人们",因为他们"超脱了个人私利或阶级利益"⑤,所以知识分子对社会发展具有决定性的影响,他们是历史向前发展的"舵手"。最后,由于无产阶级是与资本主义相联系的范畴,所以对于他们来说,避免走欧洲的资本主义道路,就必须得抑制无产阶级的产生,"欧洲的不幸,欧洲的绝境对于我们是教训,我们不要欧洲的无产阶级"⑥。

与他们有所不同的是,普列汉诺夫在民粹主义时期,就比19世纪70年代革命民粹派的其他理论家对待无产阶级在俄国革命运动中的地位问题关切。在他的第一篇理论文章《争论的是什么》中,普列汉诺夫一方面仍然坚持了民粹主义观点,认为农民是革命的主体;但另一方面他也提出了让无产阶级加入革命队伍的论断。因此,如果说普列汉诺夫在民粹主义时期对于无产阶级地位的认识还是出于革命民主主义者的本能的话,那么,当他成为马克思主义者后,他的认识就开始奠定在坚实的科学理论之上了。虽然他完全肯定了民粹派"为人民工作的志向",但他坚决反对民粹主义理论上的错误,认为民粹主义者"根本没有看见无产阶级方面的历史自动性,根本没有看见无产阶级所特有的政治运动"。未来的革命运动必须"依靠自

① 《普列汉诺夫哲学著作选集》第4卷,三联书店,1974,第93页。
② 《俄国民粹派文选》,人民出版社,1983,第559页。
③ 《我们所期待的革命是什么?》,《民意导报》第2期,第236页,转引自《普列汉诺夫哲学著作选集》第1卷,三联书店,1961,第310页。
④ 《俄国民粹派文选》,人民出版社,1983,第239页。
⑤ 《俄国民粹派文选》,人民出版社,1983,第554页。
⑥ 《俄国民粹派文选》,人民出版社,1983,第9页。

己的力量和夺取了政治权力在自己手中的无产阶级来完成"①。此外，普列汉诺夫还强调建立无产阶级政党的必要性。在国外旅居的生活及对马克思恩格斯党建思想的认识，使他相信西欧那些没有领导组织的革命暴动，如拉辛的暴动，或者德国的农民战争，根本不能满足现代俄国的社会政治的各种需要。而在俄国社会生活中真正使未来社会得以实现，就必须坚持无产阶级政党的领导，否则它们是不能"发展到高级的共产主义形式"的。据此，普列汉诺夫反复强调，"和反对专制制度的斗争的同时，俄国革命者至少必须竭力培养出一些要素，准备将来创造这样的党"②。

②路径转换：从"主观理想"转向"经济事实"

民粹派普遍认为，社会发展规律奠定在"主观理想"之上。在其看来，西欧的政治经济发展道路，"俄国人的胃消化不了它"，必须建立与之有别的新制度。这样，他们盲目地认为在俄国的古老村社中，就孕育着未来共产主义社会的全部原则，俄国"完全可以避免当代欧洲的可怜命运"，不必重复西欧资本主义道路，而应当"跃入"更高级的共产主义社会。他们认为"选择通向这一或那一可能性的道路取决于自己"，因此在制定社会发展战略时，他们完全凭借在其看来正确的种种"主观理想"，来炮制各种所谓的规律，以便让俄国快速驶入通向共产主义的"快车道"，例如，巴枯宁企图在人民的世界观发展过程中为自己所提出的行动方式找寻辩护理由，但是，由于他运用的标准不适当，于是不得不以自己思想上逻辑的跳跃来代替俄国生活的历史发展。然而，普列汉诺夫在对"马克思学说的精深的研究基础上，能够从宏观到细微处深刻领会这一学说的方法论精髓"③，他科学论述了历史发展的不可逆反性规律：

所有的未被了解的社会发展规律都以自然的诸规律那样的不可抗拒的力量和盲目的残酷性发生作用。但是认识自然界的或社会发展的这一或那一规律，就是：第一，能避免和它发生冲突，因此可以避免

---

① 《普列汉诺夫哲学著作选集》第 1 卷，三联书店，1959，第 273 页。
② 《普列汉诺夫哲学著作选集》第 1 卷，三联书店，1959，第 51 页。
③ 张光明：《从跳跃到不可"跳跃"——重评普列汉诺夫的俄国社会发展规划》，《当代世界与社会主义》2003 年第 2 期。

白费力量，而第二，就是能这样调节其应用，使得人们可以从它得到益处。①

愿望的东西是从必然的东西里面生长出来的，无论如何，在我们的议论中不等于必然的东西。我们认为，个性的自由就在于通晓自然界——顺便说，连历史也在内——的规律，在于善于服从这些规律——顺便说，也善于最有利地配合它们。我们深信当"社会循着自己运动的自然规律所示的途径前进时，它既不能跳越自己发展的那些自然阶段，也不能以命令废除它们。但是它可以缩短和减轻生育的痛苦"。②

从这两段论述可以看出，普列汉诺夫没有像一些人所认为的那样，坚持历史发展的宿命论、自发论，即个人的情感、意志及愿望对历史的无用论，而是坚持"一元论的历史观"。不仅承认人类活动必须遵循规律，而且将规律纳入人的活动之中，没有割裂"规律"与人之间的相互作用。将自己的研究视域由主观转向客观，由理想、愿望转向了"经济现实"。以大量的经济实证材料为依据，他证明了自1861年《二月十九日条例》颁布之后，俄国农村公社的式微及资本主义的兴盛及必然性，关于这种状况，普列汉诺夫用了一个隽永而生动的比喻：

我们的资产阶级现在正经历着一个重要的嬗变：它已经长了肺，要求像政治上的自治这样气氛中的清洁空气，但同时它还没有失掉腮，仍须借助于腮来在腐败的专制制度泥水中继续呼吸。它的根深深地植在旧制度的土壤中，但是它的上端却已经发展到有移植的必要性和必然性的时候了。③

毋庸讳言，普列汉诺夫已将资本主义的发展看作向社会主义过渡的阶

---

① 《普列汉诺夫哲学著作选集》第1卷，三联书店，1959，第314页。
② 《普列汉诺夫哲学著作选集》第1卷，三联书店，1959，第142页。
③ 《普列汉诺夫哲学著作选集》第1卷，三联书店，1959，第242~243页。

梯及中间环节，新的更高的社会形式，只有在资本主义生产力的充分发展，且具备了与之相适应的政治、文化水平后才能实现。另外，他也看到，俄国的农村公社和原始共产主义毫无共同点。自农奴制改革后，日益增长的公社分化和资产阶级的原则在人民生活中的日益深入，已经是毋庸置疑和不可争辩的事实①。正如美国学者塞缪尔·巴伦在谈到普列汉诺夫超越民粹派历史观时所指出的那样："他在手段和目的上避免主观主义，认为这是民粹主义和其他一切空想主义的记号，他力图将革命的目标和战略同他认为规定了的合理的社会行动界限的客观历史进程调和起来。"②

③方法论的转换：从"形而上学"转向"辩证法"

民粹派在世界观和思想方法上坚持的是形而上学的观点。恩格斯在《反杜林论》中指出，"在形而上学看来，事物及其在思想上的反映即概念，是孤立的、不变的、固定的、永久如此的研究对象"。所以，就民粹派而言，"人民"是固定的、不变的、永久都一样的概念，公社"或是存在，或是不存在"。同时，他们只从"静态"上来看待社会关系，而不能在绝对不能相容的对立中思考，在看待资本主义时，不能既承认它的有益作用，又组织工人来与它作斗争，怎样可以拥护集体主义原则，又把具体表现这一原则的东西的分化看作进步的胜利。所以，普列汉诺夫认为民粹主义者没有掌握他们鼻祖车尔尼雪夫斯基的"辩证的思维方法"，而只着眼于他的"研究结果"，从而"犯了片面性的毛病"③。另外，普列汉诺夫特别珍视车尔尼雪夫斯基在《对反对公社所有制的哲学偏见的批判》一文中所包含的辩证法思想，在这篇文章中车尔尼雪夫斯基援引了丰富的社会历史发展、语言学及生物学的事例，证明了辩证法中"否定之否定"规律的普遍性，并以此思想为导引，提出了俄国"可能越过资本主义时期而一下子进入社会主义时期"④ 的"跳跃论"。虽然这种论证方式存在某种抽象化、简单化的缺陷，但普列汉诺夫仍然认为它"过去是现在仍是我们的文献中运用辩

① 《普列汉诺夫哲学著作选集》第 1 卷，三联书店，1959，第 332 页。
② 〔英〕拉贝兹：《修正主义　马克思主义思想史论丛》，柴金如译，商务印书馆，1963，第 49 页。
③ 《普列汉诺夫哲学著作选集》第 1 卷，三联书店，1959，第 185 页。
④ 〔苏〕波克罗夫斯基：《俄国历史概要》上册，贝璋衡等译，三联书店，1978，第 237 页。

证法分析社会现象的最光辉的尝试"①，因为车尔尼雪夫斯基向俄国思想界介绍了辩证法，教给了俄国思想界一个后来多次使人遗忘的真理，那就是说，在社会生活中"一切在流"，"一切在变"；社会生活中的诸现象只有在运动中，在自己的发生、发展和没落过程中方能被理解②。

综上，普列汉诺夫关于俄国"向何处去"问题的思考，虽然受过民粹派思想的直接影响，并在一定程度上源于后者的一些合理思想，但是在成为马克思主义者后，普列汉诺夫的思想没有陷入空想，从根本上说，这是由科学的历史观决定的。

三　理解与建构：普列汉诺夫一元论 历史观形成的理论境遇

历史唯物主义不是无师自通、不证自明的客观真理，它需要解释者依据正确的方法去理解与建构。毋庸讳言，马克思逝世后，恩格斯无疑成为"马克思学派"③ 的权威解释者，从一定意义上来讲，"为人们所知的马克思的真相是被晚年恩格斯所建构的"④。然而，恩格斯在晚年的论著及书信中，为了适应时代的需要，推进理论的发展，提出了诸多新的观点，这就与马克思的"新世界观"形成了某些差异。这样一来，历史唯物主义的表面似乎被一层薄纱所覆盖，从而蒙蔽了许多人的眼睛。同时，第二国际的主流理论家在恩格斯的导引及垂范下，也开辟了历史唯物主义多维解读的壮丽理论图景。这一总的理论境遇，为普列汉诺夫一元论历史观的形成及发展提供了极为丰富的思想资源。

1. "背离"还是"坚持"：晚年恩格斯对历史唯物主义的未竟之思

马克思逝世后，恩格斯无疑成为"马克思学派"的权威解释者。然而，他在晚年的论著及书信中，为了适应时代的需要，推进理论的发展，提出

---

① 《普列汉诺夫哲学著作选集》第 1 卷，三联书店，1959，第 146 页。
② 《普列汉诺夫哲学著作选集》第 1 卷，三联书店，1959，第 145 页。
③ 《马克思恩格斯文集》第 7 卷，人民出版社，2009，第 26 页。
④ 〔美〕特雷尔·卡弗：《马克思与恩格斯：学术思想关系》，姜海波、王贵贤等译，中国人民大学出版社，2008，第 140 页。

了诸多新观点，这就与马克思的"新世界观"形成了某些差异。这种差异为某些后继者理解及建构历史唯物主义提供了广阔的空间。尽管他们的阐释焦点各不相同，但大致思路极为相似，就是借"发掘"马克思恩格斯哲学思想差异之名行歪曲恩格斯哲学思想之实。从第二国际理论家的"半遮半掩"，到西方马克思主义的"明目张胆"，再到"西方马克思学"的"可悲的骗局"，晚年恩格斯①的哲学思想一再被诟病、误解。然而，通过回到马克思恩格斯的哲学文本，确认马克思主义哲学史的有关细节，我们并不认为晚年恩格斯背离了他与马克思"共同阐明的见解"②。

（1）马克思恩格斯哲学思想关系"差异论"的发生及演变

恩格斯曾经在致考茨基的一封信中指出，在马克思逝世后，他不得不"代替马克思的地位去拉第一小提琴"，所以，这样"就不免要出漏洞"③。虽然就这些"漏洞"，晚年恩格斯曾在多个地方试图修补，反复申明自己与马克思的共同见解，但是在他逝世之后，他们的"共同见解"不仅没有更加明朗，反而变得更加扑朔迷离。尤其是在跨越百余年的时空中，马恩的诸多后继者在对马克思主义哲学的反思中，提出了各种解释马克思恩格斯哲学思想关系的版本。具体来说，这些观点主要由第二国际理论家、西方马克思主义者和西方马克思学家展开。

恩格斯在垂暮之年曾多次发出感慨：虽然人们给予了他过多程度的公认，但这会在他不在人间之后立即消逝。果然，19世纪末20世纪初，资产阶级学者为了撕裂无产阶级队伍、瓦解马克思主义在无产阶级运动中的指导地位，开始以各种借口贬损恩格斯的思想理论。其中，一种情形是对恩格斯的哲学理论的科学性提出质疑。以德国莱比锡大学教授保尔·巴尔特

---

① 国内学术界，关于"晚年恩格斯"的时间界定，主要有三种观点。第一种观点较为流行，认为1883年马克思逝世至1895年恩格斯逝世，如黄楠森《马克思主义哲学史》（高等教育出版社，1996）。第二种观点则将这个时间起点定格于1871年巴黎公社，诸如俞吾金《意识形态论》（人民出版社，2009），陈先达《马克思恩格斯哲学思想研究总览》（天津教育出版社，1989）。然而，第三种观点更是将这个时间段限定在恩格斯人生的最后五年，如李述森《列宁与恩格斯晚年思想》（《当代世界与社会主义》2011年第6期）。然而，我们更同意第二种观点。因为恩格斯在《致布洛赫的信》（1890年）当中曾指出，他在《反杜林论》（1878年）及《路德维希·费尔巴哈和德国古典哲学的终结》（1888年）两部著作中，"对历史唯物主义作了就我所知是目前最为详尽的阐述"。

② 《列宁选集》第2卷，人民出版社，1972，第602页。

③ 《马克思恩格斯文集》第10卷，人民出版社，2009，第525页。

为代表,他于 1897 年出版了名为《作为社会学的历史哲学》的著作,抨击恩格斯的哲学思想。他指出,恩格斯的《反杜林论》与马克思的《资本论》代表了两种截然不同的社会学观点。此外,恩格斯晚年也没能从技术生产角度来准确把握"经济结构"的概念内涵,这无疑缺乏科学性。还有一种情形是对恩格斯的个人品德进行诘难。有人指出马克思的地位一天比一天有力、突出地向上升,因此,他远远凌驾于恩格斯之上。是故,恩格斯出于自己的虚荣心、妒忌心,竭力想爬到马克思的纪念像的脚下,以便从马克思头上把桂冠抢过来,所以,恩格斯晚年不断宣扬以他的思想为主导的"马克思主义"。

在此情形下,为了更好地传播及宣传马克思主义,巩固马克思主义在无产阶级中的地位,第二国际理论家掀起了研究和阐述马恩哲学思想关系的高潮。他们不约而同地在解释及建构"马克思主义"时,竭力倡导马克思与恩格斯哲学思想的高度趋同。然而,通过研究相关文献,我们发现,他们之间由于政治立场、思想方法及理论观点的不同,在理解马恩哲学思想一致性时,对马恩哲学思想差异也有不同理解,从而形成了三种不同的观点。

观点之一:"等同论"。这种观点以考茨基、普列汉诺夫为代表,认为马克思与恩格斯思想完全一致。考茨基在他的哲学著作《唯物主义的历史观》的开篇就强调,在讲马克思时,一定要讲恩格斯,因为"他们二位是高度密切合作的,因而这一位的著作也就是那一位的著作",普列汉诺夫则认为恩格斯的哲学"也是马克思的"[1]。尽管这种观点强调二者思想的完全一致性,却以恩格斯晚年的思想来解析马克思的思想。例如,考茨基认为恩格斯《反杜林论》这本书第一次使他完全走上了唯物史观的道路[2]。因而其对马克思主义哲学以及对马恩之间的哲学思想关系的理解是以恩格斯(特别是其晚年思想)为牵引的。

观点之二:"相比论"。以梅林为代表,认为虽然马克思与恩格斯思想是一致的,且恩格斯的思想足以和马克思相比。梅林在为纪念恩格斯逝世十周年而写的《弗里德里希·恩格斯》一文中指出,"恩格斯从来不仅只是

---

① 《普列汉诺夫哲学著作选集》第 2 卷,三联书店,1961,第 432 页。
② 〔德〕考茨基:《唯物主义历史观》(第二分册),上海人民出版社,1965,第 94 页。

马克思的解释者和助手——不论是在马克思生前或死后，始终一样——而是独立工作的合作者。虽然不能和马克思相等，但足以和他相比的"。在这里，梅林是针对当时贬低恩格斯学术思想的观点而提出的论断。他认为当时"低估恩格斯的危险是远远大于高估他的危险"的。所以，"如果不同时往上提高恩格斯的学术地位，马克思思想的地位是不能提高上去的"①。很明显，梅林只是为了顾全大局，巩固马克思主义在无产阶级运动中的指导地位，才迫不得已地提出恩格斯思想能与马克思"相比"的论断。也就是说，在他看来，马克思的思想才是马克思主义理论的主导。

观点之三："修正论"。如果说，前两种观点是在承认马恩哲学思想一致性的思想背景下，隐约地制造了马恩思想差异的话，那么，以伯恩施坦为代表的修正派，却是在推进"一致性"的口吻下，公开宣称马恩哲学思想的差异。伯恩施坦在其修正主义宣言书《社会主义的前提和社会民主党的任务》中，为了论证其"和平长入社会主义"的观点，反复强调恩格斯对马克思哲学思想修正的合理性。在伯恩施坦看来，历史唯物主义存在早期、晚期之分。早期即不成熟阶段以马克思的历史观为代表，强调的是具有宿命论色彩的"经济决定论"。相反，恩格斯则代表了历史唯物主义发展的晚期即成熟期，注重的是法权、道德等思想因素独立作用的"因素论"。所以，他的理论任务就在于完成恩格斯晚年的"遗志"，以"回到康德"来取代历史唯物主义。我们可以看到，修正派主要是从实践策略的方面来理解马恩哲学思想的关系。虽然伯恩施坦敏锐地捕捉到19世纪与20世纪之交时，资本主义在各个方面的变化，意图重新规划马恩哲学思想间的版图，赋予马克思主义哲学以新的时代意义，却抹杀了马恩哲学思想间的一致性。因而可以说，最早公开申明马克思与恩格斯哲学思想"差异论"的是伯恩施坦。

总之，从以上三种观点来看，第二国际的理论家作为直接得益于马克思恩格斯的亲自教诲而成长起来的第一代学生，尽管在建构及传播马克思主义哲学过程中极力说明马恩哲学思想的一致性，但在理解这种关系时，不是陷入"马克思恩格斯化"的解读范式，就是陷入"恩格斯马克思化"逻辑。其中一个很重要的原因就在于他们在理解晚年恩格斯哲学思想时，

---

① 〔德〕梅林：《保卫马克思主义》，吉洪译，人民出版社，1982，第295页。

对他关于时代和无产阶级实践提出新问题的理论思考缺乏深刻的理解。譬如，恩格斯在《反杜林论》中，当说明哲学消亡时曾这样写道："在以往的全部哲学中还仍旧独立存在的，就只有关于思维及其规律的学说——形式逻辑和辩证法。其他一切都归到关于自然和历史的实证科学中去了。"① 照字面意义来看，似乎恩格斯认为哲学将随实证科学的发展而消亡，因而马克思主义的世界观也带有实证主义的色彩。于是，考茨基根据这一点，便认为"马克思主义不是哲学，而是一种经验科学"②，梅林同样指出，马克思主义"完全撇开哲学，而只在历史和自然科学方面的实践工作中考察人类的精神进步"③。这样一来，第二国际理论家所极力维护的马恩哲学思想一致性的观点，其实不过是片面的"一致性"，这种观点恰恰为马恩哲学思想"差异论"开辟了道路。

沿着这样一种阐释路向，西方马克思主义者直接提出了马恩哲学思想间的非同质关系。他们在"回到马克思"的语境下，断言恩格斯晚年的思想与马克思的背离。卢卡奇在《历史与阶级意识》等文中，认为恩格斯的自然辩证法思想，尽管强调了"总体性"辩证法，却忽视了社会历史规律，因而曲解了马克思辩证法的批判本性。柯尔施则认为晚年恩格斯在论述历史唯物主义的书信中，反复申明的上层建筑对于经济基础的反作用，"改变了马克思的学说"，对马克思主义原理"造成了完全不必要的混乱"④。此外，葛兰西在说明研究实践哲学的方法时指出，在研究马恩哲学思想间的关系时，既不能"低估第二位恩格斯的贡献""也不必把第二位与第一位的等同（把恩格斯与马克思等同）起来"⑤。有人可能会问，既然西方马克思主义也看到了马恩哲学思想的差异，并将其放大，那么他们的观点与第二国际的"修正论"是不是就完全一样呢？我们认为，这两者之间存在重要的区别，主要表现为对待晚年恩格斯哲学思想的态度，修正论哲学的基本立场是极力推崇晚年恩格斯的哲学思想，以晚年恩格斯思想的"棱镜"来

---

① 《马克思恩格斯全集》第 20 卷，人民出版社，1971，第 28 页。
② 〔德〕考茨基：《一封关于马克思和马赫的信》，载《国际共运史研究资料》第 3 辑，人民出版社，1981，第 251 页。
③ 〔德〕梅林：《保卫马克思主义》，吉洪译，人民出版社，1982，第 161 页。
④ 〔德〕柯尔施：《我为什么是马克思主义者》，载《马列主义研究资料》第 3 辑，1983，第 248 页。
⑤ 〔意〕葛兰西：《葛兰西文选》，人民出版社，2008，第 221 页。

透视马克思思想的不足。而西方马克思主义则是以责备的口吻来看待晚年恩格斯的思想，认为他偏离了马克思，从而不断批评恩格斯的思想。基于此，西方马克思主义者从哲学内涵的层面入手，不断否定晚年恩格斯哲学的创新性，他们不约而同地以青年马克思的文本尤其是《1844年经济学哲学手稿》中的思想批驳恩格斯的"自然辩证法"，这种批判旨在彰显马克思人道主义的致思理路，从而将恩格斯的主要哲学观点与苏联哲学教科书体系的理论逻辑勾连起来，认为后者是前者理论的逻辑延伸。与此同时，我们也看到，尽管西方马克思主义者以各种方式来批评恩格斯，但他们并没有全盘否定恩格斯的观点，而仍然是在坚持马恩思想一致的基础上，作出有限的、局部的批判。

总而言之，西方马克思主义哲学家无论是从黑格尔主义、存在主义还是从弗洛伊德主义等分析视角来理解马克思主义，都是为了走出晚年恩格斯"唯物主义辩证法"与"历史唯物主义"①的理论视界，其局限性也是非常明显的。其一，他们只注重选取青年马克思的个别文本，没能全面、综合把握马克思的文本群。其二，他们不能很好地说明为什么马克思在生前没有对恩格斯《反杜林论》《自然辩证法》中的观点提出任何异议，反而在《资本论》及手稿、《哲学的贫困》、《中国革命和欧洲革命》，甚至在博士学位论文中都对唯物主义辩证法的相关思想观点有所论及。这些不足，不仅导致了人们对晚年恩格斯哲学思想的误解，而且影响了他们自身理论的自洽性。

为了弥补这一缺失，以文献考据为主要特征的西方马克思学研究开始兴起。其主要代表为费切尔、吕贝尔、诺曼·莱文、大卫·麦克莱伦、特里尔·卡弗等。他们在编撰MEGA2的过程中，使马恩哲学文本群得以最完整全面的展现。诚然，西方马克思学在理论研究中的基础意义是不容小觑的，但其结论与西方马克思主义极为相似，所不同的只是，西方马克思学基于冷战时期西方反社会主义意识形态需要，竭力在文本文献中挖掘恩格

---

① 需要说明的是，恩格斯在《卡尔·马克思〈政治经济学批判〉第一分册》、1870年《德国农民战争》第二版序言以及《反杜林论》中都是使用"唯物主义历史观"这一术语，然而，他在《致康·施米特》（1890年）中却第一次使用了"历史唯物主义"这一术语，并在随后的《社会主义从空想到科学的发展》及英文版序言、《致弗·雅·施穆伊洛夫》（1893年）等著述中多次使用，且有时将"唯物主义历史观"与"历史唯物主义"交替互换。

斯"反对"马克思的所谓"证据",来说明马克思与恩格斯思想的对立。概括起来,他们主要通过三种路径展开。

其一,他们以黑格尔哲学为中介,比较马恩哲学思想上的差异。譬如,诺曼·莱文在佐证所谓的"可悲的骗局"时,强调"恩格斯的黑格尔化马克思主义"不仅"曲解了黑格尔,而且误解了马克思"。因为,他消除了人类社会的因素并将之替换为自然哲学的形而上学,而马克思强调人类实践,马克思从黑格尔《精神现象学》对劳动意识的论述中获得了自己的灵感①。其二,以恩格斯在整理出版马克思遗稿中,"篡改"马克思文本的"证据",来佐证恩格斯背离马克思的本意。西方马克思学家认为恩格斯晚年在对马克思遗稿的收集、整理、编纂过程中,开创了马克思思想的"历史编纂学",因而他们运用文本考据学、版本学、资料学等分析工具,不断放大恩格斯在语词选择、语句翻译中的疏漏来故意"找茬"。例如,费彻尔通过考察恩格斯晚年对《关于费尔巴哈提纲》中"自我改变"一词的修改,证明马恩哲学思想的对立。其三,用恩格斯对马克思著作所写的导言、序言等介绍性论文的字句比对,说明恩格斯对马克思思想的背离。例如特雷尔·卡弗通过考察晚年恩格斯撰写的《共产党宣言》1883年德文版序言、《关于共产主义者同盟的历史》等文中相关句词,说明恩格斯"在马克思的著作中断章取义以适应他自己萌发的学术上的抱负"②。

不难看出,西方"马克思学家"是为了避免西方马克思主义在肯定马恩整体一致性的前提下研究马恩思想差异的对立性,在对恩格斯背离马克思的"证据"的考究中,将其推向了曲解者和背叛者的"神坛"。或许西方马克思学的研究代表了人们对于纯学术的向往,但是,他们在含蓄地强调其学术的有效性时,恰恰因为有偏差的意识形态倾向,矫枉过正,可以说,他们在极力论证马恩哲学思想差异中的对立时,却恰恰遮蔽了马克思主义研究的科学性,掩盖了晚年恩格斯哲学的重要地位。然而,解读恩格斯整理马克思文本的动机和结果,理解他的修改原则,从而正确评价马恩哲学思想关系,需要在深耕马克思及晚年恩格斯哲学文本的逻辑及历史语境中

① 〔美〕诺曼·莱文:《不同的路径:马克思主义与恩格斯主义中的黑格尔》,臧峰宇译,北京师范大学出版社,2009,第19页。
② 〔美〕特雷尔·卡弗:《马克思与恩格斯:学术思想关系》,姜海波、王贵贤等译,中国人民大学出版社,2008,第138页。

来加以辨析。

（2）晚年恩格斯对马克思主义哲学的诠释

不管是第二国际内部正统派对马恩哲学思想"一致性"的片面推崇，还是修正派及西方马克思主义对马恩哲学思想"差异中的一致"的阐释，抑或是西方马克思学所倡导的"差异中的对立"，都是无意或有意地制造马恩哲学思想间的非同质性，以各种方式佐证恩格斯"背离"马克思的所谓"证据"，将矛头对准恩格斯。

我们认为，要明辨马恩哲学思想间的关系，需要正确看待马克思的"新世界观"即历史唯物主义的逻辑前提。虽然它与由哲学基本问题区分出来的一般唯物主义有很大区别，但其唯物主义的特征是不容忽视的。因此，晚年恩格斯为了应对新康德主义、实证主义及相对主义等思潮的挑战，极力总结了马克思主义的"唯物主义"基本内核。对此，他不仅在哲学史上第一次提出了关于哲学的基本问题，而且对马克思主义哲学形成的费尔巴哈唯物主义来源给予了充分的肯定。但是这样一种阐释语境很快成为国内外学者申明马恩哲学"差异论"的重要依据。譬如，俞吾金教授指出，"马克思的唯物主义是历史唯物主义"，而恩格斯由于崇尚费尔巴哈的一般唯物主义，故而"始终是一个隐蔽的费尔巴哈主义者"[1]，据此"逐步形成了以恩格斯、普列汉诺夫、列宁和斯大林为代表的正统的阐释路线"[2]。在这条路线中，恩格斯起着奠基人的作用。他利用从黑格尔和费尔巴哈那里借贷过来的哲学资源——辩证法和唯物主义构建了自己的哲学思想"唯物主义辩证法"。当然，这一研究在一定程度上细化了马恩哲学思想间的差异，却存在过度解读之嫌。

因此，如果抛开各种学术上的偏见，正确看待晚年恩格斯哲学思想，至少需要回答两个问题：一是如何判定晚年恩格斯的哲学思想与苏联哲学教科书体系间的关系；二是晚年恩格斯哲学思想是否背离了他与马克思的"共同见解"。

先看第一个问题。首先，从恩格斯晚年多次论述的"唯物主义辩证法"来看，确实与苏联哲学教科书所涉"辩证唯物主义"的内容存在相似之处。

---

① 俞吾金：《被遮蔽的马克思》，人民出版社，2012，第29页。
② 俞吾金：《被遮蔽的马克思》，人民出版社，2012，第2页。

其一，在《反杜林论》中，恩格斯这样写道："现代唯物主义本质上都是辩证的。"① 其二，在《费尔巴哈论》中，当说明马克思的哲学是对黑格尔哲学的超越时，恩格斯指出：马克思主义哲学"把这个世界观彻底地（至少在主要方面）运用到所研究的一切知识领域里去了"②。乍看起来，将历史唯物主义解释为辩证唯物主义的自然观在历史领域内贯彻的思想呼之欲出，似乎唯物辩证法的原则存在于历史唯物主义之前。而这种观点也正是国内外一些学者关注的焦点，并成为他们批判基于晚年恩格斯哲学文本的苏联哲学教科书的矛头，以此制造马恩思想的差异乃至对立。

其次，应该承认晚年恩格斯的思想与苏联哲学教科书有着千丝万缕的联系。第一，晚年恩格斯哲学思想深刻地影响了俄国马克思主义的形成。早在 1889 年前后，恩格斯就与普列汉诺夫、查苏利奇等人有过频繁的书信往来及当面交流，同时，他还就俄国革命中流行的学说及俄国社会生活中的重要问题，发表过自己的看法。另外，恩格斯晚年的哲学文本如《社会主义从空想到科学》《俄国沙皇政府的对外政策》等也被以普列汉诺夫为主要成员的劳动解放社翻译、介绍到俄国。在恩格斯的导引下，"俄国马克思主义之父"普列汉诺夫第一次从学理上提出了"辩证唯物主义"这个"唯一能够正确说明马克思哲学特点的术语"③，指出历史唯物主义就是"因为辩证唯物主义涉及历史，所以恩格斯有时将它叫做历史的"④。正如弗兰尼茨基所言，"普列汉诺夫是恩格斯在晚期著作中所提出的观点的彻底继承者"⑤。需要指出的是，普列汉诺夫的哲学思想也极大影响了列宁，以至于列宁直截了当地指出"马克思主义的哲学基础是辩证唯物主义"⑥。第二，恩格斯晚年文本是苏联哲学教科书的主要依据。为了更好地传播马克思主义，俄国苏维埃政权成立后，不仅成立了马克思恩格斯研究院，而且开始致力于编写马克思主义哲学的普及教材。其中形成了包括沃里弗松的《辩

---

① 《马克思恩格斯文集》第 9 卷，人民出版社，2009，第 28 页。
② 《马克思恩格斯文集》第 4 卷，人民出版社，2009，第 297 页。
③ 《普列汉诺夫哲学著作选集》第 3 卷，三联书店，1962，第 222 页。
④ 《普列汉诺夫哲学著作选集》第 2 卷，三联书店，1961，第 311 页。
⑤ 〔南斯拉夫〕普雷德腊格·弗兰尼茨基：《马克思主义史》，李嘉恩、韩宗等译，人民出版社，1986，第 452 页。
⑥ 《列宁选集》第 2 卷，人民出版社，1995，第 247 页。

证唯物主义》、萨拉比扬诺夫的《历史唯物主义》、米丁的《辩证唯物主义
历史唯物主义》、斯大林的《论辩证唯物主义和历史唯物主义》、亚历山大
洛夫的《辩证唯物主义》及康斯坦丁诺夫主编的《马克思列宁主义哲学原
理》等在内的文本文献群。值得注意的是，这些教科书无论是章节编排，
还是主要内容，抑或是参考引文，都是以恩格斯晚年著作为蓝本。为什么
如此？一个很重要的原因就是晚年恩格斯的哲学文本以通俗的语言文字，
展现了唯物主义这一"基本内核"。而这种超越纯粹理念的唯物主义思想易
于为经济文化落后的苏维埃政权迅速恢复生产、发展经济提供精神智力上
的支撑。但需要强调的是，这种过于强调"物"的原则，很快就被高度集
中的苏联模式所限制。因而，西方马克思主义者从对青年马克思人道主义
的"新发现"入手，以晚年恩格斯的哲学观点作为批判苏联哲学教科书体
系的突破口，来渲染恩格斯对马克思思想的背离。

从西方马克思主义者的主要观点来看，他们大都认为晚年恩格斯在
《反杜林论》《自然辩证法》等文中不仅建构了马克思主义哲学体系，而且
强调了唯物主义自然观的先在性、客观性，且一味拔高"物"的原则。据
此，苏联哲学教科书体系才得以形成。譬如，施密特认为，"在马克思那
里，自然和历史难分难解地相互交织着；相反，恩格斯把二者看成是唯物
辩证法的方法和两个不同的'适用领域'"①。马尔库塞指出，苏联哲学教科
书"不过是对恩格斯的《自然辩证法》的某些命题所作的释义，把自然领
域的证实看作先于历史的证实"②。很明显，这些学者只是将苏联哲学教科
书的缺陷人为地附加在恩格斯名下，这样做是不对的。笔者认为理由有三。

其一，恩格斯对于过分强调物的原则是持保留意见的。根据目前我们
所掌握的材料可以判定，其实在恩格斯以前约瑟夫·狄慈根就提出过"辩
证唯物主义"这一术语，他在《一个社会主义者在认识论领域中的漫游》
一文中，把自己的观点叫作"辩证唯物主义"③，并且还提出过诸如"物质

---

① 〔德〕施密特：《马克思的自然概念》，吴仲昉等译，商务印书馆，1988，第52页。
② 〔美〕马尔库塞：《苏联的马克思主义——一种批判的分析》，万俊人等译，中国人民大学
　　出版社，2012，第7页。
③ 〔英〕约瑟夫·狄慈根：《狄慈根哲学著作选集》，杨东莼译，上海三联书店，1978，第
　　241页。

是一切精神发展的支柱、前提和基础"① "思想是脑的产物"② "在真理的背后，存在着一个普遍的、无限的、绝对的、不可能对人类完全开放的自然"③ 等思想，请注意，这些论述是不是与苏联哲学教科书体系关于辩证唯物主义的内容有某些相似之处呢？然而，对这些思想，恩格斯是持保留态度的，他在1868年给马克思的信中，认为狄慈根所使用的"术语自然还很混乱，因此缺乏精确性，并且常常用不同的术语重复同样的东西。其中也有辩证法，但多半是星星点点，没有什么关联"④。

其二，恩格斯不但没有忽视人的主体实践活动，反而特别关注。例如，在梳理唯物主义发展史时，恩格斯深刻地批判过18世纪法国唯物主义者，认为他们虽然使唯物主义得以系统化，却"变得漠视人了"⑤。同时，恩格斯晚年的《论俄国社会问题》及跋、《家庭、私有制和国家的起源》等文都是以探究人类社会历史发展规律问题为中心而展开的。

其三，恩格斯强调的只是"历史的自然"而非"自然的历史"。西方马克思主义者将晚年恩格斯思想与苏联哲学教科书体系粘连起来的一个缘由，就是对恩格斯的思想作了自然与历史二分化的解读，故而恩格斯常被冠以"自然唯物主义者"的名号。然而，在恩格斯的著作中，我们看到，恩格斯即便在讨论的对象上进行了严格的自然与历史的二分界说，但其自然概念也不是与人及其实践无关的客观自然。在他看来，自然是"历史的自然"与"自然的历史"的有机统一。与此同时，他反复强调了人类实践是人与自然具体历史的统一的基础。对此，恩格斯在批评自然主义的思想时曾指出："自然主义的历史观，……它认为只是自然界作用于人，只是自然条件到处决定人的历史发展，它忘记了人也反作用于自然界，改变自然界，为自己创造新的生存条件。"⑥

---

① 〔英〕约瑟夫·狄慈根：《狄慈根哲学著作选集》，杨东莼译，上海三联书店，1978，第247~248页。
② 〔英〕约瑟夫·狄慈根：《狄慈根哲学著作选集》，杨东莼译，上海三联书店，1978，第243页。
③ 〔英〕约瑟夫·狄慈根：《狄慈根哲学著作选集》，杨东莼译，上海三联书店，1978，第233页。
④ 《马克思恩格斯文集》第10卷，人民出版社，2009，第296页。
⑤ 《马克思恩格斯文集》第2卷，人民出版社，2009，第217页。
⑥ 《马克思恩格斯文集》第9卷，人民出版社，2009，第484页。

综上，恩格斯"不能为苏联教科书哲学思维承担全部责任，对恩格斯所作的各种过度批评都是成问题的"①。因此，关于晚年恩格斯哲学思想的理解以及马恩哲学思想关系的明辨，绝不是回到某个理论家那里就可以终结的，而应从对晚年恩格斯文本的深刻理解中，在互文性解读中来全面勘定马恩哲学思想的真正关系。

进而言之，我们认为恩格斯晚年仍然坚持了他与马克思共同提出的"见解"。首先，马克思对于恩格斯有关辩证唯物主义的思想是认同的。在反驳杜林的"胡说"时，恩格斯开门见山地指出：他的"世界观，绝大部分是由马克思确立和阐发的，而只有极小的部分是属于我的"②，而且在这本书出版前，恩格斯曾把全部原稿念给他听。另外，马克思也参与这本书的写作，其中"经济学那一编的第十章（《〈批判史〉论述》）就是马克思写的"③。

其次，恩格斯晚年的思想是对马克思和他"共同见解"的继承与发挥。第一，恩格斯重视唯物辩证法的原则是了却马克思的一个夙愿。马克思在1868年致狄慈根的信中曾直言希望构建辩证法的体系，指出："一旦我卸下经济负担，我就要写《辩证法》。"④ 我们知道，马克思将其人生的大部分时间都花在了《资本论》的写作之上，因而阐述辩证法体系的愿望只能由恩格斯来完成。第二，马克思生前将研究重点放在社会史上，而很少关注自然史。在《德意志意识形态》中，马恩曾删去这样的话："我们仅仅知道一门唯一的科学，即历史科学……自然科学我们在这里不谈。"⑤ 因此，为了进一步完善唯物史观的"自然史的基础"，恩格斯晚年将研究的重点放在了"自然辩证法"上。第三，恩格斯晚年的哲学著作可以说是对马克思著作的进一步拓展及注解。我们可以看到从《德意志意识形态》到《费尔巴哈论》，从《黑格尔法哲学批判》到《家庭、私有制和国家的起源》所阐发的思想，构成了有机联系的思想整体，此外，恩格斯晚年写作了"不少于17篇关于马克思著作的序言，以及五篇关于他们共同写作的《共产党宣言》

① 臧峰宇：《重思晚年恩格斯视域中的"唯物主义辩证法"》，《教学与研究》2015年第4期。
② 《马克思恩格斯文集》第9卷，人民出版社，2009，第11页。
③ 《马克思恩格斯文集》第9卷，人民出版社，2009，第11页。
④ 《马克思恩格斯文集》第10卷，人民出版社，2009，第288页。
⑤ 《马克思恩格斯文集》第1卷，人民出版社，2009，第516～519页。

的序言"①，这些都可以看作对马克思哲学思想的深入而科学的"注解"。

最后，恩格斯仍然是在历史唯物主义的视域下来探讨唯物辩证法的。其一，恩格斯将其论述有关"唯物主义辩证法"的著作看作对历史唯物主义原理的阐释。一方面，他在致布洛赫的信中，指出在《反杜林论》与《费尔巴哈论》两部著作中他"对历史唯物主义作了就我所知……最为详尽的阐述"②；另一方面，他又强调"关于历史唯物主义的起源，在我看来，在我的《费尔巴哈》中就可以找到足够的东西"③。其二，唯物史观的本质特征正是体现在辩证方法上。在《1844年经济学哲学手稿》中，马克思指出："整个所谓世界历史不外是人通过人的劳动而诞生的过程，是自然界对人来说的生成过程。"④ 在《德意志意识形态》中，马恩又对这一论断进行了申说，认为整个人类史与自然史的紧密粘连的，决不能使这二者对立起来。也就是说，"整个所谓世界"既不是观念世界，也不是单纯的自然界，而是人通过自己的劳动实践所构成的"现实世界"。对此，在《路德维希·费尔巴哈和德国古典哲学的终结》中，恩格斯指出辩证法不过是"现实世界的辩证运动的自觉的反映"⑤。显然，他在论述辩证方法时，始终着眼于历史唯物主义。

综上，我们可以明显地看出，晚年恩格斯通俗地展现了"历史唯物主义"和"自然辩证法"的科学视界，成功地揭示了旧唯物主义和费尔巴哈哲学的缺陷，试图在超越以往哲学家的视域中建构一种新世界观，这无疑与马克思有一定的差异，但他在关于马克思主义哲学本质的认识上仍然与马克思一致。那么，是什么原因导致恩格斯思想发生了如此微妙的变化，从而被后人所误读呢？对此，有学者回答道："恩格斯选择一种与理论史真实不同的逻辑言说来说明唯物辩证原则与历史唯物主义的关系，或许是出于阐述的简单和清晰。"⑥ 的确，恩格斯晚年书写的大众化笔触以及马克思哲学阐释的"权威性"角色似乎给其思想蒙上了一层薄纱，使人们感觉他

① 〔美〕特雷尔·卡弗：《马克思与恩格斯：学术思想关系》，姜海波、王贵贤等译，中国人民大学出版社，2008，第133页。
② 《马克思恩格斯文集》第10卷，人民出版社，2009，第593页。
③ 《马克思恩格斯选集》第4卷，人民出版社，1995，第721页。
④ 《马克思恩格斯文集》第1卷，人民出版社，2009，第196页。
⑤ 《马克思恩格斯文集》第4卷，人民出版社，2009，第298页。
⑥ 周宏：《晚年恩格斯的马克思哲学观疏论》，《江苏社会科学》2005年第4期。

与马克思的思想关系变得"晦涩难解"。但是，退一步讲，如果没有晚年恩格斯对马克思文本语境的回顾及评介，对马克思晚年关注的理论课题的大众化阐释，人们要了解马克思主义基本原理可能还需要漫长的过程。

（3）研究晚年恩格斯哲学思想的理论视域

世界上没有两片一样的树叶。尽管马克思主义哲学是由马恩共同创立的，但他们二者之间思想存在一定的差异。因此，我们在研究晚年恩格斯哲学思想时，不能如上述国内外学者所炮制的各式各样的"差异论"那样，曲解或贬低晚年恩格斯的哲学思想，而应在正确看待两人思想关系一致的前提下承认他们的差异性，从而正确评价晚年恩格斯的哲学思想地位。就马恩哲学思想差异来看，我们认为，这种差异不单单表现在学术分工、知识结构、理论旨趣、个性上，更多的是表现在话语阐释上。

马克思主义学说在话语的表达上体现为学术性话语与应用性话语的有机统一。其中，学术性话语是在学术思想的创造中通过学理性的语言表现出来的，而应用性话语是在理论的宣传普及和实际运用中以通俗化、大众化的语言表现出来的。前一种话语在马恩早年的著作中尤为明显，"它所表达的是以新唯物主义为标志的全新的、具有原创性的思想"[1]。正是这一话语才使马克思主义成为科学的理论体系，后一种话语则在晚年恩格斯的论著中体现得尤为明显。晚年恩格斯为了巩固马克思主义的指导地位，使工人阶级在政治实践中理解并接受马克思主义思想，不断推进马克思主义大众化，他不仅在语言上力求通俗化，而且在原理阐释的内容上也尽量做到更加简化[2]。譬如在《社会主义从空想到科学》一文中，恩格斯深刻说明了科学社会主义的产生建立于唯物主义历史观及辩证法在现代无产阶级和资产阶级之间阶级斗争应用的基础之上。同时，他通过在形式和内容上的加工修改，尤其是添加了大量"口头的解释"，使"纯学术性的著作""直接在群众中进行宣传"[3]。因此，如果可以在马恩那里区分出"从空想到科学"

---

[1]　参见何萍《当代第二国际马克思主义研究的思想史语境及其建构》，《学术月刊》2016年第5期。

[2]　例如，恩格斯在《反林林论》、《共产党宣言》1888年英文版序言、《在马克思墓前的讲话》、《起源》以及部分晚年书信中，对唯物主义历史观存在多种不同的表述，而且力图做到简单明了。

[3]　《马克思恩格斯文集》第3卷，人民出版社，2009，第494页。

和"从科学到行动"两种目标的话，那么，"在后一点上恩格斯的贡献显著地大于马克思"①。

由此可见，晚年恩格斯的哲学思想更加注重使用大众化的话语，使众多的研究者易于选择晚年恩格斯的一些著名的通俗读本作为研究对象，开展对其哲学思想的研究。据此，有些人往往就会得出晚年恩格斯的思想毫无创新之处甚至背离马克思思想的结论。可见，我们要驳斥这一结论，就要深入晚年恩格斯的"理论大厦"之中，从他对马克思主义理论创新的角度，从他关于时代和无产阶级实践新问题的理论思考的角度来展开研究。正是如此，晚年恩格斯根据实践斗争的新形势和科学发展的新问题，对唯物史观进行补充及完善工作，提出的一系列新观点，无疑成为他"发展马克思主义哲学的光辉贡献"②。具体而言，晚年恩格斯对历史唯物主义的贡献，主要有以下几点。

第一，相互作用论。在纠正德国社会民主党内以恩斯特为代表的"青年派"对唯物史观的误解时，恩格斯承认"青年们有时过分看重经济方面，这有一部分是马克思和我应当负责的"③，因为他和马克思在历史唯物主义刚创立的一段时间里，为了在理论上批判历史唯心主义，在实践中肃清各种资产阶级的和非科学的社会主义思潮的影响，筑牢无产阶级革命运动的思想基础，故而把理论的重点放在强调经济因素的决定作用上，从而为了"内容"而忽略了"形式"。在他看来，人类社会并不是线性发展的，在历史中有很多不确定因素，历史发展的动力是一个由多维立体的结构所构成的整体，在实际的历史过程中，每个因素都不是孤立地发挥作用，它们之间存在普遍的、繁杂的相互作用。也就是说：

> 历史是这样创造的：最终的结果总是从许多单个的意志的相互冲突中产生出来的，而其中每一个意志，又是由于许多特殊的生活条件，才成为它所成为的那样。这样就有无数互相交错的力量，有无数个力的平行四边形，由此就产生出一个合力，即历史结果，而这个结果又

---

① 胡大平：《回到恩格斯：文本、理论和解读政治学》，江苏人民出版社，2011，第99页。
② 朱传棨、曹玉文：《马克思恩格斯哲学思想比较研究》，河南人民出版社，1995，第235页。
③ 《马克思恩格斯文集》第10卷，人民出版社，2009，第593页。

可以看做一个作为整体的、不自觉地和不自主地起着作用的力量的产物。①

　　这段话充分表明了历史唯物论与辩证法的有机统一性。历史发展中的主体是进行活动的有意识、有激情、有目的的个人，历史只不过是追求自己目的的人的活动而已。这样，社会历史的发展就表现为一切因素的交互作用，历史发展的各种因素不过是人自觉创造历史的活动在不同层面的表现形式而已。这些因素除经济因素外，还有意识形式、政治法律制度、地理基础以及外部环境等，它们在具体的现实社会生活中相互影响、相互制约、彼此依赖，最终形成了历史发展的总合力。

　　第二，坚持"直接生活的生产和再生产"对历史的决定性原则。晚年恩格斯在充分利用马克思"人类学笔记"的基础上，在《家庭、私有制和国家的起源》中，提出了著名的"两种生产"理论："根据唯物主义观点，历史中的决定性因素，归根结蒂是直接生活的生产和再生产。但是，生产本身又有两种。一方面是生活资料即食物、衣服、住房以及为此所必需的工具的生产；另一方面是人自身的生产，即种的蕃衍。"②"两种生产"理论不但能为我们揭开历史唯物主义的面纱，而且能够凸显两种生产在人类社会历史发展中的基础性地位，有效反对将唯物史观解读为经济决定论的思潮。然而，事与愿违，由于《德意志意识形态》③未能出版，许多人对恩格斯的这一思想并不买账，认定人类社会存在和发展的根本基础和最终动力只是物质资料的生产，而恩格斯却把"生活资料的生产"和"人的生产"相提并论，完全打破了唯物史观的统一性。例如，第二国际的亨利希·库诺在看待这个问题时，认为恩格斯"只是简单地提了一下'人的生产'，以作为一种新的决定性因素来补充经济方式，而没有对由此所得出的结论加

①　《马克思恩格斯文集》第10卷，人民出版社，2009，第592页。
②　《马克思恩格斯选集》第4卷，人民出版社，1995，第2页。
③　在《德意志意识形态》中马克思恩格斯在系统阐发历史唯物主义的基本思想时，就提出了"两种生产"理论，明确把物质生活的生产分为物质资料的生产、新的需要的生产和人本身的生产三个方面，并将前两者表述为"生产着自己的物质生活"以及"个人肉体存在的再生产"，参见《马克思恩格斯文集》第1卷，人民出版社，2009，第519～520页。

以权衡"①。

第三，坚持阶级分析的原则。恩格斯晚年非常注重在运用历史唯物主义方法时，坚持阶级分析原则。在19世纪90年代德国社会民主党的出版物中，对文学问题，特别是对优秀作家作品中所提出的社会问题展开了广泛的讨论。在"青年派"的机关刊物《自由舞台》上，对易卜生和斯特林堡的作品进行了广泛的讨论。一些"青年派"在他们那些打着文学评论幌子的文章中，贩卖着否定党的领导作用、藐视"做群众尾巴的具有党性的"的主张，力图破坏历史唯物主义方法的作用，从其狭隘的阶级观念的范围中直接引申出艺术家的作品。对此，恩格斯发挥了马克思《路易·波拿巴的雾月十八日》中的思想，即并非所有资产阶级民主派的代表人物都是小店主或小店主的崇拜人。在晚年的书信中不断强调一般意识形态的阶级性，他认为某一位艺术家或哲学家创作的阶级性，就其内容来说，并不完全决定于作者的出身或社会地位，而首先决定于他从哪个阶级的立场来认识及解释世界，并在其著述中强化哪个阶级的社会地位。在1888年4月初致玛格丽特·哈克奈斯的信中，他以巴尔扎克为例，指出，巴尔扎克作为现实主义作家，他的最伟大的功绩就是，虽然其著作是对上流社会不可阻挡的衰落的一曲无尽的挽歌，但是他"不得不违背自己的阶级同情和政治偏见；他看到了他心爱的贵族们灭亡的必然性，把他们描写成不配有更好命运的人"②。此外，在《路德维希·费尔巴哈和德国古典哲学的终结》中，他又揭示了阶级斗争在历史中的重要意义。写道："一切政治斗争都是阶级斗争。"③ 也就是说，在阶级社会中，对于上层建筑的理解，必须揭示其背后的阶级动因。

总而言之，无论是马克思还是恩格斯，他们都没有僵化、教条地运用、理解和阐释历史唯物主义。相反，晚年恩格斯十分担心把历史唯物主义归结为轻易达到和轻易理解的公式图解，始终要求人们要"像马克思那样来思考"，不到现存著作中去寻找公式。因为在他看来，公式是停滞的信号。可是，在第二国际理论家那里，情况却发生了偏差，作为方法的历史唯物

---

① 〔德〕亨利希·库诺：《马克思的历史、社会和国家学说》，袁志英译，上海译文出版社，2014，第470页。
② 《马克思恩格斯文集》第10卷，人民出版社，2009，第571页。
③ 《马克思恩格斯文集》第4卷，人民出版社，2009，第306页。

主义逐渐销蚀了哲学辩证的批判锋芒，不是退化为一种实证主义方法，就是悄然沦为以考茨基为首的正统派所宣扬的"纯粹方法论"教条。

2. 反对、建构与修正：第二国际对历史唯物主义的阐释路向

在普列汉诺夫所处的历史时代，对历史唯物主义的诠释、解构、修正、批判的声浪一直没有停息。一方面，马克思恩格斯的学生和战友认为"把蕴藏在马克思和恩格斯的著作中的大量历史观点系统地整理出来，是一件很有价值的工作"①，力图深入解析历史唯物主义内涵，探寻其理论真谛，用以解释和指导现实的无产阶级革命实践活动；另一方面，在恩格斯逝世后，泛起了以伯恩施坦为代表的修正主义思潮，借口时代的新变化，觊觎重释、否定历史唯物主义基本原理，建构自己的理论体系，其实质则是根本否定、摒弃历史唯物主义。与此同时，还有以饶勒斯为代表的理论家以隐蔽的方式贩卖其修正主义观点，用其他流派的思想观点来补充唯物史观，曲解、修正它。这三股思潮交相呼应，共同构成了普列汉诺夫研究历史唯物主义的理论境遇。

（1）反对历史唯物主义的奏鸣

列宁在《马克思主义和修正主义》一文中指出："马克思主义创立以后的第二个 50 年（从 19 世纪 90 年代起）一开始就是同马克思主义内部的一个反马克思主义派别进行斗争。"② 这个"派别"就是以伯恩施坦为代表的修正主义。

恩格斯逝世后，伯恩施坦从 1896 年到 1898 年，在《新时代》上陆续发表了以《社会主义问题》为总标题的六篇文章，以及在 1899 年出版了《社会主义的前提和社会民主党的任务》一书，目的在于说明随着认识的不断深化，经济社会政治条件的不断变化，那些过去曾被认为是理论权威的观点必须得重新审视，而"马克思和恩格斯的理论是在和今天完全不同的情况下，根据今天已不再合适的前提制定的，用它来做衡量许多工作的标准，就是不够的或者是错误的了"，进而重释和解构历史唯物主义。他认为，在解释历史唯物主义时，只有"扩张解释，才能使它今天保有价值"，在应用历史唯物主义时，"根本不考虑或者很少考虑各种物质势力和各种精

---

① 〔德〕梅林：《保卫马克思主义》，吉洪译，人民出版社，1982，第 4 页。
② 《列宁选集》第 2 卷，人民出版社，1995，第 2 页。

神势力的相互作用，不管谁这样做，都应该纠正"①。

伯恩施坦指出，所谓唯物主义者首先必须承认把一切现象归于物质的必然性，因此，将唯物论应用于历史的解释，就是主张一切历史和进化的必然性。换言之，对各种现象的解释，必须从其物质总和及相互作用加以考量。基于这些判断，伯恩施坦把历史唯物主义指认为"庸俗经济史观"和"历史宿命论"。也就是说，人在历史上的作用只是消极无为的，意识和存在也被机械地对峙起来。与此同时，伯恩施坦主张用一种多因素的历史决定论来置换历史唯物主义的科学形态，以区别于马克思恩格斯。因此，他认为社会历史发展的决定因素是多元的，"今日把唯物的历史学说运用于事实，应该在其最发达的形式上来做，换句话，除生产力和生产关系的发展和影响，对各个时代的法律观念、伦理观念、历史传统和宗教传统，以及地理的和其他自然的势力的影响，也要十分斟酌"②。在这里，唯物史观已经丧失了它的合理内核，以至于伯恩施坦公开用新康德主义来指导社会主义运动，在他看来"回到康德去"③ 才是唯一拯救历史唯物主义的路径及方法。这一思潮在俄国国内也有许多"应声虫"，诸如"合法马克思主义"、经验批判主义等不同流派，在规律性、自由与必然、人与环境、英雄与群众、宗教、伦理与道德等问题上肆意散布许多唯心主义的观点，共同对唯物史观发起各种指责和攻讦。

（2）建构历史唯物主义的合唱

作为马克思恩格斯的学生战友及"遗嘱执行人"，第二国际理论家在历史领域辛勤耕作，深入研究，不断开掘马克思主义理论中的宝藏。其中造诣颇深的翘楚除普列汉诺夫之外，当属梅林、拉法格、考茨基、拉布里奥拉、卢森堡等人。在他们理解、阐释、宣传、捍卫历史唯物主义的过程中，形成了卷帙浩繁的历史唯物主义文本文献群。诸如《论历史唯物主义》（梅林，1893）、《伦理学和唯物史观》（考茨基，1906）、《唯物主义历史观》（考茨基，1927）、《卡尔·马克思的经济唯物主义》（拉法格，1883）、《唯心史观和唯物史观》（拉法格，1895）、《卡尔·马克思的历史方法》（拉法

---

① 〔德〕伯恩施坦：《社会主义的前提和任务》，宋家修等译，三联书店，1958，第15～16页。
② 〔德〕伯恩施坦：《社会主义的前提和任务》，宋家修等译，三联书店，1958，第13～14页。
③ 〔德〕伯恩施坦：《社会主义的历史和理论》，马元德译，东方出版社，1989，第225页。

格，1904）、《唯物史观概论》（拉布里奥拉，1895～1898）、《马克思的国家、社会和国家学说》（库诺夫，2006）等。总体来看，这些论著都以"唯物史观"为关键词，以诠释、建构"历史唯物主义"为主动脉，对历史唯物主义的重要范畴、基本框架、基本原理作了深入的解说及阐释，其中的诸多闪光点成为启迪、激发普列汉诺夫的重要"指引"。但是，他们在理解历史唯物主义的过程中，也存在随意"剪辑"理论元典，将"社会达尔文主义、机械论、实证主义、折中主义"等思想肆意附加在历史唯物主义名下，误判时代形势，教条式地理解历史唯物主义等弊病，这些缺憾及不足也为普列汉诺夫历史唯物主义创作提供了巨大的生发、生长及拓展空间。

（3）修正历史唯物主义的声浪

如果说伯恩施坦是明目张胆地反对历史唯物主义，坦言历史唯物主义已过时，对其大加责难的话，那么，作为法国社会党创始人、第二国际领导人之一的让·饶勒斯则是以隐蔽的方式来宣扬其修正主义观点，极力使自己的修正主义思想披上马克思主义的华丽外衣，竭力宣扬自己"毫无保留地拥护马克思的学说"。就实质而言，饶勒斯的目的是在玷污历史唯物主义的纯洁性、科学性的过程中，对其诸多原理进行修改。

在饶勒斯看来，唯心史观与唯物史观是可以融合的。他认为，马克思的历史观是"经济唯物主义"，也就是说，经济关系，人们互相之间的生产关系构成历史发展的基础。人们通过什么样的经济关系形式彼此发生关系，决定社会有什么样的性质、有什么样的人生观、有什么样的道德，决定它的活动总方向。另外，唯心主义历史观认为，"人类的进步……是由于人类模糊地或清楚地感觉到的这种理想的影响"，换言之，观念本身是运动和行动的原则；理性的观念绝不依赖于经济的因素。那么，历史唯物主义与历史唯心主义究竟是什么关系呢？对此，饶勒斯给出了他自己的答案："这两种看来似乎是互相对立的、彼此不相容的观点事实上在现代社会的意识中已经几乎调和一致和融合为一了。"[1] 为了从理论和学理上证明自己的观点，他首先说明"对立面的综合"的方法论原则的普遍性。饶勒斯以笛卡儿、莱布尼茨、斯宾诺莎、康德、黑格尔为例，强调他们的理论都是运用了这个"特别巧妙的方法"。例如，在斯宾诺莎的著作中，找到了自然同上帝、

---

① 〔法〕让·饶勒斯：《饶勒斯文选》，李兴耕译，人民出版社，2009，第48页。

事实同观念、力量同权利的同样的调和。在康德的著作中，为了解决宇宙是无限的还是有限的，时间是无限的还是有限的，原因是有限的还是无限的，一切都服从于普遍的和倔强的必然还是行动自由的余地，等二律背反，他都力图找出"矛盾的论点的综合"。

同样，饶勒斯认为，关于矛盾同一的现代思想是历史唯物主义的重要特征。他认为，马克思曾在许多著作中，对这个对立规律进行了光辉的运用。在说明战争与和平对立时，马克思常引用赫拉克利特的公式："和平只是战争的一种形式、一个方面；战争只是和平的一种形式、一个方面。不应当彼此对立起来；今天的斗争只是明天的和解的开端。"因而，饶勒斯希冀在"不违背马克思学说的精神"的前提下，进一步发展调和矛盾、综合对立面的这个方法，找出"经济唯物主义和历史发展的唯心主义理解的基本的调和"。他认为，经济力量与精神力量是相互渗透的。此外，马克思曾讲道，一切进步的发展都只是经济现象在头脑里的反映。然而，饶勒斯对这句话产生了怀疑，认为马克思没有注意到经济与精神力量的相互渗透性。紧接着，他又指出，人们的任何经济活动都会在意识中得到反映，这些在人的意识中存在的力量不仅不是消极无为的，而且极大地影响了各种经济活动。在饶勒斯看来，"精神力量与经济力量是彼此渗透的"①，不能将二者作抽象、孤立的认识。例如各种意识形态都是对人们经济活动的反映，由此看来，既然思想的东西与经济的东西之间经常不断发生作用和反作用，那么，"根本不能把各种思想、各种制度的总和跟经济体系分开"，所以，经济的基础性地位也无从谈起了，也"不能把唯物史观同唯心史观对立起来"。

基于这些分析，饶勒斯强调"正义、权利"在人类历史发展中的动力作用。他认为，马克思忽视了权利与正义在人类历史发展中的重要作用，因为依马克思之见，人们进行活动并不服从于某一抽象的正义观念或抽象的权利观念。对此，饶勒斯补充道："一切历史运动是人同对人的利用之间的基本矛盾的结果。"②人们在现实生活过程中，只有追求一种同人的矛盾比现存的制度同人的矛盾少的社会制度才能追求到正义。这种正义恰是由现实经济政治的发展所提供的。这在所有时代都是一样的，无论地点、时

① 〔法〕让·饶勒斯：《饶勒斯文选》，李兴耕译，人民出版社，2009，第56页。
② 〔法〕让·饶勒斯：《饶勒斯文选》，李兴耕译，人民出版社，2009，第58页。

间和经济要求如何不同，人类都会发出同样的叹息与希望的气息，这口不灭的气息"正是所谓权利的真髓"。饶勒斯的这一思想，在随后遭到了拉法格的严厉驳斥，拉法格在《唯心史观与唯物史观》（1895 年 1 月 12 日）一文中指出，饶勒斯对我们说，与社会环境发生矛盾的博爱和正义的概念，导致人类的发展。这种观点是十分荒谬的。如果说事实真的如饶勒斯所指出的那样，那么，我们将永远地停留在原始社会，因为在这里，博爱与自由得到了最全面的表现。因此，只能说"正义的概念并不与社会环境的现象相矛盾，反而与它相适应"①。

总而言之，第二国际主流理论家，无论其理解、建构历史唯物主义的水平多么高深，价值多么巨大，都不能把他们的思想、观点及解读完全看成历史唯物主义本身。他们对于唯物史观的理解及建构，只是他们自己的阐释，故而深深留下了这些解释者自身的印迹。所以，虽然在"原生态"的历史唯物主义与这些"再生形态"的历史唯物主义思想之间的界限是泾渭分明的，但是，我们也从中窥探到第二国际理论家诸多思想的闪光点，而这些思想观点也为普列汉诺夫研究历史唯物主义提供了经验，生发的视角及空间。概括起来，具体表现在四个方面。

第一，强调历史唯物主义方法指南的重要意义。恩格斯晚年针对法国、德国的一些青年学者热衷于把马克思学说作为时髦，而不刻苦钻研，只着眼于马克思学说的个别字句，仅用主观的剪刀随意裁剪历史的事实，指出："我们的历史观首先是进行研究工作的指南。"② 当然，在这里，恩格斯主要是为了彰显历史唯物主义的方法论意蕴，澄清人们对唯物史观的误解。第二国际理论家纷纷响应了这一号召，在他们的著述中，不约而同地强调了历史唯物主义作为"方法"的重要意义。梅林在《保卫马克思主义》一书中，针对运用马克思主义教条化思潮的泛滥，以及资产阶级学者攻击唯物史观是"任意的历史结构""死板的公式"时，指出，"历史唯物主义并不是一个封闭的、最后真理为其终点的体系；它只是研究人类发展过程的科学方法"③。考茨基完全同意梅林的意见，并把历史唯物主义当作历史研究

① 〔法〕让·饶勒斯：《饶勒斯文选》，李兴耕译，人民出版社，2009，第 69 页。
② 《马克思恩格斯文集》第 10 卷，人民出版社，2009，第 587 页。
③ 〔德〕梅林：《保卫马克思主义》，吉洪译，人民出版社，1982，第 25 页。

的原则和方法，他说："在马克思和恩格斯那里，唯物主义是嵌在他们的方法之中的。特别是恩格斯曾经明白地表明了这一点。"① 拉法格在《思想起源论》中认为，马克思不是采取罗列许多公理、定理、理论形式提出他的历史方法的；这些东西在他看来只是研究的工具，他只限于用最简短普通的话阐述这种工具，对它加以检验。拉布里奥拉始终把唯物史观看成理论与方法统一的科学。他强调在我们运用唯物史观去研究历史上发生过的事件时，只能把它作为研究的指南，而不能用它取代具体的历史研究②。

卢森堡在《1907 年俄国社会民主工党伦敦代表大会上的发言》中提出："历史的研究方法"是马克思学说不朽的部分。她不仅认为在考察各类历史事件时，"只能用以过去为起点再现一个事件的办法来检验对于这一事件的解释是否符合唯物主义"③，而且在看待资本主义的发展轨迹时，她认为，马克思之所以能超越斯密、李嘉图这样的资产阶级古典经济学家，"正是由于他把整个资本主义经济当作一个历史现象来理解，并且不仅是往后看，……而且还往前看，不仅看到自然经济的过去，尤其看到社会主义的未来"④。这是对历史唯物主义"向后思索法"的扼要阐述，也就是说，为了科学认识当前的生产方式，既要充分说明早先的历史生产方式，又要观照未来的发展趋势，以"未来"来引导现实的发展。另外，她特别重视历史唯物主义的方法论意蕴。卢森堡认为历史唯物主义不可能是僵化的教条、死板的公式，"历史唯物主义特有的辩证思维要求人们不要以静止的眼光，而要以运动的眼光去观察事物现象"⑤。例如，修正主义者将《共产党宣言》中马恩关于早期资本主义论断不加分说地应用到 58 年后的现实中，因而这完全是"形而上学思维的一个突出的范例，是把宣言作者活生生的历史观变成一种僵死的教条"⑥。在卢森堡看来，历史唯物主义始终随着无产阶级斗争实践的发展而不断丰富及完善。

同时，这些理论家不断运用历史唯物主义对人文社会科学进行了深入

---

① 〔德〕考茨基：《唯物主义历史观》（第一分册），上海人民出版社，1964，第 23 页。
② 王文英编《著名马克思主义哲学家评传》第 1 卷，山东人民出版社，第 565 页。
③ 〔德〕罗莎·卢森堡：《卢森堡文选》上卷，人民出版社，1984，第 368～369 页。
④ 〔德〕罗莎·卢森堡：《卢森堡文选》，人民出版社，2012，第 45 页。
⑤ 〔德〕罗莎·卢森堡：《卢森堡文选》下卷，人民出版社，1990，第 129 页。
⑥ 〔德〕罗莎·卢森堡：《卢森堡文选》下卷，人民出版社，1990，第 129 页。

的研究，诸如语言文学、伦理学、宗教学、历史学、经济学、民族学、人口学等，从而奠定了历史唯物主义在新学科研究中的基础性地位。

第二，强调历史唯物主义产生的历史必然性。当时有一种流行的观点认为，历史唯物主义是马克思恩格斯"东鳞西爪"剽窃了一些历史知识后，而"杜撰的历史理论""是资产阶级伪科学的鬼话"。对此，梅林强调："唯物主义历史观也服从于它自己所制定的那个历史运动规律。它是历史发展的产物。"①　拉布里奥拉在《纪念〈共产党宣言〉》一文中开宗明义地指明了该文写作的目的就是说明"唯物主义历史观正是在一定条件下产生的"②，竭力证明理论是它所说明事物的再现。为了弄清历史唯物主义产生的必然性，就不仅必须研究那些被称为社会主义先驱的人（包括圣西门和更早的空想社会主义者），研究哲学家（特别是黑格尔）和解剖生产商品的社会经济学家，还必须了解现代社会的形成本身。

第三，积极探询历史唯物主义的基本范畴。不难发现，第二国际理论家在阐释历史唯物主义基本理论时有一个共同点，即将《〈政治经济学批判〉序言》《共产党宣言》等著作奉为历史唯物主义的"元典"。譬如，梅林强调，《〈政治经济学批判〉序言》"既简短而又令人信服地阐述了历史唯物主义的要义"③；拉布里奥拉指出，马克思在他的《资本论》以前的一本著作的序言里准确而清楚地概括了唯物史观的指导思想。《共产党宣言》的中枢、实质和决定性特点完全贯穿着新的历史观。考茨基也持同样看法，认为"马克思是在那篇序言里以经典的方式概述了他的历史观的"④。伯恩施坦认为在《〈政治经济学批判〉序言》中，"马克思以……特殊形式的关系的句子表述了他的历史哲学或社会哲学的一般特征"⑤。

值得注意的是，这些马克思的论著虽然彰显了历史唯物主义的基本原理，但只是作了粗线条、原则性的论述，其具体原理并没有得到充分展陈，这样无疑会带有不完全、不全面的缺憾。譬如，在《〈政治经济学批判〉序言》中，马克思向我们展示了社会形态演进的整个过程，即"大体说来，

---

① 〔德〕梅林：《保卫马克思主义》，吉洪译，人民出版社，1982，第 3 页。
② 〔意〕拉布里奥拉：《关于历史唯物主义》，人民出版社，1984，第 92 页。
③ 〔德〕梅林：《保卫马克思主义》，吉洪译，人民出版社，1982，第 5 页。
④ 〔德〕考茨基：《唯物主义历史观》（第一分册），上海人民出版社，1964，第 18 页。
⑤ 〔德〕伯恩施坦：《伯恩施坦读本》，殷叙彝译，中央编译出版社，2008，第 218 页。

亚细亚的、古希腊罗马的、封建的和现代资产阶级的生产方式可以看做是经济的社会形态演进的几个时代"①，但此文中他既没有说明"社会经济形态"的概念，也没有说明这几种形态之间的区别及联系。科尔施对此评价道："《共产党宣言》、《政治经济学批判》，这两本书主要从一个方面阐明了唯物主义原则，要么强调它的实践的和革命的方面，要么强调它的理论的、经济的和历史的方面，但是不能说是综合的。"② 尽管如此，这也未能阻挡第二国际理论家对历史唯物主义基本范畴的拓展，主要体现在几个方面：①社会存在决定社会意识的原理；②知识分子的社会属性；③经济基础与上层建筑的交互作用；④人民群众与杰出人物的历史作用；⑤阶级的概念与阶级斗争。

第四，对历史唯物主义研究总体性原则的强调。在第二国际时期，唯心史观的大行其道，致使肢解马克思主义理论体系的思潮诸如经济决定论、物质决定论等涌现。因此，为了捍卫唯物史观，第二国际的理论家不断强调历史唯物主义的总体性原则。考茨基认为唯物史观的意义主要在于，它迫使人们把一切时代的一切历史现象看作一个统一的总关系③。拉布里奥拉认为历史唯物主义是"要叙述历史事件的过程，而不要抽象化，要记叙和解释整个的历史，而不是仅仅把分解为一些单个因素并分析这些因素"④。

与他们所不同的是，卢森堡对辩证法作了深刻的透析。一方面，她认识到辩证法是马克思学说中的革命性因素，指出"辩证的思想方法……在正确理解了的时候是多么革命"；另一方面，她认为辩证法就是总体性方法。譬如在《我们的导师的遗著》一文中，卢森堡对辩证法曾作两点说明：①马克思之所以能摆脱黑格尔唯心史观的束缚，其中一个关键的原因就在于他运用了"辩证法即思想的方法"，从"一个总的观点出发"即"对实际生活和精神生活中的一切局部问题提出协调一致的解释和统一的解决方法"⑤；②马克思的学说之所以具有不寻常的作用，正是由于"他始终按他

① 《马克思恩格斯文集》第 2 卷，人民出版社，2009，第 592 页。
② 〔德〕科尔施：《马克思主义和哲学》，王南湜、荣新海译，重庆出版社，1989，第 37 页。
③ 〔德〕考茨基：《唯物主义历史观》（第三分册），上海人民出版社，1984，第 393 页。
④ 〔意〕拉布里奥拉：《关于历史唯物主义》，人民出版社，1984，137 页。
⑤ 〔德〕罗莎·卢森堡：《卢森堡文选》上卷，人民出版社，1984，第 372 页。

所论述的一切问题之间的最重要的辩证关系，从最全面的历史观点去阐明它们"①。综合这两点论述，我们可以看到，马克思的辩证法具有总体性即整体性、历史性的特征。换言之，马克思学说的魅力，正是由于它能从总体上把握历史进程。

总之，这些研究历史唯物主义总体性的原则，在当时无疑是难能可贵的。

但与此同时，我们也注意到，在历史情境上，第二国际理论家与原生态马克思主义有着很大的不同。理论与现实的落差、主客观条件的改变，致使以考茨基为代表的第二国际理论家在建构、宣传唯物史观时，悄然背离、钝化了历史唯物主义研究的方法论及范式，不是落入实证主义、经济主义的窠臼，就是深陷达尔文主义、折中主义的樊篱。然而，在我们以往的研究中，对他们这些理论进行了有失误的分析，总是着眼于其个性及政治立场的差别，而往往忽略了他们的共性。这样做，无疑会带来极大的片面性。因此，阐发他们的一些具有普遍性的失误，对于公允评价第二国际的历史唯物主义思想具有重要意义。

问题之一：在理解与建构唯物史观时，忽略辩证法。19 世纪下半叶，在欧洲大陆盛行着批判黑格尔哲学的时尚，从而否定了其辩证法思想，这样就在一定程度上重返了 18 世纪唯物主义哲学家的老路。正如科尔施所指出的那样，19 世纪后半期的资产阶级学者对黑格尔哲学极度漠视。由于这一思潮的影响，在第二国际内部，一些理论家在建构马克思主义哲学的时候，曲解、误读了马克思主义哲学实践变革的意义。譬如，考茨基将辩证法纯粹地理解为否定之否定的精神过程。在对待黑格尔辩证法与马克思恩格斯的关系上，他认为，无论马克思恩格斯都是把同样的过程放到黑格尔辩证法的同样公式里。黑格尔的辩证法对他们来说，只不过是"启发性的原理"，而不是绝对的真理。因而，"黑格尔的辩证法的公式，即使把它简单地'颠倒'过来，在自然界里和在社会里都不能普遍地应用，倒常常只能以很勉强的方式才能应用，在很多情况下根本不能应用"②。伯恩施坦指出，"黑格尔辩证法是马克思学说中的叛卖性因素，是妨碍对事物进行任何

---

① 〔德〕罗莎·卢森堡：《卢森堡文选》上卷，人民出版社，1984，第 403 页。
② 〔德〕考茨基：《唯物主义历史观》（第一分册），上海人民出版社，1964，第 152 页。

推理正确的考察的陷阱"①。恩格斯不能或者说不愿超越它。对此，科尔施评价道："在马克思和恩格斯那里本质上是辩证的唯物史观，最后在他们的追随者那里变成了某种非辩证的东西。"②

问题之二：对历史唯物主义作了实证化的理解。19 世纪后半期，实证主义广为盛行，这种思潮只强调"世界呈现给我们什么"，而不去深究"世界本身是什么"；只注重表面现象，而轻视背后本质。在这一社会文化背景下，第二国际内部较普遍地对历史唯物主义作了实证主义化、"科学化"的理解。正如哈贝马斯所言，"老实证主义不仅直到 20 世纪，在大专院校和研究机构的哲学中心起着巨大作用，而且也给第二国际时代的马克思主义理论打上了印记"③。这主要体现在两个方面。其一，历史唯物主义研究的"科学化"理解。如梅林认为历史唯物主义与自然科学的唯物主义一样，都遵从同样的"科学研究的原则"。历史唯物主义是一种"科学假说"，只需要在历史材料上作实践的验证，通过经验的原则进行研究。考茨基也强调，"马克思把经济法则当作自然法则，在这一点上，他和古典的资产阶级经济学是完全一致的"④。其二，历史唯物主义的"工具性"理解。拉法格指出："经济决定论，这是马克思交给社会主义者的新的工具。"⑤ 梅林肯定了拉法格的这一说法，在为《卡尔·马克思经济决定论》一书序言中指出，"拉法格十分正确地指出"历史唯物主义"只是研究的工具，他只限于用最简短普通的话阐述这种工具，而对它加以检验"⑥。由此看来，第二国际主流理论家是以实证主义为蓝本，在"客观的和精密的科学"的名义下"科学地"分析孤立的事物，从而剥离了事物与环境之间的联系，断定现实就是事实。为此，西方马克思主义的鼻祖卢卡奇在《历史与阶级意识》一书中，一针见血地指明了第二国际理论家的缺陷，认为他们"把马克思主义庸俗化的方法论正是从孤立的事实出发的科学实证主义"⑦。所以为了改变这种错误

① 〔德〕伯恩施坦：《伯恩施坦读本》，殷叙彝译，中央编译出版社，2008，第 247 页。
② 〔德〕科尔施：《马克思主义和哲学》，王南湜、荣新海译，重庆出版社，1989，第 27 页。
③ 〔德〕尤尔根·哈贝马斯：《重建历史唯物主义》，郭官义译，社会科学文献出版社，2000，第 49 页。
④ 〔德〕考茨基：《唯物主义历史观》（第三分册），上海人民出版社，1984，第 436 页。
⑤ 〔法〕拉法格：《拉法格文选》下册，人民出版社，1985，第 294 页。
⑥ 〔德〕梅林：《保卫马克思主义》，吉洪译，人民出版社，1982，第 77 页。
⑦ 梁树发、李慧：《马克思恩格斯关系研究方法辨析》，《江西社会科学》2010 年第 2 期。

方法，必须坚持总体性原则，"只有在这种把社会生活中的孤立的事实作为历史发展的环节并把它们归结为一个总体的情况下，对事实的认识才能成为对现实的认识"①。

问题之三：坚持折中主义倾向，割裂历史唯物主义与哲学间的联系。当时，第二国际内部曾流行着一种"时髦"的看法，认为马克思主义没有自己独立的哲学形态，因为在马克思和恩格斯那里，就有了所谓"消灭哲学"的论述。例如，马克思在《黑格尔法哲学批判》导言中说："不使哲学成为现实，就不能够消灭哲学。"② 恩格斯在《反杜林论》中指出："现代唯物主义本质上都是辩证的，而且不再需要任何凌驾于其他科学之上的哲学了。"③ 对此，第二国际理论家认为马克思主义只包括经济理论和唯物主义历史观，而唯物主义历史观与其说是哲学，不如说是科学。例如考茨基认为"哲学精神本身既提不出问题，也不能提供解决问题的手段"④，所以"马克思主义不是哲学，而是一种经验科学"⑤。梅林就新康德主义者朗格的观点发表意见时，指出："我们在这里不讨论'哲学本身'，而只是从历史唯物主义的角度来看。"⑥ 因此，在他们看来，历史唯物主义不依赖于任何哲学观念。此外，在对待各种不同哲学思潮和流派时，他们又陷入了无原则的折中主义。不是"附加各种各样的'保留'、'退却'和'补充说明'"就是"在'唯物主义'这个词前面，附加各种定语"⑦，以至于考茨基认为，唯物主义历史观可以"与任何一种辩证唯物主义的方法的世界观合得拢"⑧，梅林也持同样的观点，他认为"马赫与马克思完全相一致，完全撇开哲学，而只在历史和自然科学方面的实践工作中考察人类的精神进步"⑨。可见，他们的这种折中主义观点不仅在理论上是有害的，而且在政治实践

① 〔匈〕卢卡奇：《历史与阶级意识》，杜章智、任立等译，商务印书馆，2009，第56页。
② 《马克思恩格斯文集》第1卷，人民出版社，2009，第10页。
③ 《马克思恩格斯文集》第9卷，人民出版社，2009，第28页。
④ 〔德〕考茨基：《唯物主义历史观》（第三分册），上海人民出版社，1984，第435页。
⑤ 〔德〕考茨基：《一封关于马克思和马赫的信》，国际共运史研究资料（第三辑），人民出版社，1981，第251页。
⑥ 〔德〕考茨基：《唯物主义历史观》（第一分册），上海人民出版社，1964，第69页。
⑦ 吴晓明：《哲学之思与社会现实——马克思主义哲学的当代意义》，武汉大学出版社，2010，第259页。
⑧ 〔德〕考茨基：《唯物主义历史观》（第一分册），上海人民出版社，1964，第29~30页。
⑨ 〔德〕梅林：《保卫马克思主义》，吉洪译，人民出版社，1982，第161页。

上为改良主义的迅速蔓延提供了土壤。

问题之四：历史唯物主义术语的滥用。在第二国际理论家中，对"历史唯物主义"的使用存在许多版本。其一，历史唯物主义等于经济决定论、经济唯物主义、经济史观。拉法格在《卡尔·马克思的历史方法》（1904年）一文中指出，"经济决定论或唯物史观、历史唯物主义、经济唯物主义都是意义相同的说法"，后来，他更是将此文与论述意识形态起源的其他一些论文汇编成册，直接命名为《卡尔·马克思的经济决定论》（1908年）。库诺则认为将历史唯物主义"称为经济史观更好"①。其二，历史唯物主义等于"自然科学的唯物主义"。梅林指出，历史唯物主义与"机械唯物主义和自然唯物主义"是完全一致的，差别仅仅在于研究领域的不同。其三，历史唯物主义等于唯物主义的历史观。考茨基在讲演②、论著中都使用了"唯物主义历史观"这个名称，在被问到为什么使用这个术语时，他指出，"我们之所以必须坚持唯物主义历史观这个名称，理由并不仅仅在于忠于历史事实"③。伯恩施坦则认为，唯物史观是"马克思主义的基础中的最重要环节"，因此才"被命名为唯物主义的历史观。"④ 那么造成这种滥用现象的原因是什么呢？对此，意大利马克思主义者拉布里奥拉作了较为客观、公正的解答，他认为：①人们没有弄明白这个术语同其他概念和现象的联系；②不从起源上研究这个学说产生的原因；③不从它的追随者们反驳自己的对手的异议的论战中弄清这个术语的意义，而简单地分析构成这个术语的几个词。⑤

此外，由于马克思恩格斯生前对于历史唯物主义术语的表述始终没有固定下来，因而为后继者的理解提供了极大的伸缩空间。例如，恩格斯在《卡尔·马克思〈政治经济学批判〉第一分册》、1870年《德国农民战争》第二版序言以及《反杜林论》中都使用了"唯物主义历史观"这一术语，

---

① 〔德〕亨利希·库诺：《马克思的历史、社会和国家学说》，袁志英译，上海译文出版社，2014，第509页。
② 1921年10月份，考茨基应邀到哥本哈根大学做了三次讲演，当时就选了唯物主义历史观这个题目。
③ 〔德〕考茨基：《唯物主义历史观》（第一分册），上海人民出版社，1964，第69页。
④ 〔德〕伯恩施坦：《伯恩施坦读本》，殷叙彝译，中央编译出版社，2008，第220、221页。
⑤ 参见〔意〕拉布里奥拉《关于历史唯物主义》，杨启潾等译，人民出版社，1984，第52~53页。

然而，到了晚年，他在《致康·施米特》（1890 年）中突然提出了"历史唯物主义"，并在随后的《社会主义从空想到科学的发展》及英文版序言、《致弗·雅·施穆伊洛夫》（1893 年）等著述中多次使用，且有时将"唯物主义历史观"与"历史唯物主义"交替互换。诚然，这种状况也深刻反映了概念与术语之间的关系。概念是对事物关系、过程和属性的逻辑把握，是客观本质的主观反映；术语是表达概念的语词。可以说，概念是内容，术语是形式。客观事物是由错综复杂的要素、层次、关系构成的综合体。概念与术语之间的关系并不总是一致的。概念由于与实践联系紧密，所以它经常处于不断选择术语的过程中，它们之间的一致性只是相对的。不仅概念在不成熟时很难用一个术语表示，而且当概念发展到特别成熟的时候，将其定格为一个术语也是有条件的。因此，如果我们拘泥于术语、个别语词，热衷于咬文嚼字，那么就必然遮蔽概念的本真内涵，所以在看待"历史唯物主义"这个术语时，我们应当联系它的概念语境来把握和理解。

第二章　普列汉诺夫一元论历史观的
形成、发展过程

马克思恩格斯指出："一切划时代的体系的真正的内容都是由于产生这些体系的那个时期的需要而形成起来的。"① 与任何理论一样，普列汉诺夫一元论历史观既是时代的需要，其本身也有一个形成、发展的历史过程。因此，要科学还原这一历史过程，不仅应该在充分吸收与借鉴国内外学界有关成果的基础上，把握正确的方法论原则，而且必须遵循普列汉诺夫一元论历史观发展的演进理路。

一　关于普列汉诺夫一元论历史观
形成过程的研究现状

普列汉诺夫并不是一开始就接受了历史唯物主义，其一元论历史观的形成和发展过程与他一生的政治和理论活动有着紧密的联系。因此，对普列汉诺夫一元论历史观的形成和发展进行阶段划分，有必要厘清国内外学术界关于普列汉诺夫政治和理论活动的研究成果。

1. 国内外相关成果的爬梳与解析

关于普列汉诺夫政治及理论活动的分期，人们的主要观点不尽相同。其中，在苏联学界中，有三种较为典型的划分方法。一种是以梁赞诺夫为代表。他在为《普列汉诺夫全集》所写的"编者说明"中，主要侧重于普

---

① 《马克思恩格斯全集》第3卷，人民出版社，1960，第544页。

列汉诺夫的著述活动，将普列汉诺夫的政治理论活动划分为三个时期。第一个时期，即准备时期（1878~1882）。在此期间，普列汉诺夫从革命的民粹主义者变成革命的马克思主义者。第二个时期是1883~1914年。在这一时期，尽管他发生过种种动摇，但是作为俄国马克思主义的奠基人仍然留在马克思主义队伍中。第三个时期是1914~1918年，他和孟什维克断交，并且和工人运动几乎失去了任何联系。①

第二种观点虽然依循了梁赞诺夫"三个时期"的划分，但作了微调。在罗森塔尔和尤金的《简明哲学辞典》《苏联哲学大百科全书》"普列汉诺夫"词条中，他们认为，普列汉诺夫的全部活动分为三个阶段：从1875年到1883年是民粹主义者；从1883年到1903年是马克思主义者；1903年以后，开始右倾，变成了孟什维克，变成了孟什维主义的一个领袖，背叛了革命的马克思主义。他在侨居国外时（1880年普列汉诺夫到了国外）和民粹主义断绝了关系。② 这种划分影响十分深远，不仅在当时的苏联，而且影响了我国20世纪50~70年代学术界关于普列汉诺夫政治学术分期的划分。需要指出的是，这种划分原则主要基于两点：其一，政治活动与理论活动有着密切联系，即普列汉诺夫政治上的转变必然反映在他的理论著述中；其二，受列宁对普列汉诺夫评价的影响。在《论冒险主义》（1914年）一文中，列宁指出："普列汉诺夫个人的功绩在过去是很大的。在1883—1903年的20年间，他写了很多卓越的著作，特别是反对机会主义者、马赫主义者和民粹主义者的著作。"③ 这样，他们便顺理成章地认为普列汉诺夫在1903年政治上的偏差，必然导致其理论著述的失准，以至于日益衰微。

然而，还有一种更加简化的观点，即"两个阶段"论，以苏联学者拉宾为代表，他试图以普列汉诺夫研究马克思主义哲学的过程为视角，以1903年作为分界线，将普列汉诺夫政治理论活动划为两个阶段。①革命时期。在这个时期，普列汉诺夫立场的特点是力图考察马克思哲学观点的发展同政治观点（有一部分也涉及经济观点）的有机联系。②孟什维克时期。

---

① 参见《马克思主义研究参考资料》1984年第9期，转引自李清崑《唯物史观与哲学史——普列汉诺夫哲学史研究述评》，河北人民出版社，1992，第5页。

② 〔苏〕罗森塔尔、尤金：《简明哲学辞典》，中共中央马克思恩格斯列宁斯大林著作编译局译，人民出版社，1955，第547页。

③ 《列宁全集》第25卷，人民出版社，1988，第294页。

在这一时期，普列汉诺夫的特点则是把马克思哲学观点的发展当作一个独立的、似乎同马克思思想发展的其他方面毫无关系的方面孤立地考察①。

综合地看，上述三种划分方法有三个共同点。第一，他们都肯定了普列汉诺夫由民粹主义转向马克思主义之后，其理论活动对马克思主义的推进。第二，无论是以普列汉诺夫政治立场的转变为标准，如第一、第二种观点，还是以普列汉诺夫研究马克思主义哲学的过程为标准，如第三种观点，都没能反映出普列汉诺夫理论研究的学术结构及其变化的内在机理。第三，基于前两点，这三种观点都没能凸显普列汉诺夫的理论贡献。例如，在关于1903年后普列汉诺夫著述理论价值的认识上，这些观点表现出截然相反的态度，即第一种观点承认了普列汉诺夫1903～1914年仍"留在马克思主义队伍中"，而第二、第三种观点则完全磨灭了普列汉诺夫1903年后在马克思主义发展史上的理论贡献。这样，不仅歪曲了普列汉诺夫思想（特别是哲学思想）的基本观点及理论倾向，而且阉割了普列汉诺夫思想的历史联系，遮蔽及湮没了他在马克思恩格斯与列宁之间的中介作用，导致普列汉诺夫的学术观点在苏联长期被束之高阁，无人问津。例如，米丁在《唯物辩证法的首要问题》一文中曾指出，"真正的马克思主义的发展史是从马克思恩格斯到列宁，决不经过普列汉诺夫"。总之，以这三种观点书写出来的普列汉诺夫理论活动的演进过程是非历史的，非科学、平面化、线性的，是值得商榷的。

首先，列宁关于普列汉诺夫在1883～1903年的20年间理论活动的评价是客观的。他不仅不是说普列汉诺夫只有在这一时间段的作品才是马克思主义的、有价值的，反而是认为每一个理论家都有其最佳的创作期，只不过其他时期的思想创作与之比较起来略逊一筹罢了。换言之，在他看来，普列汉诺夫在这20年间的著述活动可以看作其一生中的"黄金时期"，完成了诸如《社会主义与政治斗争》《我们的意见分歧》《论一元论历史观的发展问题》等一系列脍炙人口、流传甚广的马克思主义著作。姑且撇开这一点不论，如果说列宁只着眼于普列汉诺夫这一时期的重要著作，那么他决不会在临终前的病榻上，手中仍持有普列汉诺夫《在祖国的一年》这本

---

① 参见〔苏〕拉宾《论西方对青年马克思思想的研究》，马哲译，人民出版社，1981，第23页。

言论集，甚至还郑重地告诉布哈林，在这本书中富有"许多真理"。

此外，还有一种观点竟然将普列汉诺夫在孟什维克时期的著作认为"顶多也不过是重复他的旧著的基本原理，而在马克思主义理论问题上犯了许多错误"①。这其实也只是新瓶装旧酒，也是透过政治上孟什维克主义的棱镜，来透视普列汉诺夫的理论著述罢了。这里我们只需要指出一点便能驳倒这种见解，普列汉诺夫在1908年所著的《马克思主义的基本问题》一书中，提出的社会结构"五项力量公式"，可以说在马克思主义文献史上属首次，尽管在之前的《唯物主义史论丛》等文中有过相关的论述，但较为零星、琐碎，以至于列宁称这部著作与《论一元论历史观的发展问题》等前期重要的马克思主义著作一样，对"马克思主义哲学及历史唯物主义问题"，"作了最好的论述"②。同时，虽然普列汉诺夫那些被认为是富于创见意义的作品都只是在1903之前发表的，但我们也注意到，在1903年以后，普列汉诺夫在运用马克思主义哲学理论、观点特别是历史唯物主义的基本原理研究文艺美学、宗教、历史，取得了与之前相比较为丰硕的成果，如俄国社会思想史、俄国哲学史、革命史等。因此，我们认为普列汉诺夫在思想理论上尤其是哲学上"始终是一个有独创精神的马克思主义者"③。

其次，从政治立场与理论著述的关系来看，二者既有联系，也有区别。一方面，我们在评价、研究一个理论家的思想时，若看不见其政治立场与其理论活动的相关性，从而完全忽略政治立场对其理论思想观点的制约作用是不正确的；另一方面，若全盘否定政治立场及理论思想活动间的差异性，只谈二者间的一致性、相关性，认为坚持什么样的政治立场，就有什么样的理论思想活动包括哲学观点、经济观点等，这样也会过于褊狭，抹杀了理论思想活动的特有规律及相对独立性，切断了其在思想渊源上的继承性，必将踏入形而上学的"禁区"。当然，古今中外，政治立场与理论思想活动、理论与实践存在过矛盾或不一致的理论家，不在少数，甚至屡见不鲜。最突出的例子就是中国近代思想家康有为，他在理论思想上引进了西方先进理论及学术观点，将西学与中学融会贯通，晚年完成了家喻户晓

---

① 〔苏〕福米娜：《普列汉诺夫的哲学遗产》，郭从周译，上海人民出版社，1957，第17页。

② 《列宁全集》第26卷，人民出版社，1988，第89页。

③ 〔俄〕普列汉诺夫：《普列汉诺夫读本》，王荫庭译，人民出版社，2008，序言第6页。

的《大同书》，但其政治上跌宕起伏，尤其在晚年充当了复辟帝制的灵魂人物，开起了历史的倒车。这样，就导致许多人对他采取一味的否定态度，将其理论上的贡献看作"封建的余孽"，予以全面排斥，显然有失偏颇。

因此，我们在看待政治立场与理论思想的关系时需要坚持一分为二的辩证观点。弄清政治立场与理论观点的关系。不要将政治与学术混为一谈，用戴有普列汉诺夫晚年机会主义政治立场的有色眼镜来透析他的哲学思想、经济思想、历史思想，诚如普列汉诺夫在批判格鲁吉亚无政府主义者车尔库佐夫将黑格尔贬低为"反动分子"，从而轻视黑格尔哲学时，指出的那样：

> 一个思想家虽然同情社会生活中的反动意向，可是他却能创造出值得充分注意甚至进步人士方面抱同情的哲学体系。必须关注区别这个作家的理论前提和他本人由自己的理论前提所得出的那些实际结论。实际结论可能是不正确的，或者是对人类进步的事业有害的。但同时，成为这些不正确或者有害的结论之基础的前提，则可能既是正确的，也是有益的，——即在正确的解释的意义下是有益的：它们可以提供新的论据，或甚至提供捍卫进步意向的诸多论据。所以像反动分子或进步人士这类的形容词根本没有说明这个哲学家的理论上的功绩或错误。谁要想用思想家的见解来毁灭这个哲学家，那他就应该驳倒这个哲学家学说的理论部分。只有在驳倒这一部分以后，他才能指出引起思想家曲解真理或妨碍思想家获得真理的那种实际意向或那种社会环境的影响。在遵守这个条件的情况下指出思想家（反动分子、进步人士等等）的政治同情，将有助于阐明思想家的错误的来源（起源）。在没有这个条件的情况下，批评就变成了非难，而非难即是单纯的责备。①

这段话充分体现了在评判某个思想家的理论思想与政治立场之间可能存在矛盾时应采取的方法论原则，即具体的历史的态度。另外，我们也不要凭借主观臆断，肆意脱离其鲜活的政治实践活动及阶级立场进行漫无边

---

① 《普列汉诺夫哲学著作选集》第 2 卷，三联书店，1961，第 775、776 页。

际的揣测。譬如，在《路易·波拿巴的雾月十八日》中，马克思在分析法国社会民主派的小资产阶级本质时，指出："他们在理论上得出的任务和解决办法"，也就是他们的"物质利益和社会地位在实际生活上引导他们得出的任务和解决办法"。①

其实，在评价普列汉诺夫的问题上，列宁作了极好的表率，他将普列汉诺夫思想理论中的亮点从政治策略的错误中剥离了出来。在看待 1903 年以后的普列汉诺夫的政治活动时，指出："从 1903 年以来，普列汉诺夫就在策略和组织问题上极可笑地动摇起来。"② 因此，他强调普列汉诺夫是一个采取"特殊立场"的"特殊的孟什维克"。那么这个"特殊"体现在哪里呢？列宁认为，这个特殊不仅是指普列汉诺夫在策略和组织问题上经常摇摆于孟什维克与布尔什维克之间，在斯托雷平反动年代与布尔什维克缔结过战斗联盟，从而维护及捍卫了党和革命的成果，甚至有时还脱离过孟什维克，而且更重要的是，他在理论上，特别是哲学上坚持了"战斗的唯物主义"。基于这些看法，列宁一方面指出"作为俄国资产阶级革命中俄国社会民主党的政治领袖，作为一个策略家，普列汉诺夫却不值一评"③；但另一方面，又强调普列汉诺夫作为"马克思主义者孟什维克"④ "所表现的理论上的激进主义和实践上的机会主义"⑤。他在理论上的成就是斐然的，所以列宁给了他极高的褒奖，列宁在《我们的取消派》（1911 年）一文中，将普列汉诺夫的理论成就与 18 世纪百科全书派在法国，德国古典哲学在德国相提并论。这种评价显然是中肯的、实事求是的。

最后，就哲学理论而言，普列汉诺夫始终将马克思主义哲学思想纳入马克思主义的整个体系中来考察。苏联学者拉宾认为当普列汉诺夫在政治上倒向孟什维克后，将马克思主义哲学封闭在独立的空间内，进行孤立的考察，切断了它与马克思主义其他方面的有机联系，这显然有失偏颇。在哲学与科学社会主义的关系上，普列汉诺夫在 1911 年前后发表的"论 19 世纪空想社会主义"的若干文章中，始终以马克思主义哲学的观点来说明空

① 《马克思恩格斯文集》第 2 卷，人民出版社，2009，第 501 页。
② 《列宁全集》第 25 卷，人民出版社，1988，第 295 页。
③ 《列宁全集》第 14 卷，人民出版社，1988，第 225 页。
④ 《列宁全集》第 24 卷，人民出版社，1990，第 324 页。
⑤ 《列宁全集》第 26 卷，人民出版社，1988，第 107 页。

想社会主义哲学历史观上的错误,看到空想社会主义唯心主义的本质,强调"只有当社会主义放弃了唯心主义历史观而接受唯物主义历史观的时候,它才有摆脱空想的理论的可能性"①。在谈论德国空想社会主义时,他也是从其哲学立场入手,指出德国空想社会主义既受 18 世纪法国启蒙哲学的影响又受德国哲学的影响,如果不预先了解《基督教的本质》一书中作者的哲学,就完全不能理解它的理论体系。在政治经济学的研究上,晚年的普列汉诺夫将生产力与生产关系辩证统一的观点运用于分析经济危机发生的原因,得出了只有建立社会主义生产关系,才能消灭经济危机的科学结论。他在分析经济危机发生的原因时,既驳斥了经济危机的根源在于商业的谬论,强调商业危机总是同工业危机联系在一起的,又批判了"祸害的根源就在于大工业,在于生产力的过于巨大"的观点,认为腐朽的资本主义生产关系同高度发达的生产之间的矛盾才是经济危机发生的根源。另外,值得注意的是,普列汉诺夫成为机会主义者后,仍然坚持"马克思主义是一个完整的世界观"的基本观点,譬如,他在 1905 年《社会民主党人日志》第一期上发表的《论我们的几点"不足"》一文中,不仅驳斥了那些"用马克思主义精神"写作、捍卫"正统思想",但又为着某个马赫和阿芬那留斯而否定马克思的俄国国内经验的一元论者、合法马克思主义者,而且他又反复对马克思主义学说的整体性进行了申说,指出:"谁假定马克思的学说不过是各个理论简单的机械的混合物:哲学理论、历史理论、经济理论等等,可以拿掉其中一个组成部分而无害于其余部分,谁就不了解马克思。"②由此可见,哲学在普列汉诺夫学术生涯中始终起着主导作用,他虽然在政治策略上出现了偏差,却没有丢弃哲学的"头脑",始终与马克思主义理论的其他方面叠进发展。

与此同时,国内学者的有关研究成果对普列汉诺夫政治活动和理论思想的划分也没有达成确定的共识,但总体看来,主要有两种比较典型且可资借鉴的观点,即"四阶段论"与"五阶段论"。其中,"四个阶段"认为普列汉诺夫政治上一生经历了四个时期,即"民粹主义时期(1876~

---

① 《普列汉诺夫哲学著作选集》第 3 卷,三联书店,1962,第 643 页。

② 〔俄〕普列汉诺夫:《普列汉诺夫机会主义文选(1903 年–1908 年)》上册,虚容译,三联书店,1964,第 183 页。

1883)，马克思主义时期（1883～1903），孟什维克主义时期（1903～1914）
和社会沙文主义时期（1914～1918）。前两个时期是不断进步、上升的，经
过 10 年的动摇，最后走向他原起所走向的道路的反面"①。这一划分方法至
今仍被国内不少学者所采用，因为与传统的三阶段划分相比，它最明显的
优势就是对 1903 年后普列汉诺夫政治活动作了更加具体的细分。然而，这
种划分方法也遭到了某些学者的质疑，如高放、高敬增在《普列汉诺夫评
传》一书中指出，这种划分没有充分反映出普列汉诺夫一生复杂多变的曲
折历程。因此他们认为，"与其划分为四阶段，不如划分为五阶段"即"第
一阶段是民粹主义（1875～1883 年），第二阶段是马克思主义（1883～1903
年），第三阶段是孟什维主义（1903～1908 年），第四阶段是反取消主义
（1908～1914 年），第五阶段是社会沙文主义（1914～1918 年）"②，他们认
为只有把普列汉诺夫反对取消主义单独作为一个阶段，才能更加全面地体
现普列汉诺夫政治活动复杂曲折的细致变化。

　　同时，有学者为了更加全面地展陈普列汉诺夫思想发展的曲折性及复
杂性，将他的思想发展划分为"五个时期"，即"从民粹主义转变为马克思
主义者（1876～1883 年）；宣传、传播马克思主义，批判民粹派的主观社会
学（1883～1895 年）；对哲学理论（特别是历史唯物主义）的创造性发展
（1896～1903 年）；艰辛的理论阐释和实践上的迷茫（1903～1913 年）；理
论研究的进一步探索（1914～1918 年）"③。可以看到，这种划分是按照重
大历史事件的发展以及对社会发展问题认识的深入，来呈现普列汉诺夫思
想理论变化的复杂性。

　　此外，还有学者以普列汉诺夫哲学思想的发展过程为标准，将他一生
的著述活动分为五个阶段，简单地说，第一个时期，从民粹主义者转变为
马克思主义者（1876～1883 年）；第二个时期，批判民粹派的主观社会学，
为传播马克思主义而斗争（1883～1895 年）；第三个时期，在国际舞台上高
举战斗唯物主义的旗帜（1896～1903 年）；第四个时期，在理论上是激进主
义，在实践上是机会主义（1903～1913 年）；第五个时期，从学究主义到社

①　〔俄〕普列汉诺夫：《普列汉诺夫读本》，王荫庭译，人民出版社，2008，序言第 5 页。
②　高放、高敬增：《普列汉诺夫评传》，中国人民大学出版社，1985，第 657 页。
③　李尚德：《20 世纪马克思主义哲学在苏联》，社会科学文献出版社，2009，第 75 页。

会护国主义（1914～1918 年）。① 应该说，这一种分期方法比较清晰地勾勒
了普列汉诺夫政治活动和理论思想特别是其哲学思想发展的历史进程，较
好地反映了对普列汉诺夫在不同时期、不同的问题的全面看法，反映了普
列汉诺夫思想的阶段性与连续性、理论活动重心与政治实践主题的统一。

综上，透过国内外学者关于普列汉诺夫政治活动与理论思想的历史分
期方法，我们不难看出，他们的目的都在于力图真实地反映普列汉诺夫复
杂曲折的政治及理论活动，对其作出一个尽可能符合客观实际的评价。

2. 一元论历史观形成的重要历史节点：分歧的消弭与弥合

正确回答普列汉诺夫一元论历史观的形成问题，是概括普列汉诺夫思
想全貌的前提。然而，虽然上述观点在关于普列汉诺夫一元论历史观划分
中力求做到客观且细致，但我们也可以清晰地看到，他们之间存在较大分
歧，主要集中在两个问题上：其一，普列汉诺夫从民粹主义者转变为马克
思主义者的始点究竟是 1875 年、1876 年还是 1878 年？其二，普列汉诺夫
在什么时候成为马克思主义者，1882 年还是 1883 年？为了科学回答这两个
问题，有必要勘对相关文本、结合当时的历史情境予以辨析。

关于第一个问题，我们有必要回溯一下在这三个时间节点上，普列汉
诺夫政治理论活动中具有标志性的事件。1875 年末，作为彼得堡矿业学院
学生的普列汉诺夫，在自己的住所结识了革命的民粹派分子米哈伊诺夫、
克拉夫钦斯基等激进人物。在他们的影响下，普列汉诺夫加入了革命民粹
派的"暴动派"小组，并完成了如保存秘密文件等任务。因此，可以说，
1875 年"他便是一个革命的民粹主义者"②。1876 年初，19 世纪 70 年代民
粹派"到民间去"运动的失败，使民粹派内部各派别之间在革命理论上出
现了尖锐的分歧，马克思的名字经常回荡在普列汉诺夫的耳边，于是他便
开始阅读马克思恩格斯的著作。其中，也包括由丹尼尔逊和洛帕廷翻译，
并于 1872 年在彼得堡出版的《资本论》第 1 卷。因此，我们可以认为，
1876 年，普列汉诺夫第一次正面接触到马克思的思想及唯物史观。诚如普
列汉诺夫在 30 年后回忆的那样："在我思想发展的民粹主义时期……我尤
对唯物史观深表敬意。当时我就坚信不疑，正是马克思的历史理论应当给

---

① 参见何梓焜《普列汉诺夫哲学思想述评》，中山大学出版社，1987，第 17 页。
② 〔苏〕敦尼克：《哲学史》第 4 卷，秦念芳等译，三联书店，1964，第 171 页。

我们提供理解我们在实践活动中应予解决的那些问题的钥匙。"① 随后在
1878 年，他发表第一篇理论性论文《争论的是什么?》，集中阐发了农村公
社不会瓦解的观点，表明了正统民粹主义者的立场。通过对这些事件的逐
一扫描，结合普列汉诺夫一元论历史观演进的脉络，我们认为，将 1876 年
作为普列汉诺夫思想发展的重要节点更为合适。

　　关于第二个问题，国内外学术界存在两种针锋相对的观点，第一种观
点颇为流行，认为 1883 年是普列汉诺夫真正成为马克思主义者的光辉起点。
理由有二：其一，1883 年秋，在普列汉诺夫的倡导下，俄国第一个马克思
主义团体"劳动解放社"宣告成立，这标志着普列汉诺夫在政治上和组织
上与民粹派的决裂；其二，1883 年夏，"俄国社会民主主义的第一个宣言
书"②《社会主义与政治斗争》一文问世，标志着普列汉诺夫在思想及理论
上与民粹派彻底决裂，他在这篇文章中系统地运用了马克思主义的观点
（包括历史唯物主义有关理论）来批判民粹主义。然而，另一种观点则认为
这个时间点应该在 1882 年，其依据在于：普列汉诺夫在 1910 年的一篇文章
中写道："我之成为马克思主义者不是在 1884 年，而是在 1882 年。"③ 我们
比较同意第二种观点，依据有二。其一，普列汉诺夫在这一年，翻译完成
了《共产党宣言》的俄译本，并为其写了一篇简短的导言，他指出，"《宣
言》及其作者们的其他著作开辟了社会主义文献和经济文献史上的新时
代——无情地批判现时劳资关系以及与任何乌托邦不同的、科学地论证社
会主义的时代"。而且他在研读及翻译《共产党宣言》的过程中，对历史唯
物主义的理解达到了前所未有的高度。一方面，通过对社会发展规律的深
刻理解，他坚信俄国已经走上了资本主义发展的道路，指出："俄国资本
主义发展本身不能不使巴枯宁分子担忧，因为这种发展会摧毁公社。但这个
发展本身对于我们现在却具有使得革命运动获得成功的新保证的意义，因

① 〔苏〕米·约夫楚克、伊·库尔巴托娃：《普列汉诺夫传》，宋洪训、纪涛译，三联书店，
1980，第 13 页。
② 《列宁全集》第 4 卷，人民出版社，1984，第 273 页。
③ 《普列汉诺夫遗著》俄文版第 8 卷，第 22 页，转引自〔苏〕米·约夫楚克、伊·库尔巴托
娃《普列汉诺夫传》，宋洪训、纪涛译，三联书店，1980，第 77 页。

为它意味着无产阶级的数量增长和阶级意识的发展。"① 另一方面，他在翻译《共产党宣言》的过程中，不仅精心雕琢、锤炼历史唯物主义的有关语词，如"无产阶级""专政"，而且着力创造俄语版的历史唯物主义语汇，同时在一些语句的翻译上有时采取意译，目的在于使历史唯物主义的基本原理适合广大革命者的"口味"。因此，我们认为这个过程也就是理解及阐发一元论历史观的过程。其二，在这一年里，他在《卡尔·洛贝尔图斯——亚格措夫的经济理论》中，也首次运用历史唯物主义的有关原理，批判了洛贝尔图斯所宣扬的唯心主义历史观。

二 一元论历史观形成阶段的界划原则与具体分期

1. 一元论历史观形成阶段的界划原则

通过以上分析，我们可以明确关于普列汉诺夫一元论历史观的历史分期的方法论原则。归结起来，有以下几点。

其一，必须坚持阶段性与连续性相统一的原则。既要考察普列汉诺夫在每个时期一元论历史观中有代表性、标志性的重要成果，又要将其中的有关思想纳入整个普列汉诺夫一元论历史观演进的轨迹中加以说明，正如普列汉诺夫在驳斥俄国民粹主义者米海洛夫斯基把历史唯物主义的基本原理看作相互间没有联系的"赤裸裸的谎言"时说的那样，历史唯物主义"原理相互间的联系是何等严整何等紧密"②。

其二，坚持思想理论与历史境遇相统一的原则。马克思指出："光是思想力求成为现实是不够的，现实本身应当力求趋向思想。"③ 也就是说，任何一种思想理论都是与一定的社会历史现实密切联系的。但是，决不能片面地认为"思想理论的发展是与社会历史现实的发生是同步的、同时的"，

---

① 《普列汉诺夫文学遗产》第 8 卷第 1 部分，莫斯科 1940 年版，第 17～18 页，转引自〔苏〕纳尔斯基、波格丹洛夫、约夫楚克《十九世纪的马克思主义哲学》下册，金顺福、贾泽林译，中国社会科学出版社，1984，第 355 页。

② 〔俄〕普列汉诺夫：《论一元论历史观的发展问题》，商务印书馆，2012，第 315～316 页。

③ 《马克思恩格斯文集》第 1 卷，人民出版社，2009，第 13 页。

"实际上，任何思想的形成和发展，可以能超前于历史事件的发生，也可能滞后于重大历史事件的发生。思想历史的进程和重大历史事件的变化同步是偶然的、异步是常规的"。① 因此，不能主观随意地将某一社会历史现实与思想理论的发展粘连起来。

1903 年以后，普列汉诺夫政治立场的转变在一元论历史观发展过程中的影响尤其需要我们仔细斟酌。我们认为，普列汉诺夫表明孟什维克的立场后，虽然他在与革命实践活动联系紧密的理论上存在某些不足，但是这绝没有切断其一元论历史观的前后联系。恰好相反，正是在政治上摇摆不定的这段时期内，其之前思想中的许多幼芽开始以更加饱满的姿态得以呈现。因此，对于普列汉诺夫一元论历史观发展的轨迹而言，与其说是政治立场使其表现出前后反差的转折，毋宁说是前后相继的理论跃迁的过程更为恰当。在这里，普列汉诺夫的革命事业跌入了低谷，但他的一元论历史观步入了巅峰。总之，我们既要分清普列汉诺夫一元论历史观与政治立场、政治倾向的联系与区别，又要注意把一元论历史观形成演进的过程与其思想背后的实践动因的分析结合起来考察；既要避免从特定的思想构架和政治观点出发，作出随意性的诠释和情绪化的评判，又要排除主观因素的干扰及影响，避免被传统意识所左右。不能简单地将其政治立场的转变作为思想变化的节点，而应着重观照其理论文本。

其三，坚持系统性、整体性的原则。对普列汉诺夫一元论历史观发展历史分期的考察，必须采取整体性的原则。马克思主义的整体性原则，就"在于它是以马克思主义理论三个组成部分为基础，并贯穿于马克思主义理论三个组成部分而产生的'一以贯之'的具有综合性特点的理论，它是能够反映马克思主义的科学内涵和精神实质的理论"②。所以，一方面，我们要将普列汉诺夫一元论历史观置于他的整个理论体系中，与其他的理论联系起来考察。诚如普列汉诺夫所指出的那样，马克思主义世界观的各个组成部分都是相互依赖的。这个世界观的第一方面，"都同其余一切方面极密切地联系着，并且每一方面都在阐明其余的一切方面，从而有助于对其余

---

① 顾海良：《马克思主义发展史研究的若干问题——访国家教育行政学院院长顾海良教授》，《马克思主义研究》2012 年第 10 期。

② 张雷声：《马克思主义整体性的三个层次》，《思想理论教育导刊》2008 年第 2 期。

一切方面的理解"。另一方面，我们要把握普列汉诺夫理论体系的层次性。在普列汉诺夫看来，历史唯物主义居于基础性地位。就马克思的经济学说而言，它"并不是和他的历史理论平行并列的东西。它始终贯彻着历史理论，确切点说，它是从这种历史理论的观点出发，有强有力的历史唯物主义方法，来研究一定时代经济发展的成果"①。而且，他在《卡尔·马克思的哲学观和社会观》的演讲中再次言道："马克思的社会历史理论甚至比他在《资本论》中对现代社会所进行的无可反驳的批判更为重要。"② 在历史唯物主义与科学社会主义的关系上，普列汉诺夫指出，"唯物主义历史观是科学社会主义的必要基础""科学社会主义须以'唯物主义历史观'为前提，即是说，它必须以社会关系的发展（虽说是在周围自然界的影响下）来解释人类发展的精神历史"。③

2. 一元论历史观的发展线索

借鉴已有的历史划分方法，遵循普列汉诺夫一元论历史观发展的演进理路，我们可以将其大致划分为以下几个阶段。

（1）一元论历史观的准备期（1876～1879年底）

普列汉诺夫在1876年初第一次深入地研读了《资本论》，受到了历史唯物主义思想的首次浸染，我们以为，可以将其视作普列汉诺夫一元论历史观的发端，而其一元论历史观的准备期在1979年底结束。相应的代表作为《社会经济发展的规律和俄国社会主义的任务》《"土地平分"社宣言》。

在这一时期，普列汉诺夫还抱有所谓俄国"经济特殊"的不正确的民粹主义观点，对马克思的思想及其唯物史观，他常常是根据巴枯宁所作的那种半民粹主义、半无政府主义的曲解来领会的。也就是说，他虽然注重马克思历史学说的某些方面，但是其思想上又涂染上民粹主义片面化、简单化的理论色彩。此时，虽然普列汉诺夫的一元论历史观没有完全摆脱民粹主义的桎梏，但是，他还是提出了一些重要的观点，这主要表现在以下几篇文章中。

1878年12月，普列汉诺夫在《星期》杂志第52期上发表了他第一篇

---

① 《普列汉诺夫哲学著作选集》第3卷，三联书店，1962，第215页。
② 《普列汉诺夫哲学著作选集》第1卷，三联书店，1959，第71页。
③ 《普列汉诺夫哲学著作选集》第2卷，三联书店，1961，第510页。

理论性文章《争论的是什么？》，在该文中，普列汉诺夫一方面批评了作家格列勃·乌斯宾斯基所描述的宗法制俄国农村的解体过程，力图维护村社对农民性质的有利影响的民粹主义基本观点，且认为村社原则"保证着人民有光辉的未来"；另一方面，他却表现出比19世纪70年代革命民粹派的其他理论家，更加关切无产阶级在革命运动中的地位，从而得出工人必然参加革命运动的结论。

在1879年1月15日发表的《社会经济发展的规律和俄国社会主义的任务》中，普列汉诺夫第一次通过引用马克思在《资本论》中的话，来阐发他对历史发展规律的看法，指出，"马克思说：'一个社会即使探索到了本身运动的自然规律'，它还是不能跳过自然的发展阶段。这说是说，当社会还未能探索到这一规律时，受这一规律所制约的经济阶段的更替，对该社会来说也不是必然的"，因而"历史决不是某种千篇一律的机械过程"。接下来，他又阐释了对于质量互变原则的理解，写道："为什么西欧社会'既不能跳过也不能用法令取消自然的发展阶段'。社会习俗是不能通过行政命令加以改变的，正如不能飞跃一样。它们的变化是通过极为细微的变化的逐渐积累而形成的。"①

由上可见，虽然普列汉诺夫的确在这些著作中屡次阐发社会历史发展规律的必然性原理，甚至还试图把自己的原理和马克思主义勾连起来，然而，他在运用马克思历史学说时，只不过是为了佐证其民粹主义观点的正确性，另外，他对于马克思历史学说的理解，离科学的历史唯物主义还很远，例如，他甚至有时将马克思恩格斯同杜林、洛贝尔图斯相提并论。正因为如此，我们将这一阶段看作普列汉诺夫一元论历史观的准备期。

（2）一元论历史观的萌芽期（1880年初至1882年底）

这一时期的起点是普列汉诺夫发表在《土地平分》杂志第1期上的《土地平分》一文，终点是《卡尔·洛贝尔图斯——亚格措夫的经济理论》。在刺杀亚历山大二世以后，民粹派的处境异常危险，就革命的策略问题，土地平分派同民意党人展开持久的争论。此时，普列汉诺夫越来越意识到民粹主义理论在革命实践面前的苍白无力。同时，1880年1月初，"土地平分社"的印刷所被警察捣毁，于是领导小组会议决定让普列汉诺夫、查苏

---

① 《俄国民粹派文选》，人民出版社，1983，第492页。

利奇等人立即离开俄国。到国外之后，普列汉诺夫便开始如饥似渴地学习马克思恩格斯的著作，诸如《路易·波拿巴的雾月十八日》《法兰西内战》《反杜林论》《论住宅问题》《行动中的巴枯宁主义者》《神圣家庭》《政治经济学批判》等，同时，他经常感叹道："我读马克思和恩格斯的著作越多，我的知识的限界就越宽阔。"① 在这一时期，他也获悉到法国和德国的工人运动和社会主义政党的最新活动，并将这些新材料与在俄国的革命活动的经验相对照。在历史唯物主义理论方面，他也逐步接受、理解到历史唯物主义的科学性。

在《土地平分》（1880年1月）中，首先，普列汉诺夫对社会发展规律有了更加科学的认识，提出经济关系是一切关系的基础的观点。普列汉诺夫指出，在社会发展道路上的每一步"都是由社会的以往的和当前的状况所严格决定的，一句话，是由该社会的全部动的和静的条件决定的"。并且，"社会中的经济关系是其他一切关系的基础，不仅是一切政治生活现象的根本原因，而且也是社会成员的智力和精神气质的根本原因"。其次，他将历史唯物主义称为"现代社会学"，且"对于整个人类来说都是必须遵循的"。最后，对人民群众的地位有了进一步的认识。"只有在俄国人民的生活方式中，我们才发现生产者对劳动工具发挥充分集体主义所需要的素质。"②

1880年1月底，普列汉诺夫在《俄国财富》上发表了《土地村社及其可能的前景》一文，标志着其民粹主义观点开始动摇。在该文中，普列汉诺夫对社会发展的动力问题有了更加深刻的认识。例如，在看待村社消亡的问题时，普列汉诺夫这样写道："村社几乎到处遭到崩溃的原因不在村社内部，而在村社之外。"对此，他一改以往仅把掠夺看成社会发展进程中的首要作用，而认为工业发展、技术发展、立法政权的活动和阶级斗争也发挥着重要作用。

1881年11月，《政治经济领域的新潮流》一文中，普列汉诺夫在批判俄国庸俗经济学家，即所谓"新"历史现实主义学派的拉维列、梅耶尔等

---

① 〔苏〕米·约夫楚克、伊·库尔巴托娃：《普列汉诺夫传》，宋洪训、纪涛译，三联书店，1980，第58页。

② 《俄国民粹派文选》，人民出版社，1983，第507页。

人，将"人的民族本性"看作决定某一民族的经济生活的性质本身的唯心主义原理时，初步论述了经济基础与上层建筑的关系。这一思想主要体现在两个方面：一方面，根据经济发展去解释人类历史，普列汉诺夫认为人的"本性"是依赖于经济关系、依赖于人在社会中的阶级地位的；另一方面，他认为政治观点和思想观点的发展是由经济基础决定的。他写道，"社会发展的原因归之于经济基础对其他的社会生活领域——对法权史、政治和道德学说"。

1882 年，普列汉诺夫在《祖国纪事》杂志上发表的《卡尔·洛贝尔图斯——亚格措夫的经济理论》中，针对洛贝尔图斯对于《资本论》有关原理的歪曲，从历史唯物主义的有关原理出发，对其进行了反驳。第一，关于生产关系的认识，洛氏把资本理解成与人的社会关系没有任何联系的生产资料的总和，即把资本视为永恒化的范畴。对此，普列汉诺夫指出，资本的全部意义是在于人们的社会关系，而这些关系在不同的社会发展阶段上是永远也不会相同的。譬如，把罗马的土地占有者和美国的种植场主相提并论未必是正确的，因为美国种植场主的经济是另一种条件发展起来的。第二，在社会发展动力上，普列汉诺夫批判了洛氏把土地私有制和资本的产生归于暴力的观点，强调应该从产生资本主义的经济必然性和内在原因中去寻找。

可以说，普列汉诺夫在这个时期已经转向了马克思主义，历史唯物主义也成了带他走出混沌迷宫的"引路之线"，使其对社会发展的规律、动力、主体、生产关系与生产力的关系等问题有了更加清晰的认识，为他后来探询历史唯物主义的基本原理、系统建构一元论历史观体系奠定了基础。

（3）一元论历史观的研究及传播期（1883～1895 年）

这一时期的始点是 1883 年夏为《"民意"导报》杂志第 1 期撰写的专文《社会主义与政治斗争》，终点是在恩格斯的直接指导和影响下，于 1895 年 1 月出版的《论一元论历史观的发展问题》一书。在找到"历史唯物主义"这根"引路之线"后，普列汉诺夫便开始思考它的具体内容以及如何将它运用到俄国的实际中，尤其是回答俄国"向何处去"的问题。值得庆幸的是，普列汉诺夫在伯尔尼图书馆工作期间，终于找到了原先在巴黎时就很想研究的，蕴含历史唯物主义重要原理的《神圣家庭》与《政治经济学批判》等著作。对于这些书，他不遗余力地进行了极其详尽的摘录。现在，他已从承认马克思主义是任何一个国家的革命者的唯一正确学说，"转到了在俄国传播马克思主义思想的立场上"。不仅依据马克思主义立场、观点、方法，激烈地批评了整个民粹主义的观点体系，而且组建了俄国第一个马克思主义团体"劳动解放社"，其任务主要表现在两个方面：其一，把马克思恩格斯的最重要著作以及为不同教育程度的读者所写的有创见的著作译成俄文，传播科学社会主义思想；其二，从科学社会主义及俄国劳动人民利益的角度，批判革命者中流行的各种学说，探讨俄国社会生活中的最重要问题。① 此外，1889年，普列汉诺夫首次与"导师"恩格斯会面，就重大的理论与政治问题进行了深度交流，直到恩格斯去世前，他们之间还保持着书信往来。在这一阶段，普列汉诺夫已将学习、研究及传播历史唯物主义作为崇高的神圣使命，正如他在1893年3月25日致恩格斯的信中所说的那样，"我的最大希望，就是成为一个多少无愧于像马克思和您这样的导师的学生"②。

在历史唯物主义方面，普列汉诺夫在《社会主义与政治斗争》（1883年夏）、《我们的意见分歧》（1885年）、《黑格尔逝世六十周年》（1891年）、《尼·加·车尔尼雪夫斯基》（1890~1892年）、《为恩格斯〈费尔巴哈与德国古典哲学的终结〉一书俄译本第一版所写的序言和注释》（1892年）、《唯物主义史论丛》（1892~1893年）、《无政府主义与社会主义》（1894年）、《论一元论历史观的发展问题》（1894~1895年）等著述中，结合新的革命实践，既传播了唯物主义历史观，又把马克思和恩格斯的历史理论运用于俄国的政治和经济条件之中。这具体体现在以下几点。

阐明了历史唯物主义的革命实质。"马克思和恩格斯的历史学说是真正的'革命代数学'，如像某个时候赫尔岑关于黑格尔哲学所说的。"

说明了历史唯物主义俄国化的可能性。"马克思的一般哲学——历史观对现代西欧的关系，正如对希腊和罗马、印度和埃及的关系一样。它们包括人类的整个文化史，只有在它们一般的不能成立时才不能应用于俄国。"③在这里，他使用"一般哲学——历史观"的概念，并认为这种历史观对于

① 《普列汉诺夫哲学著作选集》第1卷，三联书店，1959，第127页。
② 《马克思恩格斯与俄国政治活动家通信集》，人民出版社，1987，第657页。
③ 《普列汉诺夫哲学著作选集》第1卷，三联书店，1959，第72页。

现代文明国家的普适性。

在批判民粹主义观点的过程中，围绕着"存在决定意识"这一历史唯物主义基本原理，具体论述了生产力与生产关系、经济基础和上层建筑、自由与必然、个人和人民群众之间的辩证关系。

对历史唯物主义与辩证唯物主义的关系问题作了初步说明。他第一次提出"辩证唯物主义"这个术语，指出"对历史作唯物主义的解释，要以辩证的思维方法为前提"，并直截了当地断定，"辩证唯物主义是行动的哲学"，突出了马克思主义哲学形态的实践性特征，又强调"辩证唯物主义是唯物史观的最高发展"。

对历史唯物主义研究的"总纲"作了初步阐发。在《唯物主义史论丛》中，普列汉诺夫指出："一定程度的生产力的发展；由这个程度所决定的人们在社会生产过程中的相互关系；这些人的关系所表现的一种社会形式；与这种社会形式相适应的一定的精神状况和道德状况；与这种状况所产生的那些能力、趣味和倾向相一致的宗教、哲学、文学、艺术。"[1]

此外，普列汉诺夫说明了历史唯物主义的理论来源，并对马克思历史唯物主义形成史首次进行了科学论述，强调"这种彻底唯物主义的历史观乃是我们这个如此富于科学发现的世纪中一个最伟大的发现"[2]。

可以说，普列汉诺夫一元论历史观的主要内容在这一时期已经基本呈现，并得到比较科学的阐释。他这一时期对于历史唯物主义的造诣基本上也与列宁持平。

（4）一元论历史观的集中阐发期（1895～1908 年）

这一阶段，起点是 1895 年恩格斯逝世，终点是 1908 年《马克思主义基本问题》一书的出版。在普列汉诺夫研究历史唯物主义过程中，他既注重历史唯物主义"是什么"，又重视它"怎么用"的问题。

自恩格斯逝世后，对历史唯物主义的攻讦、非难愈演愈烈。其中，不仅有打着"回到康德去"旗号的伯恩施坦、施米特，妄图以新康德主义来补缀马克思主义的修正主义思潮，而且有俄国国内的自由主义民粹分子，从主观社会学出发，以"唯意志论"对历史唯物主义的置换，更有修正主

---

① 《普列汉诺夫哲学著作选集》第 2 卷，三联书店，1961，第 186～187 页。

② 〔俄〕普列汉诺夫：《无政府主义与社会主义》，王荫庭译，三联书店，1980，第 22 页。

义思潮在俄国社会民主党内的"应声虫"——以普罗柯波维齐、库斯科娃等为代表的"经济派"对历史唯物主义的歪曲，这些思潮给刚刚成立的俄国社会民主党制造了极大的混乱，带来了不小的冲击。对此，集第二国际领袖、俄国社会民主党领导人双重身份于一身的普列汉诺夫不得不拿起历史唯物主义的思想武器来回应这些质疑，并站在了批判的最前沿。通过撰写一系列论文，集中阐发了历史唯物主义的原理，捍卫了历史唯物主义的真理性与科学性。

针对修正主义对历史唯物主义的非难，普列汉诺夫在《论所谓马克思主义的危机》《伯恩施坦与唯物主义》《康拉德施米特反对卡尔马克思和弗里德里希恩格斯》《唯物主义还是康德主义?》《我们为什么感谢他》《Cant反对康德，或伯恩施坦的精神遗嘱》《对我们的批判者的批判》等文中，从哲学世界观和方法论的层面揭示了伯恩施坦主义的实质及危害性，深刻说明了唯物主义历史观是马克思主义的最主要特征之一，而且明确指出马克思的辩证法正是这一哲学体系的灵魂。正如列宁在《马克思主义和修正主义》一文中评价的那样，"在国际社会民主党中，普列汉诺夫是从彻底的辩证唯物主义观点批判过修正主义者在这方面大肆散播的庸俗不堪的滥调的唯一马克思主义者"①。

为了涤荡党内众多"伪马克思主义"流派，普列汉诺夫发表了《谈谈历史》《替经济唯物主义说几句话》《无的放矢》《论个人在历史上的作用》《论我们的几点不足》《战斗的唯物主义》等文章，详细说明了马克思主义是一个完整的理论体系，"谁假定马克思的学说不过是各个理论简单的机械的混合物：哲学理论、历史理论、经济理论等等，可以拿掉其中一个组成部分而无害于其余部分，谁就不了解马克思，谁就枉然接受他的伟大名字"②，同时言明了马克思主义"以辩证唯物主义为基础"③。

在历史唯物主义方面，普列汉诺夫在《论唯物主义历史观》、以"唯物主义历史观"为题的四次讲演、《论"经济因素"》、《卡尔·马克思逝世二十五周年》、《马克思主义基本问题》中，对历史唯物主义范畴、原理及其

---

① 《列宁专题文集·论马克思主义》，人民出版社，2009，第151页。
② 〔俄〕普列汉诺夫：《普列汉诺夫机会主义文选（1903年–1908年）》上册，虚容译，三联书店，1964，第183页。
③ 《普列汉诺夫哲学著作选集》第3卷，三联书店，1962，第222页。

方法作出了最为详尽的论述。主要体现在以下几点。

对生产力与生产关系、经济基础与上层建筑相互关系的高度概括。在生产力与生产关系的关系上，指出："（1）生产关系决定着社会生活中人们之间所存在的其他一切关系。（2）生产关系本身又决定于生产力的状况。"就经济基础与上层建筑的关系，他提出了"五项力量公式"。

对历史唯物主义的研究对象、原则进行了全面论述。就历史唯物主义研究对象来说，"它不仅仅研究现象是怎样发生的，而且希望知道现象为什么那样发生而不按其他方式发生"[①]。就历史唯物主义的原则而言，理论联系实践的原则——"轻视理论总是必然要损害它的实践的"[②]，综合性原则——"以社会生活的综合观点来代替社会分析的结果"。

对历史唯物主义与辩证唯物主义相互关系作了进一步的说明。"辩证唯物主义涉及历史，所以恩格斯有时将它叫做历史的。这个形容语不是说明唯物主义的特征，而只表明应用它去解释的那些领域之一。""存在的只是一个'体系'——辩证唯物主义体系，在这个体系中既有政治经济学，也有对历史过程的科学解释，还有许多别的东西。"

对历史唯物主义主要命题以及"历史唯物主义"范畴的具体探讨。例如，"地理环境对于社会人类的影响，是一种可变的量"[③]"一切思想体系都有一个共同的根源，即某一时代的心理"[④]。在"历史唯物主义"范畴的注解上，历史唯物主义"本质上是辩证性的"，"唯物主义历史观首先具有方法论上的意义"。[⑤]

（5）一元论历史观的完善期（1908 年底至 1918 年）

这一阶段的始点在 1908 年 12 月，普列汉诺夫因为不同意将波特列索夫宣扬取消主义的文章编入《二十世纪初叶俄国的社会运动》一书，而开始反对取消主义，终点在 1918 年 5 月普列汉诺夫逝世。这一时期，虽然普列汉诺夫在政治上摇摆不定，哪怕是在 1914 年第一次世界大战爆发后成了

---

① 《普列汉诺夫哲学著作选集》第 2 卷，三联书店，1961，第 720 页。
② 〔俄〕普列汉诺夫：《普列汉诺夫机会主义文选（1903 年 –1908 年）》上册，虚容译，三联书店，1964，第 185 页。
③ 《普列汉诺夫哲学著作选集》第 3 卷，三联书店，1962，第 170 页。
④ 《普列汉诺夫哲学著作选集》第 3 卷，三联书店，1962，第 196 页。
⑤ 《普列汉诺夫哲学著作选集》第 3 卷，三联书店，1962，第 157 页。

"社会沙文主义的典型人物"为俄国资产阶级政府的战争策略辩护，但在马克思主义理论方面，他仍然写出了一批有学术价值的论著，诸如《论俄国的所谓宗教探寻》（1909 年）、《评舒里雅齐柯夫先生的一本书》（1909 年）、《胆怯的唯心主义》（1910 年）、《评弗·吕根纳的一本书》（1910 年）、《卡尔·马克思和列夫·托尔斯泰》（1911 年）、《哲学中的怀疑论》（1911 年）、《艺术与社会生活》（1912 年）、《从唯心主义到唯物主义》（1915 年）、《俄国社会思想史》（1909～1917 年）等，这些著作中有许多文章曾受到列宁的高度赞扬。这一时期，俄国革命的进程可谓跌宕起伏，既历经了 1905～1907 年俄国资产阶级革命的洗礼，又面临着第一次世界大战的考验；既经历了资产阶级革命失败后，消极懈怠、裹足不前的革命低潮，又迎来了十月革命高歌猛进、凯歌高奏的革命高潮。正是在这样的情形下，诸多历史唯心主义思潮相互媾和，试图消解人民的革命激情、搅乱无产阶级的革命行动。其中，以修正主义在俄国的"应声虫"波格丹洛夫等社会民主党人、"合法马克思主义者"为代表，他们利用舒佩、马赫、阿芬那留斯等自然科学家提出的科学理论及哲学认识论，不断以实证主义、经验主义、造神说、寻神说来责难马克思主义。对此，普列汉诺夫不仅坚决地捍卫了马克思主义哲学的唯物主义基础，申明"马克思的世界观是辩证唯物主义"①，而且他更多的是将重点放在思想体系上层建筑的修缮上，认为"为了真正批判马克思主义，只有一个办法：正确掌握它的唯物主义方法，并运用这一方法来研究马克思及其朋友和战友恩格斯很少研究过或根本没有研究过的历史发展的那些方面——例如研究思想史"②。

在一元论历史观上，普列汉诺夫结合新的革命形势，作出了新的论断，丰富和完善了其对历史唯物主义的认识。具体说来，主要表现在以下几个方面。

对历史唯物主义基本原理、研究的方法原则进行了补充和完善。在存在与意识的关系上，他强调："不是意识决定存在，而存在决定意识。但这还不是全部的历史唯物主义。必须补充一句：意识一经在存在的基础上产生，就反过来促进存在的进一步发展。"在研究的方法原则上，主要有：党

---

① 《普列汉诺夫哲学著作选集》第 5 卷，三联书店，1984，第 737 页。
② 《普列汉诺夫哲学著作选集》第 3 卷，三联书店，1962，第 219 页。

性原则——"现在一个人如果不站在无产阶级立场上，就难以了解和充分掌握这个真理"①；整体性原则——"应该力求弄清楚，这个存在决定意识的过程实际上是怎样进行的。而要做到这一点，除了研究事实和发现它们的因果联系之外，别无其他途径"②；理论联系实践的原则——"在人类思想发展中，实践在任何时候都先于理论"③。

对"历史唯物主义"范畴的补充。"唯物主义历史观是对历史过程的唯一科学的解释。"④"唯物主义历史观只是认识社会现象领域的真理的方法，而决不是一堆现成的结论。"

此外，普列汉诺夫多次论述了历史唯物主义在研究意识形态问题上的作用，阐述艺术、道德、宗教意识形式的定义和功能以及它们之间的相互关系。

从以上关于普列汉诺夫接受唯物史观的过程来看，他对唯物史观是什么、是否适合俄国、如何在俄国革命的实践中运用等一系列重大的问题进行了专门、深入的思考。虽然普列汉诺夫曾在无产阶级革命的路线、方针、政策以及党建思想上经常摇摆不定，不时陷入机会主义的泥沼，驻足于孟什维克的立场，但是他对于历史唯物主义的基本原理及方法，却未出现任何游移，他一直坚信"在现代俄国中，只有进行马克思主义的宣传才是革命的宣传"⑤。相反，他一生坚贞不渝地研究和传播它，并自觉地运用和发展这一理论。

---

① 《普列汉诺夫哲学著作选集》第3卷，三联书店，1962，第587页。
② 《普列汉诺夫哲学著作选集》第3卷，三联书店，1962，第336页。
③ 《普列汉诺夫哲学著作选集》第3卷，三联书店，1962，第373页。
④ 《普列汉诺夫哲学著作选集》第3卷，三联书店，1962，第582页。
⑤ 《马克思恩格斯与俄国政治活动家通信集》，人民出版社，1987，第712页。

第三章　一元论历史观的本质特征：
"最发展的、最丰富的、
最具体的"历史观

　　在普列汉诺夫看来，马克思的理论包含"一切有实际价值的历史观念"，而这些历史观念"事实上是一个长期的历史观念的发展的合法产物"，因此，它是"最发展的、最丰富的、最具体的"。① 我们发现，虽然普列汉诺夫在不同时期的不同著作中，对"历史唯物主义"的范畴分别使用过"马克思的历史理论""马克思的历史学说""科学的历史观""辩证的历史观""唯物主义的历史观""历史的唯物主义"等表述，但是，他没有给历史唯物主义下过明确的定义。然而，他在这个问题上的思考深入透彻且富于创见性，对一元论历史观的本质特征作了多重解析。

一　历史唯物主义："人类思想史上仅有的
一次真正的革命、最伟大的革命"

　　普列汉诺夫在 1894 年 10 月致恩格斯的信中写道，"我认为宣传您和马克思是我毕生的任务。这就是说，我需要很好地熟悉这些思想"②。因此，为了熟悉这些思想，特别是历史唯物主义思想，就需要弄清马克思恩格斯的唯物史观是怎样站在前人的肩膀上创立的，明晰"在直接先行于出现马

---

① 《普列汉诺夫哲学著作选集》第 2 卷，三联书店，1961，第 162 页。
② 《马克思恩格斯与俄国政治活动家通信集》，人民出版社，1987，第 727 页。

克思观点的时期哲学和社会历史科学取得了怎样的成果"①。基于这些问题，普列汉诺夫对历史唯物主义（或称唯物史观）的演进过程进行了深入的阐发，先后提出了五阶段论、新五阶段论、三段论。

1. 历史唯物主义的发展轨迹：五阶段论

普列汉诺夫在《论一元论历史观的发展问题》（1895 年）中，科学地叙述了马克思以前历史观的发展，全面描画了 18 世纪中期到马克思发现唯物史观这一百年间哲学社会科学发展的过程、取得的成果及产生的问题。他以历史发展的根本动力问题为依据，将历史唯物主义发展阶段归结为 18 世纪法国唯物主义、复辟时代法国历史学家、19 世纪前半期空想社会主义、德国唯心主义哲学、马克思的唯物史观五个阶段。那么，为什么普列汉诺夫只将唯物史观产生的始点定格在"十八世纪法国唯物主义"呢？在这之前人类历史上唯物主义与唯心主义间的博弈是不是对历史观的发展来说没有任何意义了呢？此外，自由主义民粹主义者米海洛夫斯基对这种划分也产生过同样的疑问，他指出，普列汉诺夫对哲学史的这种考察完全是"无秩序和不可理解的"，他由 18 世纪的法国唯物主义谈到复辟时代的法国历史家；由这些历史家转到德国的唯心主义者。这足以体现普列汉诺夫"没有写过任何哲学史"。显然，普列汉诺夫在这里的意思是要说明历史唯物主义产生是之前四种历史观念发展的合法产物与合法继承者，"只有马克思的历史理论是唯一的合乎逻辑的结论"②。至于这种划分是否完整，普列汉诺夫强调"我们在这里没有必要叙述唯物主义的全部历史""考察一下上世纪下半期开始以来的唯物主义的发展，就足以达到我们的目的"③。可见，普列汉诺夫是因为《论一元论历史观的发展问题》是批判俄国马克思主义传播和工人运动兴起的主要思想障碍——自由派民粹主义而写的论战性著作，所以为了论战的需要，在阐述历史唯物主义演进过程时，不免会带有相对性的色彩。

18 世纪的法国唯物主义具有历史唯物主义微弱的萌芽。它在历史观上，把人的全部心理活动看作感觉的变形，认为人的一切表象、一切概念和感

---

① 〔俄〕普列汉诺夫：《论一元论历史观的发展问题》，王荫庭译，商务印书馆，2012，第132 页。

② 《普列汉诺夫哲学著作选集》第 1 卷，三联书店，1962，第 836 页。

③ 〔俄〕普列汉诺夫：《论一元论历史观的发展问题》，王荫庭译，商务印书馆，2012，第 6 页。

觉都是周围环境对人发生影响的结果，即"人们的意见决定于环境"。例如，爱尔维修说，"人完全依赖于教育"，在他看来，教育就是全部社会影响的总和。人的德行的培育就是靠社会关系的合理制度的影响。普列汉诺夫特别珍视这一重要命题，不仅认为其中包含历史唯物主义的萌芽，而且是"法国唯物主义者的革新要求的主要理论基础"①。同时，普列汉诺夫也看到了它的局限性，指出如果任何一个人的观念决定于周围的环境，那么人类的观念在其历史发展中就为社会环境的发展、为社会关系的历史所决定。全部问题的落脚点就在于研究"社会环境"与"社会关系"，进而将重心转移到社会发展规律上来，但是他们"紧紧地接近了这一任务，然而他们非但不能够解决它，甚至未能正确地提出来"②。另外，法国唯物主义者在说明决定人的意见的社会环境是什么时，认为主要是政治制度及法律，"法律造成一切"。而法律及政治制度又是从何而来呢，他们的答案就是人的理性。例如，爱尔维修说，知识的发展服从一定的定律，因此存在决定知识发展的某些隐秘的、未知的原因。这样他们又提出了与"人们的意见决定于环境"相反的命题"环境决定意见"，陷入了二律背反循环怪圈，然而它给那些愿意将其事业继续下去的思想家留下了"一份遗嘱"。

复辟时代的法国历史学家向历史唯物主义迈出了一大步。虽然以基佐、梯叶里、米涅为代表的复辟时期的法国历史学家未能克服18世纪法国唯物主义的"环境创造人"与"人创造环境"的矛盾，以至于采取了新的形态，即"人的本性的发展，由社会的需要来说明，而另一方面结果是社会需要的发展由人的本性的发展来说明"③，从而坚信只有正确理解人的本性才能对社会现象进行合理的解释，但是他们为历史唯物主义的创立提供诸多新的"生长因子"，这主要体现在：其一，他们认为唯有仔细研究公民生活和财产关系才能提供理解历史事实的钥匙；其二，"人民，整个民族应当成为历史的主人公"；其三，阶级斗争成为他们研究的中心概念，指出"全部法

---

① 〔俄〕普列汉诺夫：《论一元论历史观的发展问题》，王荫庭译，商务印书馆，2012，第8页。

② 〔俄〕普列汉诺夫：《论一元论历史观的发展问题》，王荫庭译，商务印书馆，2012，第9页。

③ 〔俄〕普列汉诺夫：《论一元论历史观的发展问题》，王荫庭译，商务印书馆，2012，第33页。

国历史都是阶级间的斗争、战争"①。

空想社会主义的历史观是历史唯物主义理论产生的"重要材料"。如果说复辟时代的法国历史学派以新的形态继承了18世纪法国唯物主义的遗嘱，那么，19世纪前半期空想社会主义者则全部承继二者的遗产，认为人是周围社会环境的结果，"用人性的不变属性来解释环境的变化无常的属性"②。例如，傅立叶拿分析人的情欲作出发点，欧文在《理性社会制度论纲》中从"关于人性的基本原则"出发，认为"理性的政府"应当首先"确定人的本性是什么"。但是，值得庆幸的是，他们仍然在历史观上提出了新的见解，诸如，重视研究人类历史的发展规律，圣西门强调"只用理解了过去的人才有能力预见未来"；人类历史发展应当到实业的需要中寻找。

德国唯心主义是向历史唯物主义靠拢的最后环节。黑格尔作为德国唯心主义哲学集大成者无疑对历史唯物主义的产生起了重要的推动作用。在关于社会发展动力问题上，他最重要的贡献在于提出了辩证的思维方法。从现象发展的观点，从现象产生和消灭的观点来观察一切现象。这样他排斥了"任何乌托邦"，排斥了作为18世纪法国唯物主义以来历史观根基的固定不变的人性论，并试图阐明人类历史是通过对立面不断斗争的发展过程，认为"全世界的历史是自由意识中的进步，这种进步，我们应当在其必然性中加以理解"③。然而，虽然黑格尔提出在人性之外寻找历史发展动力的途径，但是他只在绝对观念中探寻，认为特定民族的全部历史都是这种观念的实现。每一个民族都在实现自己特殊的观念，而每一个特殊观念、每一个单个民族的观念都是绝对观念发展中的一个阶段。也就是说，说明某个历史时代，就等于指出这个历史时代对应于绝对观念逻辑发展的哪一个阶段。因此绝对观念也就是人的"自身的逻辑过程的人格化"④，所以说，黑格尔的历史观又转回到了意见决定世界的唯心主义阵营中，但是，这位最大的唯心主义者似乎抱定目的要为唯物主义扫清道路。

①　〔俄〕普列汉诺夫：《论一元论历史观的发展问题》，王荫庭译，商务印书馆，2012，第354页。

②　〔俄〕普列汉诺夫：《论一元论历史观的发展问题》，王荫庭译，商务印书馆，2012，第34～35页。

③　〔德〕黑格尔：《历史哲学》，三联书店，1958，第57页。

④　〔俄〕普列汉诺夫：《论一元论历史观的发展问题》，王荫庭译，商务印书馆，2012，第117页。

2. 历史唯物主义的演化历程：新五阶段论

所谓新五阶段论只是相对五阶段论而言，普列汉诺夫在 1901 年 3 月为日内瓦钟表工人学校所作的题为"唯物主义历史观"的四次讲演中，通俗、系统、完整地说明了从公元 4 世纪到 19 世纪中期历史观的发展历史。在这里，为了说明历史"现象是怎样发生的"以及"现象为什么那样发生而不按其他方式发生"的问题，普列汉诺夫在马克思主义文献史上，第一次相对完整地提出了历史哲学发展的五个阶段，依次为神学史观、理性史观、利益史观、辩证唯心史观和唯物史观，而且明确指出区分这几个阶段的标准在于如何回答社会历史发展动力问题，即"关于人类的历史运动和进步的原因的大问题"①。

神学史观。普列汉诺夫指出，"用神意来解释历史过程，我们就叫做神学的历史观"②。其中，最具代表的是圣奥古斯丁和博胥埃。圣奥古斯丁认为，历史事件决定于天意，并且确信只能从这个角度来评价历史事件，他的理论没有提供任何分析历史真实现象的任何方法。同样，博胥埃也是从神学的观点来说明历史的，他认为人民的历史命运、帝国的运动，决定于天意。然而在大多数场合，在事物通常的流程中，每个特定时期发生的变动都是受先前各个时期产生的诸原因制约的。真正科学的任务是研究其中没有任何超自然东西的这些原因，因为这些原因仅仅依赖于人的和各民族的本性。与圣奥古斯丁比较起来，他的进步性就是坚持研究事变特殊原因的必要性。不过这也只是承认自然是不自觉地和不自主地承认神学概念本身，即用一个或几个超自然力量的作用来解释现象的那种方法本身是无能为力和徒劳无益的。可以看出，神学史观只是"一种原始的观点：它同人类思想企图探明周围世界的最初努力有着密切的联系"③。

理性史观。以 18 世纪法国启蒙派思想家霍尔巴赫、爱尔维修为代表。他们虽然在自然观方面是唯物主义者，但在历史方面是唯心主义者。和 18 世纪的所有哲学家一样，和整个"百科全书派"一样，都坚持"意见支配着世界"，观念的发展归根到底说明着整个历史的进化的基本思想。因而这

---

① 《普列汉诺夫哲学著作选集》第 2 卷，三联书店，1961，第 720 页。
② 《普列汉诺夫哲学著作选集》第 2 卷，三联书店，1961，第 721 页。
③ 〔俄〕普列汉诺夫：《论一元论历史观的发展问题》，王荫庭译，商务印书馆，2012，第293 页。

种理性史观又可以被称为"意见史观"。把意见看成人类社会中发生的一切事物的最后原因,是历史过程最基本最深远的原因。

利益史观。这种历史哲学以法国复辟时代历史学家和 19 世纪空想社会主义代言人圣西门的思想为代表。他们认为不是意见,而是社会利益,或者说得更好一些,社会重大构成要素的利益、阶级的利益和这些利益的对立性所引起的社会斗争,支配着世界并决定着历史的进程,也就是说,"利益是一切社会创造的源泉和动力"[1]。他们的历史观可以被认为是对理性史观批判的开始,即在人们的头脑中没有天赋的观念,经验决定思辨的观念,而社会利益决定"实践的"观念[2]。

辩证唯心史观。以谢林、黑格尔为代表的德国古典哲学的历史观。其中,谢林强调了历史发展的规律性,"历史的进化,是服从一定的规律的一连串的现象。服从一定的规律的现象,也就是必然的现象"[3],所以他是从现象的发展观点入手,从现象的产生和消灭的观点上观察一切社会现象和一切历史事件的。同时,他指出了自由与必然的辩证关系,自由不仅不排斥必然,而且是它的前提和根据。在他看来,没有必然也就不可能有自由。一方面,别人行动的必然性,是我的行动的自由的首要条件;另一方面,只有当人们按照必然的方式行动的时候,他们也才能同时保持自己行动的完全自由。黑格尔也持同样的看法,只不过在他看来,历史的发展归根到底是绝对观念的发展。精神是历史运动的最后动力。当某一民族从自己的一个进化阶段过渡到另一个阶段,这就等于说,以这个民族为体现者的绝对(或普遍)精神升高到自己发展的最高阶段。因为这种解释根本不说明任何问题,所以黑格尔也像法国的历史学家和社会学家一样陷入迷魂阵:他们用思想状况来说明社会制度,又用社会制度来说明思想状况。这一矛盾也成为马克思唯物史观创立的起点,替他指明了前进的方向。

马克思的唯物史观。马克思的唯物主义历史观在解决社会制度起源问题时,指出"每一民族的经济制度决定着它的社会制度,而它的社会制度也反过来决定它的政治制度、宗教制度等等。所以,任何历史运动的根本

---

[1] 《普列汉诺夫哲学著作选集》第 2 卷,三联书店,1961,第 737 页。

[2] 〔俄〕普列汉诺夫:《论一元论历史观的发展问题》,王荫庭译,商务印书馆,2012,第305 页。

[3] 《普列汉诺夫哲学著作选集》第 2 卷,三联书店,1961,第 742 页。

原因，就是人类为了自己的生存而同自然界进行的斗争"①。马克思的历史观的基本思想就是生产力与生产关系的关系。

综上，一方面，我们清晰地看到，唯物主义的历史观"乃是我们这个如此富于科学发现的世纪中一个最伟大的发现"，它"第一次给了我们理解人类进化的钥匙"，是第一个"说明人类历史的唯物主义哲学"②，体现了革命性与继承性的完美统一，其成就完全"可以和哥白尼在天文学中所完成的革命比美"③；另一方面，普列汉诺夫自身对科学的严谨态度，使他认定历史唯物主义发展史的划分并不是终极、绝对的，以至于他对之进行了多次修正、补充，继提出"新五阶段论"后，他又提出了"三阶段论"，对"新五阶段论"进行了进一步的概括，将理性史观、利益史观、辩证唯心史观统一归结为唯心主义历史观。因而，历史观的发展经历了中世纪到17世纪的神学史观、18世纪至19世纪40年代的近代唯心史观以及马克思的唯物史观三个阶段④，这足以说明普列汉诺夫对于历史唯物主义的认识在不断深化（见表1）。

表1 普列汉诺夫关于唯物史观发展史

历史观		时间段	代表人物	社会历史发展动力
神学史观		中世纪至17世纪	圣奥古斯丁、博旮埃	一切历史事件都取决于天意
理性史观	唯心史观	18世纪	法国启蒙思想家霍尔巴赫、爱尔维修	意见支配世界
利益史观		18世纪末至19世纪初	法国复辟时代历史学家基佐、梯叶里、米涅及空想社会主义者圣西门	利益是一切社会创造的源泉和动力
辩证唯心史观		19世纪初至30年代	德国古典哲学代表谢林、黑格尔	精神是历史运动的最后动力
唯物史观		19世纪40年代	马克思、恩格斯	生产力的发展状况

① 《普列汉诺夫哲学著作选集》第2卷，三联书店，1961，第747页。
② 《普列汉诺夫哲学著作选集》第2卷，三联书店，1961，第510页。
③ 〔俄〕普列汉诺夫：《无政府主义与社会主义》，王荫庭译，三联书店，1980，第22页。
④ 《普列汉诺夫遗著》（俄文版）第5卷，第251～252页，转引自〔俄〕普列汉诺夫《论一元论历史观的发展问题》，王荫庭译，商务印书馆，2012，译者序言第 xiv 页。

二 历史唯物主义："首先具有方法论的意义"

普列汉诺夫非常注重方法论问题，从《社会主义和政治斗争》《我们的意见分歧》开始，一直到其后期的著作《俄国社会思想史》等，他都始终强调方法的重要意义。

1. 历史唯物主义的"方法"之维

在普列汉诺夫看来，科学的研究方法比具体的研究结论更加重要。因为，一般说来，具体的结论只是相对的、暂时的，倘若它没有指引出自身发展的规律，就会丧失其合法性。任何具体结论都是在一定的条件下得出的，而一旦失去条件，就会变为谬误。因此，如果紧紧依偎在具体结论的怀抱中，无法推进研究工作的进一步发展，那么就必然会堕入教条主义、本本主义的窠臼。普列汉诺夫的这一思想具体体现在两个方面。第一，他认为，"方法是用来发现真理的工具。……同样，在精神劳动领域内，特定方法的优点也取决于应用此种方法的研究者得出的所有那些正确结论的总和，并非取决于其中任何一个结论"①。第二，"结果里面如有错误，在进一步应用正确的方法的时候一定会被发现和被纠正"②，方法的正确可以绰绰有余地补偿个别结论的错误。与此同时，普列汉诺夫也补充道，正确的方法有时会导向错误的结论，但这并不碍于方法的重要性。例如，当别林斯基在一篇关于波罗丁周年纪念的论文中得出了不正确的结论时，他就表现出自己是一个特别深刻的思想家。爱尔维修通过一条错误的途径，却提出了"人与人之间的一切'差异'，是存在在他们的发展里，不是存在在他们的胚胎里，不是遗传而来的；我们生下来的时候，都有同样的倾向，只是教育使我们变成彼此不相似"的重要思想，以至于狄德罗评价道："爱尔维修的主张比他的证明强得多。"③ 这正像射手即便使用很好的枪，也并非永远都能命中目标，然而，如果改用弓却很可能命中目标。但这并不是说，

---

① 〔俄〕普列汉诺夫：《论一元论历史观的发展问题》，王荫庭译，商务印书馆，2012，第309~310页。
② 《普列汉诺夫哲学著作选集》第4卷，三联书店，1974，第184页。
③ 《普列汉诺夫哲学著作选集》第2卷，三联书店，1961，第99页。

用完善的枪或者用古老的弓都是一样的。同理，虽然掌握更现代的研究真理的方法可能犯错误，而利用比较落后的方法却可能得出正确的结论。这些完全证明不了方法意义的渺小，而只能说明"简单地理解或承认某一原则与在整个观点体系中彻底贯彻这个原则还相距很远"①。

为了缩小这个"差距"，普列汉诺夫提出了自己的看法。他认为，其一，应拥有一定的逻辑思维能力；其二，是利用好事实知识②，例如，马克思在写作《资本论》时，收集了堆积如山、大量的实际材料，而且主要利用这些材料，用新的观点着手研究人类的现实历史③；其三，"依靠一连串的越来越具体的理论公式"，普列汉诺夫批评赫尔岑的历史哲学在指导俄国革命实践所表现的苍白无力时，指出解决俄国革命任务所需要的材料必须在历史哲学之外寻找，即使它比赫尔岑的哲学更严密、更科学，因为"在哲学的抽象公式和社会生活的具体需要之间，有一道大鸿沟，只有靠一连串新的、越来越具体的公式方能把它填满，而这些公式又要求熟悉一连串的越来越复杂的现象"④；其四，"必须注意每个特殊情况的一切特殊条件"。他在《爱国主义和社会主义》一文中说：

> 马克思说得好，我们的理论决不是使我们逃避仔细研究各种个别社会现象的必要性的万能钥匙。是革命的代数学，它能够给我们提供的只是代数公式。……只有这样来运用这些公式，它们才会保持自己的生动的、辩证的性质，而不致变成僵死的形而上学的教条。⑤

同时，他发展了恩格斯关于历史唯物主义的方法论意义的思想。恩格斯在《英国状况》中写道："我们所需要的，与其说是赤裸裸的结果，不如说是研究；如果离开引向这个结果的发展来把握结果，那就等于没有结果。"⑥ 19世纪末，针对法国、德国的一些青年学者热衷于把马克思学说作

---

① 《普列汉诺夫哲学著作选集》第4卷，三联书店，1974，第52页。
② 《普列汉诺夫哲学著作选集》第3卷，三联书店，1962，第359页。
③ 〔俄〕普列汉诺夫：《论一元论历史观的发展问题》，王荫庭译，商务印书馆，2012，第223页。
④ 《普列汉诺夫哲学著作选集》第3卷，三联书店，1962，第157页。
⑤ 《普列汉诺夫哲学著作选集》第1卷，三联书店，1959，第145页。
⑥ 《马克思恩格斯全集》第1卷，人民出版社，1956，第642页。

为时髦，而不刻苦钻研，只着眼于马克思学说的个别字句，仅用主观的剪刀随意裁剪历史的事实时，他又指出："我们的历史观首先是进行研究工作的指南。"普列汉诺夫充分领悟了恩格斯的这些"遗训"，与其他的第二国际理论家一样，对历史唯物主义作了指南化、方法性的解读，但是其思想显得更加深刻。他认为历史唯物主义"不是指出个别现象的原因，而是指出应该怎样去发现这些原因"，也就是说，"唯物主义历史观首先具有方法论上的意义"。① 它"只是认识社会现象领域的真理的方法，而决不是一堆现成的结论"②，"它并没有给我们一个魔术的公式"，而是"指给了我们一条科学研究的安全道路"③。那么，如何证明历史唯物主义在发现事物及揭示社会发展规律时，是行之有效的呢？唯一的路径就是用"实验的方法，也就是应用这种方法的方法"。换句话说，如果要想批评历史唯物主义，就只有在研究人类历史运动时，"试用马克思恩格斯的方法"④，正所谓"布丁的好坏是吃的时候才知道"。

2. 历史唯物主义的"原则"之维

基于上述思想，普列汉诺夫在应用历史唯物主义方法研究及阐述唯物史观的基本原理时，也有其基本的原则遵循，主要体现在以下几个方面。

（1）"比较的历史的"原则

普列汉诺夫在自己的著述中经常引证车尔尼雪夫斯的名言"抽象的真理是没有的，真理是具体的"。对每一个对象、每一种现象的研究应当根据它赖以存在的那个环境，"联系具体的历史条件进行考察"⑤。他在阐述历史唯物主义各种原理时，都是以此思想为中心，在坚持"真理的具体性"的前提下，时刻将理论的研究与原理的历史发展结合起来，但又不局限于分析该理论的历史演进过程作孤立的历史考证，而是随时与人类思想发展史中相关流派的主要观点进行联系比较，既检视、丰富、发展了自己的理论，又批判了各种错误的理论观点，从而使"骨感""抽象"的理论顿时显得丰

① 《普列汉诺夫哲学著作选集》第3卷，三联书店，1962，第157页。
② 《普列汉诺夫哲学著作选集》第3卷，三联书店，1962，第336页。
③ 《普列汉诺夫哲学著作选集》第2卷，三联书店，1961，第185页。
④ 《普列汉诺夫哲学著作选集》第3卷，三联书店，1962，第200页。
⑤ 〔俄〕普列汉诺夫：《论一元论历史观的发展问题》，王荫庭译，商务印书馆，2012，第223页。

满，达到了"六经注我、我注六经"的效果，也更加凸显了历史唯物主义"里程碑"式的伟大变革意义。这一思想具体体现在以下几个方面。

第一，"一切都以地点和时间的条件为转移"。车尔尼雪夫斯基虽然对真理的具体性作出过许多深刻的论述，然而，他为了反对错误理解的"历史方法"，在其政治经济学的所有著作中采用了名为"假设法"的方法。所谓"假设法"，在他看来，是指"我们应该从历史事件的领域转移到抽象思维的领域，因为抽象思维所思考的不是历史提供的统计材料，而是抽象的数字，而抽象数字的意义是假定的，而且简直可以随意规定"，"由于使用'假定'、'假设'这种术语，这个方法就称为假设法"。因此，这种方法在本质上"带有一种十分独特、极端抽象的性质"①，致使他为了保证理论的完善，而不得不摒弃了"真理具体性"的要求。同时，这一研究方法上的"赘疣"也使车尔尼雪夫斯基"无论在一般的研究中，或是在关于俄国村社土地占有制这样的具体现象的争论中"②都存在不少缺陷及错误。所以，普列汉诺夫鲜明地指出，"在对现实予以一定注意的情况下""不能借助于某种简单的、完全抽象的'假设'来解决。一切都以地点和时间的条件为转移。这是完全正确的"③。

第二，"实践总是先于理论，并且总是对理论发生最重大的影响"④。马克思曾指出，"人类始终只提出自己能够解决的任务"⑤。无独有偶，普列汉诺夫认为，需要和实践不仅促使某些理论的产生，而且给这些理论打上自己的烙印，并有时妨碍、有时加速这些理论的完成。例如，共产主义学说和社会主义学说的理论在资本主义的害处开始超过它的益处时才产生，因为此时人们因为资本主义日益增长的缺点而饱受其苦，便开始认真考虑"难道不能实行另一种制度"的问题。但是这对于处于资本主义早期的伟大思想家如配第、斯密和李嘉图来说是根本不可能的。难道这些"科学界的巨擘，都只不过是保卫一小撮幸运儿的事业的奸诈之徒吗？"对此，普列汉诺夫指出，在他们的时代，历史运动还没有暴露出，或者正确地说，还没

① 《普列汉诺夫哲学著作选集》第4卷，三联书店，1974，第60页。
② 《普列汉诺夫哲学著作选集》第4卷，三联书店，1974，第63页。
③ 《普列汉诺夫哲学著作选集》第4卷，三联书店，1974，第63页。
④ 《普列汉诺夫哲学著作选集》第4卷，三联书店，1974，第42页。
⑤ 《马克思恩格斯文集》第2卷，人民出版社，2009，第592页。

有造成现在社会主义者所攻击的那些资本主义的缺点，因此他们也没有料到可能发生这些缺点。① 另外，车尔尼雪夫斯基的才能在普列汉诺夫看来，是"卓越的、出类拔萃的"，与马克思恩格斯不相上下，并且"他有能力去做马克思和恩格斯所做的那个工作"。然而，普列汉诺夫强调，光有才能还不够，还必须有使这种才能用于适当方向的"有利的外部条件"②，这些充分说明了一切理论观点都是受一定历史条件制约的。

第三，在比较中彰显"特性"。在这个问题上，普列汉诺夫强调在历史唯物主义演进发展的过程中，不应仅停留在体现时代共性的理论思想观点上，而必须进一步了解那些相比之下带有鲜明特性的思想及观点。例如，18世纪，研究历史哲学的学者把一切都归结为个人的自觉活动，但当时也有过超出一般的例外，如维科、孟德斯鸠和赫尔德的历史哲学的视界就宽广得多。③ 与此同时，同一时代的启蒙思想家卢梭，虽然与其他启蒙思想家一样，在历史观上表现为唯心史观，但是他在方法论上没有囿于"意见支配世界的思想即支配人类的发展"的思想，而是认为自己研究的目的"在于确定是些什么条件引起了人类智慧的进步和人类能力的发展"④，在对待人的本性的看法上，他也是较之同时代绝大多数人更加出众。18世纪的唯物主义者，甚至19世纪的空想社会主义者都认为人的本性是不变的东西，并且把关于人的本性的这种或那种思想当作自己体系的基础。而卢梭却认为人类的本性变化无常，他指出："野蛮人和文明人的内心和意向的深处是如此的不同，以致造成文明人至高幸福的东西，反而会使野蛮人陷于绝望。"⑤ "地理环境是通过生产力而影响社会发展的。" 这些观点充分体现了他与同时代思想家明显不同的特性，即辩证性的思维。普列汉诺夫在评价卢梭这些观点的进步意义时，指出："我们这位对唯心主义历史观感到不满的著作家朝着历史唯物主义方向走了很大的几步。在说明人类文化发展过程方面，

① 《普列汉诺夫哲学著作选集》第4卷，三联书店，1974，第43页。
② 《普列汉诺夫哲学著作选集》第4卷，三联书店，1974，第45页。
③ 〔俄〕普列汉诺夫：《论个人在历史上的作用》，王荫庭译，商务印书馆，2012，第24、25页。
④ 〔俄〕普列汉诺夫：《论一元论历史观的发展问题》，王荫庭译，商务印书馆，2012，第315、316页。
⑤ 参见卢梭《论人类不平等的起源和基础》，第147页，转引自〔俄〕普列汉诺夫《论一元论历史观的发展问题》，王荫庭译，商务印书馆，2012，第336页。

卢梭表现出是马克思和恩格斯而尤其是著名的《古代社会》一书作者美国人摩尔根的最卓越的前辈之一。"①

（2）"一元多因"的综合性原则

普列汉诺夫指出，"唯物主义历史观是对历史过程的唯一科学的解释"②，所以历史唯物主义的力量不是别的，正是"在于对历史过程的科学研究"。为了真正弄明白历史的发展过程，"除了研究事实和发现它们的因果联系之外，别无其他途径"③。然而，历史发展过程中的现象并不是简单的一一对应的因果联系，而是由立体多维、错综复杂的若干系列的现象组成，也就是说，每一个原因，都只是在作为结果之后，才成为原因，而每一个结果本身又变成原因，这样，因果联系就发展成普遍的相互作用。普列汉诺夫指出，历史发展过程中的"因素之间存在着相互作用：每一个因素都影响其他一切因素，而本身又受其他一切因素的影响。结果形成这样一个错综复杂的网，相互影响的、直接作用以及反射作用的网"。而要弄清楚历史发展的过程，就"势必找出一个线索来引导他走出这座迷宫"④。那么究竟这条线索是什么呢？我们通过怎样的路径才能找到它呢？普列汉诺夫认为主要有四种方法。

方法之一：找出"更高规定的第三者的环节"。普列汉诺夫一方面认为必须承认相互作用的理论，以至于如果忘记这个观点是一个不仅合理而且完全不可避免的观点，是"愚蠢的"；另一方面，他更加强调"如果忘记了这个自在自为的观点什么也不能说明"，那也是同样荒谬的。因此在运用相互作用原理研究社会历史发展进程中的现象时，必须注意到因素之间的直接作用及间接作用，必须"把这种关系的两个方面当作直接现存的东西，应当承认它们是那有着更高的规定的第三者的环节"⑤。为了找出这个"第三者"就要求"人们去探求那个归根结蒂引起人类历史运动的根本原因"⑥。例如，在说明18世纪法国唯物主义"世界为意见所支配"的历史观的缺陷

---

① 〔俄〕普列汉诺夫：《论一元论历史观的发展问题》，王荫庭译，商务印书馆，2012，第320页。
② 《普列汉诺夫哲学著作选集》第3卷，三联书店，1962，第582页。
③ 《普列汉诺夫哲学著作选集》第3卷，三联书店，1962，第336页。
④ 《普列汉诺夫哲学著作选集》第2卷，三联书店，1961，第265页。
⑤ 《普列汉诺夫哲学著作选集》第1卷，三联书店，1959，第145页。
⑥ 《普列汉诺夫哲学著作选集》第3卷，三联书店，1962，第734页。

时，指出：虽然在意见与环境之间存在毋庸置疑的相互作用，但是科学研究不能停留在承认这个相互作用上，因为相互作用远远不会给我们讲清社会现象，所以为了理解人类的历史，就"应当超越相互作用的观点"，应当"发现既决定社会环境的发展又决定意见的发展的那个因素"①。此外，普列汉诺夫在不同时期的论著中，在论述政治与经济、社会经济与人类思想、个人与群众、地理环境与社会、经济基础与思想体系的上层建筑等之间的间接相互作用时也表达了同样的观点。

方法之二："确定其中最主要原因发挥作用的途径。"历史发展过程中因素是无数的，因为第一，每一个别科学"学科"都是研究个别因素的。第二，在各个个别学科中都可以数出若干因素来。②然而，在社会经济发展的不同阶段，都有占统治地位的因素或原因，所以我们在研究历史过程时，就应该找到这些主要因素的作用途径。例如，英国革命是在宗教"因素"极强烈的影响下实现的，那我们就应该去寻求造成这种影响的社会原因。同样，法国的社会运动是在哲学的旗帜下实现的，那我们就应该去寻求哲学占优越地位的社会原因。换言之，主要的事情并不是要将原因一个不留地列举出来，而是要确定其中最主要原因发挥作用的途径。③

方法之三：确定"在社会历史发展的各种因素之间建立起的某种等级关系"④。普列汉诺夫认为所有社会历史发展的各个因素在整个社会有机体中都有自己一定的位置，发挥着各自的作用。这就是说，在社会历史发展的过程中，各种因素之间是按照某种原因而形成的层次分明的"等级序列"。例如，普列汉诺夫所提出的社会结构"五项力量"公式，即生产力、生产关系、政治制度、社会心理、社会思想体系，就是依据社会的诸因素之间的起源关系而形成的"等级森严"的五个等级或层次。这五个结构层次表现了社会生活"一系列环节"之间的"因果联系"，其中每一个层次都在不同程度上制约或决定着其他的层次，又受其他层次的影响。这"五项

---

①〔俄〕普列汉诺夫：《论一元论历史观的发展问题》，王荫庭译，商务印书馆，2012，第15页。
②《普列汉诺夫哲学著作选集》第2卷，三联书店，1961，第327页。
③〔俄〕普列汉诺夫：《俄国社会思想史》第1卷，商务印书馆，1988，第29页。
④《普列汉诺夫哲学著作选集》第2卷，三联书店，1961，第266页。

层次"中的每一个层次，又都是拥有自己内部的"等级序列"的特殊结构，譬如，生产关系中有"技术关系"与"财产关系"两个层次；思想体系分为"初级或低级的思想体系"与"高级的思想体系"。此外，普列汉诺夫在《论个人在历史上的作用问题》一书中指出了决定历史发展的三种原因即一般原因、特殊原因及个别原因，这三者之间也具有鲜明的层次性。

方法之四："达到以社会生活的综合观点来代替社会分析的结果。"针对当时流行甚广的因素论，将"历史看作是各种因素的冲突和交错""认为经济因素具有主导的影响和决定性的作用"① 的错误观点，普列汉诺夫在为意大利马克思主义者拉布里奥拉的《论唯物主义的历史观》一书所写的书评中，充分肯定了拉布里奥拉基于"统一性构成历史事件发展的舞台，而为了把它们叙述得有声有色和有联系"，就必须"采用综合的方式和方法"② 的认识，来克服因素论的错误见解，并在他的思想基础上进行了深化，认为因素论肢解了社会的人的活动，将活动的各个不同的方面与表现转化为一些特殊的力量，好像这些力量决定着社会的历史运动似的。在社会科学的发展史中，这个理论所起的作用，与个别物理力的理论在自然科学中所起的作用类似。由于自然科学已达到了统一、综合的"整理材料的阶段"，因此"科学规律的前提是，随时随地都对现象进行某种综合"③，社会科学的成就，也一定要达到以社会生活的综合观点来代替社会分析的结果"因素论"④。

概而言之，以上四种方法都可归结为超越因素"众多性及多样性"视野的"唯物主义一元论的观点"⑤，这也就是反对"坚持一个原则来说明全部历史过程"⑥ 的综合性、整体性、统一性的原则。

（3）党性原则

党性原则也是普列汉诺夫运用历史唯物主义方法时所遵循的重要原则。

① 〔意〕拉布里奥拉：《关于历史唯物主义》，杨启熘等译，人民出版社，1984，第79页。
② 〔意〕拉布里奥拉：《关于历史唯物主义》，杨启熘等译，人民出版社，1984，第83页。
③ 〔俄〕普列汉诺夫：《普列汉诺夫机会主义文选（1903－1908年）》下册，三联书店，1973，第409页。
④ 《普列汉诺夫哲学著作选集》第2卷，三联书店，1961，第267页。
⑤ 《普列汉诺夫哲学著作选集》第2卷，三联书店，1961，第328页。
⑥ 〔俄〕普列汉诺夫：《论一元论历史观的发展问题》，王荫庭译，商务印书馆，2012，第231页。

有一种观点认为列宁"最早在哲学上明确地使用了党性这一概念"①。当然，这一看法是客观的，其依据在于列宁在马克思主义文献史上第一次明确使用了"党性"的概念，在《民粹主义的经济内容及其在司徒卢威先生的书中受到的批评》（1894年底至1895年初）一文中，他写道："唯物主义本身包含有所谓党性，要求在对事变作任何评价时都必须直率而公开地站到一定社会集团的立场上。"② 且在随后的《党的组织和党的出版物》（1905年）、《唯物主义和经验批判主义》（1908年）等著作中，列宁又对这一思想进行了全面论述。然而，需要补充的是，在列宁以前，至少普列汉诺夫就提出过党性原则，尽管没有在自己的论著中，直接使用"党性"这个名词，但他已对党性原则的基本内容作了比较完整的概括。在《我们的意见分歧》（1884年）中，普列汉诺夫在批评民粹主义者吉荷米洛夫不仅拒斥资本主义的历史进步性，而且否定资本主义对哲学、公法、私法、历史哲学、自然科学和文学等学术发展的影响时，指出阶级关系对于哲学等一般学术的影响是"无可怀疑的"，"而且有过一个时候，俄国作家们也理解到了社会阶级关系对于一般学术尤其对于哲学思想发展过程的影响"。正如车尔尼雪夫斯基所言："政治理论以及一般哲学学说，总是在它们的作者所属的社会情况的最强烈的影响下产生的，而每一个哲学家往往是他所属的当时为争取对社会的支配地位而奋斗的某一政党的代表。"这些哲学体系渗透着体系的作者所属的那些政党的精神。③

在《尼·加·车尔尼雪夫斯基》（1890年）一文中，普列汉诺夫又对这一观点进行了补充，认为现代的唯物主义辩证论者对这些话只想作一点补充，那就是决定人类思想方向的政治斗争本身也不是为了某种抽象的见解而进行的，而是在斗争着的政党所属的那些社会阶级或阶层的需要和愿望的直接影响下进行的。④ 在后来的《唯物主义史论丛》（1893年）、《论一元论历史观的发展问题》（1895年）、《Cant反对康德，或伯恩施坦的精神遗嘱》（1901年）、《科学社会主义的发展》俄文第三版序言（1902年）、

① 沈培芹：《全面理解和坚持列宁的哲学党性原则》，《北京师范大学学报》（社会科学版）1984年版第1期。
② 《列宁全集》第1卷，人民出版社，1984，第363页。
③ 《普列汉诺夫哲学著作选集》第1卷，三联书店，1959，第217页。
④ 《普列汉诺夫哲学著作选集》第4卷，三联书店，1974，第51页。

《评舒里雅齐柯夫的一本书》（1908 年）、《哲学中的怀疑论》（1910 年）等文中，他对马克思主义哲学特别是历史唯物主义研究的党性原则又作了进一步的阐发。其中，普列汉诺夫对党性原则的主要贡献在于正确地认识了党性与科学的关系。

普列汉诺夫在批判伯恩施坦所宣扬的"社会主义的最终目的的东西，对我们来说是微不足道的，运动就是一切"的主张时指出，这句话完全是从舒尔采－格弗尼茨的《论社会和平》中剽窃而来的，是"科学社会主义同资产阶级经济学家的学说的折中主义的混合"。因此，为了驳斥普列汉诺夫，伯恩施坦不仅否认科学领域"倾向性"的存在，而且否认"党的科学"的存在，他辩解道：一个真理不会因为第一个发现它或表述它的是反社会主义的经济学家或不十分重要的社会主义经济学家而减少力量，"在科学领域里，倾向不能赋予特权或者发布革出教门的命令"①。基于此，伯恩施坦认为其从舒尔采－格弗尼茨、赫克纳、辛茨海麦尔、沃尔夫等资产阶级经济学家那里窃取的思想，使他注意到许多"在以前不重视或者重视得很不够的事实"，从而断言普列汉诺夫批评他的立论根据有误，"似乎科学社会主义的9/10的元素不是采自'资产阶级经济学家'的著作，似乎竟然有一种党的科学"②。对此，普列汉诺夫在《Cant 反对康德，或伯恩施坦的精神遗嘱》一文中回应了伯恩施坦的这种诡辩。他指出，严格说来，"党性的科学"是不可能有的。但是，可惜，充满党派精神和阶级自私主义的"学者"倒是极可能有的。当马克思主义者以蔑视的态度批评资产阶级的科学时，他们指的正是这一类"学者"③。

那么，普列汉诺夫是不是就反对党性原则与科学的兼容性呢？是不是说站在党性立场就不能保持科学性呢？当然，事实绝非如此。首先，普列汉诺夫在为德国哲学家李希特尔《哲学中的怀疑论》所写的书评中，针对李希特尔不懂得党性原则，他科学地论述了党性对于科学性的制约作用。普列汉诺夫指出，使李希特尔苦恼的是，一方面"属于不同阶级的人们都维护自己本身的利益，而不维护真理的利益"；另一方面"各种政治信仰传

---

① 〔德〕伯恩施坦：《伯恩施坦读本》，殷叙彝译，中央编译出版社，2008，第 341 页。
② 〔德〕伯恩施坦：《伯恩施坦读本》，殷叙彝译，中央编译出版社，2008，第 342 页。
③ 《普列汉诺夫哲学著作选集》第 2 卷，三联书店，1961，第 447 页。

播的范围总的说来同阶级的范围相符合的情况"①。由此可见，党性与科学性之间确实存在千丝万缕的联系，以至于有时可能会发生矛盾。其次，普列汉诺夫说明了真正的党性、进步阶级的党性同科学性是一致的，因为它本身就是建立在科学性的基础上。普列汉诺夫在批判民粹派主观主义者米海洛夫斯基时指出，真理的标准不在"我"之内，而存在于"我"之外的关系中。正确地把握自然现象相互关系的那种自然科学理论是符合真理的；正确地说明存在于他所描述的时代的社会关系的那种历史描写是符合真理的。凡是历史学家不得不描述诸种对立的社会力量的斗争的地方，只要他没有变成干巴巴的书呆子，他都不可避免地要同情这种或那种力量。在这方面，他将是主观的，不管他是同情少数还是多数。然而这种主观主义并不妨碍他成为完全客观的历史学家，只要他不去歪曲斗争着的各种社会力量据以生长的那些现实的经济关系。② 最后，普列汉诺夫认为党性原则不但不妨碍科学向前发展，而且有时为科学的进步提供必要的条件。例如，法国复辟时代的历史学家奥古斯丹·梯叶里在《第三等级史》《诺曼人对英国的征服》等书中，从当时各社会阶级"实际利益"的观点考察了宗教教派和政治党派的斗争，并深刻反映了第三等级反对贵族的斗争，同时客观地概述了"相当完整的资产阶级历史运动的图景"③。这说明他们的阶级觉悟性丝毫没有成为其科学研究的障碍。在普列汉诺夫看来，这正如基佐在《论法国政府》一书上的题词，"令人惬意的是，坐在风暴中的船上面又知道自己不会覆没"④。

三　历史唯物主义："本质上是辩证性的"

普列汉诺夫把辩证性看作历史唯物主义的重要特征。他在批评伯恩施

---

① 《普列汉诺夫哲学著作选集》第3卷，三联书店，1962，第577页。
② 〔俄〕普列汉诺夫：《论一元论历史观的发展问题》，王荫庭译，商务印书馆，2012，第213页。
③ 〔俄〕普列汉诺夫：《论一元论历史观的发展问题》，王荫庭译，商务印书馆，2012，第29页。
④ 《普列汉诺夫哲学著作选集》第2卷，三联书店，1961，第530、531页。

坦《社会主义民主党的前提与任务》中修正历史唯物主义的观点时指出，对马克思主义的"基本规律"抱着不正确看法的伯恩施坦先生是从批判唯物主义历史观开始的，只是在他书中第二章才转到辩证方法的评价上来。但是"我们相信方法在每一个严肃的体系中的决定性意义，所以我们讨论辩证法开始"①。此外，普列汉诺夫也看到了众多理论家在批评、驳斥伯恩施坦修正历史唯物主义时所表现出的软弱无力，正是由于对辩证法的藐视。普列汉诺夫强调，甚至正统的马克思主义者也常常满足于关于辩证法的非常模糊的观念。在由伯恩施坦先生及其同伙的"批评的"努力所引起的争论中，多数正统的马克思主义者正是在捍卫辩证法方面表现能力最弱。这一缺点应当消除；我们必须坚决击退我们的敌人对我们的逻辑堡垒的一切进攻。② 所以，普列汉诺夫不断强调，"对历史作唯物主义的解释，要以辩证的思维方法为前提"③，同时，他也对辩证唯物主义与历史唯物主义的关系作了开创性的分析。

1. 历史唯物主义"要以辩证的思维方法为前提"

国内外学术界存在这样一种观点，认为普列汉诺夫特别是在《一元论历史观之发展》（以下简称《一元论》）一书中，"谈论历史唯物主义时，却从来不谈辩证法，特别是历史辩证法"④，"他对发展马克思主义哲学方面，作出了不小的贡献。但是他在辩证法理论方面所作的工作是非常少的"⑤。对此，我们不完全赞同。

正如王荫庭教授所指出的那样，"普列汉诺夫的哲学著作很少不谈辩证法"⑥，我们可以看到，普列汉诺夫在民粹主义时期的著作《社会经济发展的规律和俄国社会主义的任务》（1879 年）、《卡尔罗勃妥斯——雅格卓夫的经济理论》（1882 年），当论述历史发展规律的问题时，说明了辩证法的基本原则，甚至在成为机会主义者后其著作如《不该怎么办》（1903 年）、《在祖国的一年》（1917～1918 年），为自己关于俄国革命道路问题的辩解

---

① 《普列汉诺夫哲学著作选集》第 2 卷，三联书店，1961，第 420 页。
② 《普列汉诺夫哲学著作选集》第 1 卷，三联书店，1959，第 58 页。
③ 《普列汉诺夫哲学著作选集》第 1 卷，三联书店，1959，第 494 页。
④ 张一兵：《革命实践中的青年列宁与历史的主客体向度》，《理论探讨》2008 年第 3 期。
⑤ 〔俄〕库尔萨诺夫：《马克思主义辩证法史 列宁主义阶段》，王贵秀译，人民出版社，1987，第 62 页。
⑥ 王荫庭：《普列汉诺夫哲学新论》，北京出版社，1980，第 111 页。

中，也运用了辩证法。

因此，《一元论》这部作为表征普列汉诺夫哲学思想巅峰的论著，也不会例外。在这部著作中，普列汉诺夫指出，所谓辩证的方法，是"从现象的发展中，从现象的产生和消灭中来考察现象"，换言之，辩证法就是关于发展的学说。事实上，普列汉诺夫在说明历史唯物主义的产生是对先行的历史观的革命性和继承性的统一时，恰恰运用了这一发展学说。另外，他非常重视对社会历史这一领域的辩证法研究。虽然，列宁曾在《哲学笔记》中批评过他未能将辩证法应用于认识论，系统阐释作为逻辑与认识论的辩证法，但是他时刻努力把辩证法应用于社会历史领域中。特别是在《一元论》这部著作中，他辩证地考察了地理环境、社会心理对社会历史发展的影响、个人在历史上的作用等问题。在说明地理环境理论时，他不是孤立的，而是从人类社会同周围地理环境的关系中，去考察地理环境的作用，强调人类社会是在同周围环境的相互作用中不断发展的。他指出："不同社会所达到的结果的不同，正是由于周围的条件不允许不同的人类部落同样地运用自己的'发明'能力这样一种情况来说明的。"① 一方面，地理环境为人类历史的发展提供了诸多条件：其一，为生产工具的改进提供所必需的材料；其二，以经过改进的工具为前提而对之进行加工的对象。另一方面，人们在作用于地理环境的过程中，也促使自身得到进步。"人在作用于他身外的自然界时也改变自己固有的本性。"② 此外，他也强调地理环境对于人的影响作用是一个"变数"。他指出，由于生产力的发展，人对地理环境的依赖由直接变为间接。地理环境通过社会环境影响人，所以人对他周围地理环境的关系就成为极其变动不定的了。在生产力发展的每一个新阶段，这种关系都不会是它以前的那个样子。例如，地理环境对恺撒时代不列颠的影响完全不同于它对现代英国居民的影响。鉴于此，普列汉诺夫深刻地指出，"现代辩证唯物主义就是这样解决十八世纪启蒙派无论如何也对

---

① 〔俄〕普列汉诺夫：《论一元论历史观的发展问题》，王荫庭译，商务印书馆，2012，第140页。

② 〔俄〕普列汉诺夫：《论一元论历史观的发展问题》，王荫庭译，商务印书馆，2012，第141页。

付不了的那些矛盾的"①。由此看来，普列汉诺夫的这一思想确实蕴含了辩证法，他诉诸联系、发展、整体的观点对地理环境的作用进行了具体的历史的分析，深入地分析了自然和社会、地理环境与生产力之间的互动关系。因此，我们可以这样说，普列汉诺夫在谈论辩证法时，他的主要精力，与其说是放在辩证法基本规律、原理本身的研究上，不如说是集中于辩证法在历史唯物主义的具体运用上，普列汉诺夫指出："历史唯物主义，由于它所采用的辩证方法，而对所有社会科学来说，都具有方法论上的意义。"②

与此同时，在运用辩证法时，有一种流行的观点认为，普列汉诺夫没有明确认识到对立统一是辩证法的实质及核心，因而对它没有给予足够的重视③，而他"注意的中心是量变向质变转化的规律"④。然而，我们认为普列汉诺夫尽管没有像列宁那样直接提出"统一物之分为两个部分以及对它的矛盾着的部分的认识是辩证法的实质和核心"，但矛盾问题或对立统一规律确实是普列汉诺夫辩证法研究的核心，正如罗森塔尔所言，作为马克思恩格斯学生的普列汉诺夫"非常注意分析辩证法的基本规律，而且首先是矛盾规律"⑤。普列汉诺夫在论述矛盾律时，指出"任何现象在该现象会从自身中发展出早晚要结束自身存在、使之变化为它自己的对立面的那些因素的那种意义上都是矛盾的"⑥，"矛盾是决定历史和逻辑发展进程的力量；各种社会因素的斗争是社会进步的源泉"⑦。而且他的大量著述也贯穿着"矛盾推动事物的发展"的原则，如《我们的意见分歧》《一元论历史观之发展》《唯物主义史论丛》《替经济唯物主义说几句话》《俄国社会思想史》等。用对立统一规律对社会历史发展中成对的范畴作了详细而深入的

---

① 〔俄〕普列汉诺夫：《论一元论历史观的发展问题》，王荫庭译，商务印书馆，2012，第239、240页。
② 〔苏〕马·莫·罗森塔尔：《马克思主义辩证法史：从马克思主义产生到列宁主义阶段之前》，汤侠声译，人民出版社，1986，第460页。
③ 商英伟主编《马克思主义辩证法史》，吉林人民出版社，1987，第308、309页。
④ 〔苏〕敦尼克、约夫楚克、米丁等主编《哲学史》第4卷，三联书店，1964，第185页。
⑤ 〔苏〕马·莫·罗森塔尔：《马克思主义辩证法史：从马克思主义产生到列宁主义阶段之前》，汤侠声译，人民出版社，1986，第449页。
⑥ 〔俄〕普列汉诺夫：《论一元论历史观的发展问题》，王荫庭译，商务印书馆，2012，第74页。
⑦ 〔俄〕普列汉诺夫：《文学遗产》（文集）1934～1940年俄文版，第1集，第126页，转引自〔苏〕马·莫·罗森塔尔《马克思主义辩证法史：从马克思主义产生到列宁主义阶段之前》，汤侠声译，人民出版社，1986，第459页。

论述，这主要体现在以下几个方面。

（1）内容和形式的关系

对于形式与内容这对范畴的关系，车尔尼雪夫斯基曾将其看作辩证法的基础及主要特征，指出："形式的永恒更替，由于某种追求的强化，由于某种内容的更高发展而为同一内容或追求所产生的形式的永恒否弃……谁懂得这个伟大的、永恒的、无所不在的规律，谁学会了把它运用于任何现象，他该会何等安详地召来其他人感到犹豫不决的种种机遇啊。"[①] 普列汉诺夫相当重视这句话，他认为"谁要懂得了这一完全清楚又异常深刻的意义，他就懂得了马克思的辩证法在应用于社会问题上的革命意义"[②]。

普列汉诺夫对内容与形式的相互作用作出了科学的理解，将这一思想运用于社会历史领域，不断追问"为特定内容的发展所制约的形式的这种必然更替是什么？"[③] 他在《对我们的批判者的批判》论文集中，批评了俄国"合法马克思主义"者司徒卢威在《马克思的社会发展理论》中对马克思主义社会发展理论的修正，并从内容与形式关系范畴出发，解释了社会发展的"进步的公式"，即一定的社会需要产生一定的共同生活形式，这是社会后来的前进运动所必需的。但是，由于这些共同生活形式而成为可能的后来的前进运动，产生了新的社会需要，它们乃是从前的需要所创造的旧的共同生活形式已不能适应的。这样就发生了矛盾，它在后来的社会运动的影响下越发扩大，到最后使某个时候为社会的迫切需要所创造的旧的共同生活形式失去任何有益于公众的内容。那时候，它们在或长或短的时间的斗争之后被废除，并为新的所代替。在普列汉诺夫看来，内容与形式之间是相互作用、相互依赖的，内容就是要求满足的社会需要；形式就是社会制度。内容产生形式，从而确保自己向前发展。但是向前发展使它的形式不能令人满意了，矛盾发生了，矛盾引起了斗争，斗争引起了旧形式的消灭并以新形式来代替它，新形式又确保内容向前发展，这一发展又使新形式不令人满意，如此类推，一直到发展停止。与此同时，他通过引证

---

① 〔俄〕普列汉诺夫：《论一元论历史观的发展问题》，王荫庭译，商务印书馆，2012，第88页。

② 《普列汉诺夫哲学著作选集》第2卷，三联书店，1961，第615页。

③ 〔俄〕普列汉诺夫：《论一元论历史观的发展问题》，王荫庭译，商务印书馆，2012，第90页。

《资本论》第 3 卷中关于生产力与生产关系的矛盾运动如何推进社会形态演进的论述，进一步说明了内容与形式的矛盾运动。他指出，"生产力的增长，这是内容；社会的经济结构，它的财产关系，这是形式，为该内容（物质生产的发展的某一阶段）所产生，而且会由于这同一内容的进一步发展而被抛弃"①。形式与内容之间的矛盾只要存在，就不会停止，最后，必然是新形式的产生和旧形式的灭亡。

需要补充的是，普列汉诺夫还进一步论述了内容与形式的关系与矛盾规律、质量互变规律的一致性。他强调，"由一定的内容所产生的形式，由于同一内容之进一步增长而被抛弃的这一伟大规律，事实上是普遍的规律，因为不论是社会生活的以及有机体生命的发展都服从于它"，而且"这一伟大、普遍和永恒的规律同时也是一个'矛盾公式'"。②例如，这一规律在某些昆虫的胚胎学中表现得非常明显。昆虫在发生蜕变时，会有蛹将其包裹，当昆虫的机体在蛹中完成了一系列转变后，这个蛹就会成为阻碍其发展的因素，"因此在矛盾达到适当强度的时候就破裂"。这恰如事物发展是渐进性的中断一样。

（2）必然与自由的关系

普列汉诺夫关于自由与必然性的辩证关系的论述在其整个哲学体系中占据着重要的地位。他将其看作每一个哲学体系的命脉，犹如"存在对思维的关系诸问题"一样的重要，其像斯芬克斯一样向每个哲学家说："揭示我的谜底，否则我便吞食掉你的体系。"关于自由与必然的关系问题一直是资产阶级学者诘难历史唯物主义的一个突破口。他们或者夸大了必然性的作用，把社会发展想象为一个所谓的"机械"过程，这一过程按照其内在的运动规律"机械"地进行，而和"人不相干"，这一过程如同一种残酷的和不可避免的命运，人们加以干涉也好，不加以干涉也罢，不管有多大的作为，情况总是一样；或者单单强调意志自由，使人们的自由表象遮蔽了必然概念，结果，作为一切科学地解释现象的基础的必然性、规律性虽然从大门赶了出去，却又由窗口飞了回来，自由仅仅成了盲目的必然性手中的傀儡及玩偶。

---

① 《普列汉诺夫哲学著作选集》第 2 卷，三联书店，1961，第 615 页。
② 《普列汉诺夫哲学著作选集》第 2 卷，三联书店，1961，第 614 页。

对此,第二国际的一些理论家为了捍卫历史唯物主义,对于自由与必然的关系给予了自己的阐释。考茨基指出了人的自由意志发挥作用的条件,认为它只有与人们的经济发展的方面相一致时,才能够取得胜利,而如果忽视了这一前提条件,并用各种人为手段加以干预的话,那必然是徒劳的。拉法格也指出,经济现象和经济力量不是不变的。它们是在进化中,而且因为它们是人所创造的东西,它们的变革就比自然现象的变化来得快,"而人只有当他理解它们向什么方向发展,它们的影响如何和后果如何的时候才不再成为它们的玩偶。这时候就能控制它们和迫使它们为自己的需要服务"①。亨利希·库诺认为人在其历史行动中追求某种欲加贯彻的目标和意图,这种意志的方向又为人的各种各样关于可能性、有利性、卓越性、必然性的观点所决定。然而人们的行动和意志,以及在意志背后的观点本身,其因果一方面受到行为者在经济生活中所占地位的制约;另一方面又取决于社会关系的内部联系。所以必然性归根结底"只是在这种联系中其因果能加以解释的东西"②。我们可以看到,这些理论家虽然都承认了人的意志自由对于必然性的反作用。然而,他们将自由与必然的关系凝固化,最终不是滑向了由"经济必然性"所支配的机械决定论,就是导向了线性因果决定论。究其缘由,归根到底是这些理论家无法真正坚持科学的历史辩证法,在认识自由与必然的关系上,作了绝对化、教条化的理解,且陷入了种种舛误之中:其一,漠视自由与必然之间的相互转化性;其二,抹杀了自由与必然之间的相互决定性。那么,普列汉诺夫是如何克服这些弊病的呢?

第一,关于必然与自由的概念。普列汉诺夫认为,必然分为两种形式。第一种,"有条件的必然性"。这类必然是人们在作用于外界的过程常常遇见的。例如,要生活,必然要呼吸;我们要免除疾病,就应该服药;农民要获得收成就要播种;猎人要获取猎物就必然要放箭;等等。也就是说,人永远要服从自然,甚至强迫自然来替他服务。但是人对自然的这种服从是人得以解放的条件。第二种,"合理服从的必然性"。人服从自然,因而

---

① 〔法〕拉法格:《拉法格文选》上册,人民出版社,1985,第151页。
② 〔德〕亨利希·库诺:《马克思的历史、社会和国家学说》,袁志英译,上海译文出版社,2014,第671页。

也就增加人的支配自然的权力，即增加他的自由。例如，将地主的土地分给农民是必然的前提，农民服从这种必然性，是其自身获得自由的表现。无产阶级主张把生产资料变成社会所有，用新的原则来组织社会生产，这也是"合理服从的必然性"。再如斯宾诺莎说的那样："所有的人如此夸耀的那种人类自由……的本质归结为人们意识到自己的意图，却不知道引起这些意图的外部原因。"这正像小孩以为他是自由地想要成为他的食物的乳汁。也如莱布尼茨所举的例子说明的那样，磁针指向北方，这种现象是由物质世界的规律的作用产生的。然而对于磁针来说，这种物质的运动是觉察不出来的，磁针没有丝毫的观念。在磁针看来，它指向北方完全不依赖于任何非自身的原因，只不过是因为它乐意指向那里。同时，将自由看作没有约束也是极其片面的观点。例如，强盗在抢劫我们的财物时，如果我们奋起反抗，那么他的目的就可能落空。因此，"人的活动的自由不仅不排斥必然性，而且相反地，以它为自己的前提条件"①。

第二，自由与必然的辩证关系。普列汉诺夫从谢林、黑格尔、恩格斯的相关原理出发，对自由与必然的关系进行了深刻的辨析。一方面，"自由绝不排斥必然"。它是作为这些或那些社会现象的原因而出现在我们之前的。故而想要影响社会现象，完全取决于个人的自由活动。但是这种自由活动又受到以前社会现象的影响，这就是说，人们的自由自觉活动在任何时候都是受到必然性的制约的。另一方面，必然性并不排斥自由。人们自觉的、自由的活动之所以可能，只是因为他们的行动是必然的，这是无可争辩的真理。如果人们的行动不是"必然的"，那么我们就不可能预见它们，在这种情形下，人们自由自觉活动的影响无论多么巨大，都不能发挥任何作用。由此可见，必然性乃是自由的保证。

基于以上观点，普列汉诺夫进而指出自由与必然是可以相互转化的。人们的社会关系不是他们自觉活动的结果，人们虽然自觉地追求自己特殊的、个人的目的，但是因为社会中遇到的是一大群有自由意志的、活动着的人，他们的自由活动是变化无常、互相抵触的，而且人们在自觉地追求他们特殊的个人目的的同时，往往从他们各个人的行动的总和中产生出社会后果，这种后果通常出乎人们的意料。譬如，当某些有产者购买了农民

① 《普列汉诺夫哲学著作选集》第3卷，三联书店，1962，第39页。

的土地后,他们绝不会想到,某些人会沦为无产者,从而撬动资产阶级国家存在的根基。这就是说,在人们自由自觉的活动中,蕴含诸多影响社会生产关系的幼芽。这样一来人们"就从自由领域转入必然性领域"。那么是不是人们总是屈服在一种顽强的、盲目的必然性的羁绊之下呢?显然不是。如果人们不能预见到其个人活动产生的社会后果,那么,所谓社会中真正的自由就无从谈起。于是问题的症结就在于解决我们如何从必然性领域"又转回到自由领域"。普列汉诺夫认为,人通过生产作用于自然界,这样就产生人的依附关系的新方式,人受奴役的新形态即经济必然性,使生产者变成自身产物的奴隶,例如资本主义生产的无政府状态。然而正是唯物主义历史观这一"理论哲学"①,才"给人类指出了从必然性的领域引向自由领域的道路"②,使意识重新彻底地战胜必然性,使理性重新彻底地战胜盲目的规律成为可能。在此情形下,生产者认识到他受到自身产物的奴役的原因在于生产的无政府状态以后,便来组织这一生产,进而使之服从自己的意志。只有在那个时候必然性的统治时期才会结束,而本身原来即是必然性的自由才会驾临。"人类历史的序幕就会降落,历史就会开始。"③

综上,普列汉诺夫关于自由与必然关系的思想是如此之深刻,他不仅继承了黑格尔、谢林以及恩格斯关于这一原理的种种认识论前提,而且对它作了系统化、科学化的细致分析,丰富了马克思主义的辩证必然观思想。但与此同时,我们也注意到,他在论证自由与必然的关系的同时,夸大了理性的力量,例如,在《论一元论历史观的发展问题》一书中,他指出:"一旦我们认识了这个铁的规律。推翻这个规律的桎梏就取决于我们,使必然性变成理性顺从的奴仆就取决于我们。唯心主义者说,我是虫。唯物主义者——辩证论者反驳说,当我无知的时候,我是虫;然而当我知道的时候,我是神。"故而,普列汉诺夫一方面宣称辩证唯物主义是"行动的哲学";另一方面又解释道:"行动(人们在社会生产过程中合乎规律的活动)

---

① 〔俄〕普列汉诺夫:《论一元论历史观的发展问题》,王荫庭译,商务印书馆,2012,第90页。

② 《普列汉诺夫哲学著作选集》第3卷,三联书店,1962,第205页。

③ 〔俄〕普列汉诺夫:《论一元论历史观的发展问题》,王荫庭译,商务印书馆,2012,第241页。

向唯物主义者——辩证论者说明社会人的理性的历史发展。"①

（3）理想与现实的关系

普列汉诺夫在对社会发展规律问题上的辩证观点也体现在解决理想与现实的矛盾关系上。他认为真正的理想和现实按其本质来说应该是一致、统一的。

第一，理想是"明天的现实"。在批评民粹派将理想与现实绝对对立的错误观点时，普列汉诺夫论证了理想与现实的关系。19 世纪中后期，带有空想主义色彩的民粹主义思潮在俄国迅速蔓延开来，这一思潮大肆为俄国不同于西方的国情唱赞歌，尤其是他们认为依靠俄国农村公社中所保有的土地公有制，便可以比西方更容易进入共产主义社会。但是，事与愿违，由于俄国没有把握住"历史所能提供给一个民族的最好的机会"，自 1861年农奴制改革后，"俄国进入了资本主义时代，从而也进入了土地公有制迅速灭亡的时代"，诸如重工业和铁路的发展、农村中高利贷阶层的扩大等因素，都已举起了砍断"农民公社的斧头"。② 在此情形下，俄国的民粹派分子仍然死抱住前人"软弱无力的"理想，即争取"不受政府和上等阶层任何阻碍而独立发展的自由"，为了实现这个理想他们继续"到农村去"，采取一系列不切实际的措施，诸如向政府建议增加农民的份地，减轻纳税等，这样做完全脱离了俄国运动的一般进程。在他们看来，"现实是一回事，而理想又是另一回事"③，理想与现实只是两条永远没有交点的平行线。因此，普列汉诺夫以恩格斯将自己的全部生命献给了"解放无产阶级"理想为例，意旨鲜明地从理想与现实辩证关系的角度，回答了理想与现实的关系。他指出，"理想也就是现实，但这是明天的现实，是将要发生的现实"，这种理想是"从目前的现实中""按照目前本身的内部规律发展而来的"。④ 这里普列汉诺夫至少表达了三层意思：其一，理想的前提是现实的，它基于对现实的科学判断，是客观反映现实特征、符合现实事物发展规律的；其二，理想的本质是现实的，它是潜在于现实中，没有展开的但极有可能实

---

① 〔俄〕普列汉诺夫：《论一元论历史观的发展问题》，王荫庭译，商务印书馆，2012，第 242 ~ 243 页。

② 《马克思恩格斯文集》第 4 卷，人民出版社，2009，第 460、462、464 页。

③ 《普列汉诺夫哲学著作选集》第 1 卷，三联书店，1959，第 546 页。

④ 《普列汉诺夫哲学著作选集》第 1 卷，三联书店，1959，第 547 页。

现的现实性因素；其三，理想实现的方式也是现实的，它必须依靠投入现实的工作及实践并为之奋斗才能实现。概而言之，在他看来，理想绝不是"脱离发展的地理和历史条件"的"空中楼阁"，理想"只是在思想和形象中表达已在现实中完成的发展过程的结果。理想的具体程度也和这个发展着的现实的具体程度相同"①。

此外，针对合法马克思主义者司徒卢威等人将社会主义比作"宗教"信仰一说，普列汉诺夫进一步论证了关于"最终目的"与共产主义理想的关系。司徒卢威等人将社会主义理想既看作"一个道德的——政治理想"，又认为它是"社会民主运动必须服从最终目的的理想"，"对最终目的的信仰是社会民主党的宗教，这一宗教完全不是'私人的事情'，而是党的最重要的社会利益"。这就是说，他们不仅在社会主义理想与宗教幻想、道德信仰之间画上了等号，视其为衡量社会民主党各项行动、策略的道德标准，而且在其眼中，理想只是彼岸世界的"最终目的"，意义仅仅在于帮助社会民主党填补革命理论与人民大众之间的空白。

对此，普列汉诺夫进行了评析，提出了三点看法。其一，共产主义理想是建立在对现实发展规律的科学认识上的。他指出，社会民主党人不是认为理想"提高我们的错觉，而是因为坚信它的实现的必然性"，不能实现的理想不是社会民主党的理想，而只是"道德的废话"。其二，社会发展的整个进程是理想得以实现的保障。普列汉诺夫强调，革命的社会民主党的理想就是"未来的现实"，因为它的实现正是建立在"现代社会发展的整个进程"之上的。这样，它显然与对现实虚幻反映的"宗教"毫无干系。其三，社会民主党的最终目的是"现实的"。《共产党宣言》中关于共产党人的"最终目的"是这样写的："共产党人为着工人阶级的最近目的和利益而奋斗，但他们在当前的运动中同时还坚持着运动的将来。"② 对此，普列汉诺夫解释道，马克思和恩格斯在这里所说的"最终目的"是"现实"的，因为共产党人在为现实的最近的目的而奋斗时，始终着眼于"最终目的"，并且"今天，明天，后天，每一分钟都在奋斗"③。

---

① 《普列汉诺夫哲学著作选集》第 4 卷，三联书店，1974，第 492~493 页。
② 《马克思恩格斯全集》第 4 卷，人民出版社，1958，第 502 页。
③ 《普列汉诺夫哲学著作选集》第 2 卷，三联书店，1961，第 710 页。

　　第二，检验理想的标准是"经济现实"。民粹派主观主义者继承了空想主义者、启蒙思想家的抽象人性论的观点。他们将理想限于精神的牢笼，囿于主体自身来理解，认为理想只有符合人的本性、需要、愿望时才是科学的、高尚的。认为理想只有与人性的概念或者某些个人权利、个性原则如平等、自由、博爱等相符时，才是顺应时代发展的。例如，18 世纪的法国启蒙运动者不断宣扬奴隶制是与要求自由的人的本性相背离的；资产阶级学者则认为"资本主义制度的毁灭就等于文明的毁灭"，资本主义是最符合人的本性的理想社会。另外，俄国主观主义者则过分抬高人的"自我意识"，把合乎人的愿望的社会改革看作合理的理想，将自己"乌托邦式理想同俄国资本主义现实对立起来"①。

　　马克思曾指出，理想既有卑劣的，也有高尚的，既有正确的，也有错误的。那么，究竟什么样的理想才是真正崇高的呢？在普列汉诺夫看来，在理想的根源上，作为历史的人的"特性"的理想，是"随着社会发展进程而改变的"，而社会发展的原因在于"社会的人对外部自然界的控制加强"，即"生产力的改变"，这样就说明理想最终源于生产力的发展。从理想与社会结构的关系层面来看，现实社会是由十分复杂、立体多维的结构所建构的，在横的向度上，现实社会涵盖了经济、文化、政治、社会等结构。其中，经济结构在社会结构中起基础性、主导性的作用。因为社会机体的性质及作用方式是"由社会机体的生产力状况所决定的这些机体的经济结构来解释的"②。进而普列汉诺夫指出，当理想是经济发展的产物时，"那么这些理想在将来的实现就应该更加有保证"，"每个阶级虽然不自觉地但总是很好地使自己的'理想'适应自己的经济需要"。③ 一言以蔽之，只有符合经济发展规律的现实即"经济现实"的理想，才是拥有实现可能、崇高的理想。

　　第三，理想充当了"现实在其一种形式转化为另一种形式"的中介。

---

①　〔俄〕普列汉诺夫：《论个人在历史上的作用问题》，王荫庭译，商务印书馆，2012，第11 页。

②　〔俄〕普列汉诺夫：《论一元论历史观的发展问题》，王荫庭译，商务印书馆，2012，第199 页。

③　〔俄〕普列汉诺夫：《论一元论历史观的发展问题》，王荫庭译，商务印书馆，2012，第207 页。

普列汉诺夫多次强调了历史发展中"中介"的存在及其作用。他指出，"社会发展规律，如果没有人的中介作用，很少能够实现，正如自然规律没物质的中介作用也是很少能够实现的一样"①。这些中介表明历史发展诸因素之间的联系不是简单的直接性的，而是纷繁复杂的间接性的。所以在其看来，理想在改变现实的过程中起着重要的中介导向作用，具体体现在这几个方面。其一，理想具有强大的驱动作用。每个人的理想反映了他们最大的需求和目标，能够最大限度地聚集主体的热情、意志，调动主体的积极性和主动性来参与日常的实践并达到各种具体的目标，从而向着理想的目标不断迈进。例如，恩格斯倾注一生为其理想而奋斗，因为在他看来"这是他应尽的职责和一生的伟大任务"。其二，理想具有现实导向功能。普列汉诺夫认为，理想对于历史发展的进程具有重要的干预性，它是"现实在其一种形式转化为另一种形式"的"变革的必要工具之一"。② 换句话说，理想一旦确立，就为主体明确了前行和奋斗的方向及目标。理想能够最大限度地约束主体的各项实践行为，克服消极懈怠的自由主义倾向，促使主体不偏移正确的航向。

　　总之，普列汉诺夫在阐释历史唯物主义的原理时，是以辩证的思维为前提的。然而，当前国内外学术界仍然沿袭了 20 世纪苏联有关学者对普列汉诺夫辩证法思想的评价，认为普列汉诺夫从来没有从认识论的角度来谈论辩证法。可以说，这个观点是有一定的道理的，因为普列汉诺夫在说明辩证法的有关思想时，主要集中在批判民粹主义的有关论著中，如《我们的意见分歧》《论一元论历史观的发展问题》《对我们批判者的批判》等，而关于认识论问题，特别是批判新康德主义、经验主义、不可知论却很少论及，这与列宁的《唯物主义和经验批判主义》存在较大的差异。因此，我们认为，与其说普列汉诺夫是从认识论的角度来说明辩证法的有关原理，毋宁说他是从历史唯物主义的角度来分析它们的。所以，完全否认普列汉诺夫没有从认识论的角度来谈辩证法，是有失偏颇的。

2. "辩证唯物主义"的"降生"

　　在马克思主义文献史上，普列汉诺夫第一个从学理的层面提出了"辩

---

① 《普列汉诺夫哲学著作选集》第 1 卷，三联书店，1959，第 547 页。
② 《普列汉诺夫哲学著作选集》第 1 卷，三联书店，1959，第 547 页。

证唯物主义"①，认为"它是唯一能够正确说明马克思的哲学的术语"的。与其理论一样，普列汉诺夫提出"辩证唯物主义"的概念绝不是无中生有、空穴来风，而是有其深厚的形成背景和理论资源。需要注意的是，许多学者认为约瑟夫·狄慈根在普列汉诺夫之前就曾使用过"辩证唯物主义"的术语，顺理成章地便认为普列汉诺夫就是受到了他的启示才提出"辩证唯物主义"概念的。然而，我们从普列汉诺夫的《约瑟夫·狄慈根》一文中发现，普列汉诺夫对约瑟夫·狄慈根的思想是持保留态度的，依据在于以下几点。

其一，批评美国社会主义者翁特尔曼用约瑟夫·狄慈根的哲学来补充马克思时，将约瑟夫·狄慈根与新康德主义、马赫主义同等看待。普列汉诺夫指出："在我们的马克思主义者著作中也能发现同样的恐惧心理。它——首先——可以说明很多问题，其中也说明为什么在我们这里老是有人'补充'马克思：时而用康德来补充，时而用马赫来补充，最后，又用约瑟夫·狄慈根来补充。"

其二，认为约瑟夫·狄慈根的理论思想不具有任何创新性。"约瑟夫·狄慈根是一个体力劳动者——有着巨大的哲学天才，然而其中却没有任何一个理论原理可以认为是马克思、恩格斯和费尔巴哈的著作中所不曾包括的新原理。"②

其三，普列汉诺夫指出，辩证唯物主义的思想在恩格斯的著作中得到了最完备的论述。"在《反杜林论》、《费尔巴哈》和从《反杜林论》中抽出来的《科学社会主义的发展》这个小册子中，这一思想的表述的要好得多，简单得多，明确得多。这一思想是所有辩证法的基础。"所以，在阅读约瑟夫·狄慈根的著作之前，必须先细心研究马克思的哲学。否则，阅读

---

① 学术界关于"辩证唯物主义"的首提者的问题至今仍莫衷一是，不同观点经常见诸各种论著。除普列汉诺夫外，有四种流行观点。①有学者认为，英国工人哲学家约瑟夫·狄慈根"在马克思主义哲学发展史中的一个重要功绩，就是第一次提出了'辩证唯物主义'"这个术语。因为他在《一个社会主义者在认识论领域中的漫游》一文中，把自己的哲学观点叫作"新唯物主义""社会民主主义的唯物主义""辩证唯物主义"，参见吴元梁主编《马克思主义哲学形态的演变》上卷，中国社会科学出版社，2010，第 152 页。②也有学者认为，提出辩证唯物主义的是恩格斯，依据在于《反杜林论》（1878 年）中，他提出"现代唯物主义本质上都是辩证的"，参见《马克思恩格斯文集》第 9 卷，人民出版社，2009，第 28 页。③第三种观点认为，马克思和恩格斯是首提者，其依据在于列宁在《唯物主义和经验批判主义》中曾指出"马克思和恩格斯几十次地把自己的哲学观点叫做辩证唯物主义"，参见《列宁专题文集·论辩证唯物主义和历史唯物主义》，人民出版社，2009，第 2 页。④还有一种观点认为，"'辩证唯物主义'是苏联的创造，是斯大林的'杰作'"，参见张三元《关于马克思主义哲学形态的几个问题》，《理论探讨》2013 年第 1 期。

② 《普列汉诺夫哲学著作选集》第 3 卷，三联书店，1962，第 117 页。

他的著作虽然会使读者得到某些相当重要的和值得注意的——但绝非新的——零星知识，但也会引起巨大的有害的混乱。①

由上可知，认为狄慈根是普列汉诺夫"辩证唯物主义"先导的观点，未免过于草率，与真实文本相差甚远。因此，我们认为除马克思恩格斯之外，一元论思想来源主要有三。

（1）对赫尔岑"革命的代数学"的批判利用

赫尔岑作为民粹派思想的先导，其《自然研究通信》《科学中华而不实的作风》《科学中的佛教》《往事与回忆》等著述经常出现于普列汉诺夫的思想世界及阅览书目中。"黑格尔左派"的背景，使赫尔岑对历史唯物主义"全然不知道"，更不知晓唯物主义历史观的创立是他那个时代最重要的理论成就之一，但其辩证法思想被普列汉诺夫所珍视，以至于经常据以驳斥民粹主义、伯恩施坦的修正主义。赫尔岑力图从辩证的角度去观察历史，他指出："思维史是自然史的继续，因为无论是人类或是自然，离开历史的发展都是不能理解的。这两种历史的区别在于，自然什么也不记得，对于它，往事是没有的，而人则有自己的一切往事，因此人不仅表现为部分，而且表现为类。历史把自然同逻辑联系起来，如果没有历史，它们就是互相分开的。"另外，他强调了使辩证法成为革命运动的精神杠杆，对他来说，黑格尔哲学是革命的代数学。②但是，他把这种革命的代数学限制在黑格尔唯心主义思想的牢笼中，同18世纪法国唯物主义者一样"把'意见'的发展看作是历史发展的主要动力"③，这样他就"背叛了自己老师的辩证方法"④。正如列宁形容的那样，"赫尔岑已经走到辩证唯物主义跟前，可是在历史唯物主义前面停住了"⑤。普列汉诺夫在为纪念赫尔岑诞生100周年所写的《亚·伊·赫尔岑的哲学观点》一文中也阐发了同样的观点，他指出，赫尔岑诉诸村社是一半承认不是思维决定存在，而是存在决定思维。这种一半承认是很卓越的，因为它出自一个曾经站在历史唯心主义基础上的人，而且对于原是黑格尔学生的赫尔岑来说也是非常突出的。但一半终

---

① 《普列汉诺夫哲学著作选集》第3卷，三联书店，1962，第133页。
② 《普列汉诺夫哲学著作选集》第4卷，三联书店，1974，第790页。
③ 《普列汉诺夫哲学著作选集》第4卷，三联书店，1974，第794页。
④ 《普列汉诺夫哲学著作选集》第4卷，三联书店，1974，第802页。
⑤ 《列宁选集》第2卷，人民出版社，1995，第284页。

究只是一半，所以它导致了而且只能导致对有决定性的问题的空想主义的解决。

需要强调的是，俄国革命民主主义者车尔尼雪夫斯基的辩证法思想虽然也给普列汉诺夫以极大的影响，但在其看来，赫尔岑却比车尔尼雪夫斯基更接近于辩证唯物主义。普列汉诺夫指出，赫尔岑的思想"实际的错误很多，而逻辑上的失误却很少"。因此，它们也就把他导向了错误的结果。但是，无论它们使赫尔岑得到的结果有多么错误，我们仍然不得不承认，它们有一部分是依据这样一个正确的虽然也是没有经过彻底周密考虑的思想，即意识是由存在决定的。这个完全正确的思想比车尔尼雪夫斯基更接近于唯物主义历史观，而只有这种历史观才能够向我们揭示出社会发展的真正原动力。[①]

（2）对拉布里奥拉"辩证的起源的研究"[②] 的整体继承

米海洛夫斯基曾对普列汉诺夫给拉布里奥拉《论唯物主义的历史观》所作书评提出质疑，认为卡明斯基（普列汉诺夫的笔名）先生到处谈辩证唯物主义，但从拉布里奥拉书的原文中根本找不到"辩证唯物主义这一术语"，而只能从一个脚注中知晓，辩证唯物主义只是拉布里奥拉从"恩格斯那里借用来的"关于历史唯物主义的代称。因此，米海洛夫斯基便以此来责难普列汉诺夫，认为他加在名词"唯物主义"前面的这个或另一个形容词完全是暗中偷换名称的"糊涂的例子"，是普列汉诺夫的猜测。对此，普列汉诺夫在《论"经济因素"》一文中回应道，在拉布里奥拉的书中虽然完全没有辩证唯物主义这一术语，但这并不妨碍"罗马教授是一个辩证唯物主义的信徒"。这是因为"我看过拉布里奥拉的书以后，我知道了他的观点，此外，我还知道什么是辩证唯物主义"[③]。那么，拉布里奥拉在这本书中为什么不使用"辩证唯物主义"这一术语呢？

笔者认为原因有二，第一，按照拉布里奥拉的习惯，他在使用某一个术语时，总是考虑到其在意大利的接受程度。在《关于历史唯物主义》中，拉布里奥拉对自己所使用的而且有时可能引起完全相反的解释的那些语句、

[①] 《普列汉诺夫哲学著作选集》第 4 卷，三联书店，1974，第 312 页。

[②] 〔苏〕柳·阿·尼基奇切：《拉布里奥拉传》，杨启潾、孙魁等译，人民出版社，1987，第 95 页。

[③] 《普列汉诺夫哲学著作选集》第 2 卷，三联书店，1961，第 309 页。

术语、概念曾作出说明，明确反对以词句崇拜、词句权威为主要特征的
"咬文嚼字的恶习"，因为这样会"使事物的活生生的和现实的意义被曲解
和化为乌有"①。由于当时的意大利缺少马克思主义的传统，对这个概念的
理解及使用不固定，故而，拉布里奥拉在文章中尽量规避使用"辩证唯物
主义"这个概念，而是时常用"起源法"这一术语来替换它。他认为，起
源法就是要求对进行分析的对象的经验性质说明它的起源，再现它的起源，
不仅仅掌握"对象"本身，而且掌握它们形成的过程。例如，他指出，历
史唯物主义"必须具备弄清现代社会的起源问题的能力，从而使我们完全
能够批判地描述资产阶级的整个起源"②。第二，在拉布里奥拉看来，辩证
法同形而上学是相反的，是反形而上学的，而当时在意大利大肆盛行的社
会达尔文主义、新康德主义、斯宾塞主义以及其他各种实证主义思潮都宣
称是反形而上学的。因此，拉布里奥拉避免使用这一概念就是不愿同这些
"反形而上学"的派别同流合污。

诚然，拉布里奥拉虽然没有直接使用"辩证唯物主义"的概念，但他
在《关于历史唯物主义》中处处流露出"辩证唯物主义"的思想光芒。首
先，他在论述历史唯物主义继承性与革命性的统一特征时，强调了辩证法
的巨大意义。他指出："从主观思想的批判到对自我批判理解的过渡中，体
现了马克思和恩格斯作为唯物主义者从黑格尔唯心主义哲学中吸取的历史
辩证法。"③　其次，他在批判因素论时，论述了历史唯物主义研究的辩证的
起源的方法。他以《共产党宣言》为例，指出《共产党宣言》在表面上没
有它的起源的痕迹，而只作了实质性的阐述，但这种论证完全包含在必然
性的命令之中，所以人们能够重复这种形成过程，而重复这一过程，也就
等于"真正理解《宣言》的学说了"。接下来，他又深刻地指明了历史唯物
主义研究的方法，即有一种研究，它抽象地把一个有机体的各个部分分解
开来，并把它们肢解为构成统一整体的许多因素；但还有另一种研究，而
且这是唯一能够认识历史的研究，分析并分解各种因素，则只是为了从中
再找到它们为达到最终结果而共同发生作用的那种客观必然性④。显然，拉

①　〔意〕拉布里奥拉：《关于历史唯物主义》，杨启熺等译，人民出版社，1984，第52页。
②　〔意〕拉布里奥拉：《关于历史唯物主义》，杨启熺等译，人民出版社，1984，第90页。
③　〔意〕拉布里奥拉：《关于历史唯物主义》，杨启熺等译，人民出版社，1984，第99页。
④　〔意〕拉布里奥拉：《关于历史唯物主义》，杨启熺等译，人民出版社，1984，第11页。

布里奥拉在这里已经超越了黑格尔唯心主义的辩证方法。最后，在论述自然界与历史的联系时，他运用了辩证的方法。拉布里奥拉在反对社会达尔文主义以生存条件下即没有经过改造的地理环境，而"直接发展起来的动物的生命所服从的规律和原则"来述说人和人类历史起源的"瘟疫"时，运用辩证法的原则批判了这种具有"滥用类比和匆忙下结论"① 特征的思维方式，分析了"人为的环境"中形成的历史与自然界的有机联系。他一方面强调历史与自然界的不可分割的历史联系，认为人类历史的发展离不开自然界的物质条件；另一方面指出，历史科学的首要任务是断定和研究人为的环境，它的起源和结构、变化和改造，但绝不能断定这种人为环境只是自然界的一部分和继续，不能把构成历史的人的活动归结为单纯的生存斗争，因为这种生存条件并不产生作为人类发展过程的连贯的、直线上升的和具有继承性的运动。②

基于以上两点，拉布里奥拉认为必须把人为环境中形成的历史与自然界等量齐观，"用观察自然的眼光来观察历史"。可见，这一思想与普列汉诺夫所提出的，马克思和恩格斯的唯物主义世界观，"既包括自然界，也包括历史。无论是在自然界或是在历史方面，这种世界观'都是本质上辩证性的'"③ 的思想是相趋同、契合的。

（3）对黑格尔辩证法思想的基本采纳

学界普遍认为普列汉诺夫首次使用"辩证唯物主义"的概念是在《黑格尔逝世六十周年》中。这足以表明黑格尔对普列汉诺夫辩证唯物主义思想形成的重要影响。关于黑格尔辩证法的主要思想及其对历史唯物主义形成的作用前文已有论述，此处我们主要考察普列汉诺夫是如何看待黑格尔辩证法思想对马克思主义哲学形成的重要意义的。普列汉诺夫认为，"哲学是特定时代所认识到的存在的综合"④。辩证哲学是把哲学思想统一起来的一次最出色的尝试。普列汉诺夫强调"黑格尔在马克思的哲学进化中起了相当重要的作用"，以至于在理解马克思对待黑格尔的态度的前后转变上，

① 〔意〕拉布里奥拉：《关于历史唯物主义》，杨启潾等译，人民出版社，1984，第64页。
② 〔意〕拉布里奥拉：《关于历史唯物主义》，杨启潾等译，人民出版社，1984，第68页。
③ 《普列汉诺夫哲学著作选集》第2卷，三联书店，1961，第311页。
④ 〔俄〕普列汉诺夫：《普列汉诺夫机会主义文选（1903年–1908年）》下册，三联书店，1965，第405、406页。

决不能简单化。他在《马克思哲学的进化》一文中，依据马克思对待黑格尔的态度的转变，将马克思哲学的发展历程划分为三个阶段。第一阶段，19世纪30年代后半期，马克思以黑格尔的自我意识为指导的时期。第二阶段，40年代，即他同传统的黑格尔主义作坚决斗争的时期。这个时期他用"费尔巴哈的人道主义来补充哲学唯物主义"，其最重要的代表作是《神圣家族》。第三阶段，马克思恩格斯超越黑格尔，创立"辩证哲学"时期。据此，普列汉诺夫吸收了黑格尔的辩证法思想，认为辩证法不仅是马克思主义哲学与以前哲学相区别的重要标志，而且是其本质特征。所以，在普列汉诺夫看来，要真正理解、继承、发展黑格尔哲学，不应过分偏执于其理论思想中的诸多"保守结论"，而必须坚持辩证法，对此，他在《别林斯基与合理现实》一文中写道：

> 青年们，在凡是"世界精神"的地下工作哪怕以不大的规模完成的地方，在凡是"老田鼠"为新的社会运动准备了土壤的地方，都应该如饥似渴地埋头研究黑格尔哲学。而且在青年头脑中对于理论思想的要求越严格，在青年的内心里对于为了共同利益而牺牲个人的意愿越强烈，那么，他们就更应醉心于黑格尔主义，而且确实这样醉心过。后来开始的对于黑格尔所作的保守结论的反抗是完全有根据的。但是，不应当忘记，这一反抗在理论意义上之所以有根据，只是因为它本身是黑格尔的辩证法为依据的，也就是说，主要是以说明历史为合乎规律的过程和把自由看作必然性的结果为依据的。[①]

3. 辩证唯物主义与历史唯物主义的"会合"

在这里，有人可能会问既然普列汉诺夫首次提出了"辩证唯物主义"的概念，而且在诸多的场合使用了这一术语，那么它与作为普列汉诺夫一生研究的重心历史唯物主义思想究竟是什么关系呢？关于这一点，学术界有三种不尽相同的观点。

观点之一："凌驾说"。持此种观点的学者认为，普列汉诺夫把唯物史观放置于凌驾在辩证唯物主义之上的优先地位。他们指出，普列汉诺夫所

① 《普列汉诺夫哲学著作选集》第2卷，三联书店，1961，第460页。

理解的"历史仅仅是人类史,因此自然界被看作非历史的。他像费尔巴哈一样,脱离人类活动去理解自然界,把自然界当成了直观的对象,当成了客体",他"是马克思主义哲学由历史唯物主义走向辩证唯物主义的转折点。而且,这种转折与其说是对马克思主义的发展,不如说是一种倒退"。① 可见,这种观点把历史唯物主义看作马克思主义哲学发展的"高级形态",而辩证唯物主义则是"低级形态"。

观点之二:"整体部分说"。普列汉诺夫认为,历史唯物主义与辩证唯物主义的关系不是并列的两部分,而是部分与整体、个别与一般的关系,也就是说,历史唯物主义是辩证唯物主义这一完整的世界观的一部分,是应用辩证唯物主义去解释的领域之一。② 其根据是普列汉诺夫在《论经济因素》中指出,"因为辩证唯物主义涉及历史,所以恩格斯有时将它叫做历史的。这个形容语不是说明唯物主义的特征,而只表明应用它去解释的那些领域之一"③。

观点之三:"同一说"。该观点认为普列汉诺夫所说的"历史唯物主义",在更多的地方或者说基本上是指整个马克思主义哲学,与"辩证唯物主义"具有相同的含义,也就是说,"历史唯物主义"和"辩证唯物主义"是同一概念——马克思主义哲学——的不同表述。④

那么,普列汉诺夫对于辩证唯物主义与历史唯物主义的关系,究竟是如何论述的呢?在我们看来,这个问题非常重要,它不仅关涉到如何看待普列汉诺夫一元论历史观体系的问题,而且关涉到学术界长期争论的诸多热点问题,譬如,如何正确评价苏联哲学教科书的体系、马克思主义哲学形态到底是什么等。因此,为了弄清这一问题,我们有必要"回到"普列汉诺夫,走进其思想文本,"倾听"他的声音。但在说明辩证唯物主义与历史唯物主义的关系之前,我们有必要对两个问题进行澄清。

第一,马克思的世界观与历史观的关系。第二国际中不少理论家把历

① 刘珍英:《普列汉诺夫与马克思主义哲学的历史转折》,《华侨大学学报》(哲学社会科学版)2006年第2期。
② 何梓焜:《普列汉诺夫论马克思主义哲学体系》,《中山大学学报》(哲学社会科学版)1990年第3期。
③ 《普列汉诺夫哲学著作选集》第2卷,三联书店,1961,第311页。
④ 杨耕:《危机中的重建:唯物主义历史观的现代阐释》,武汉大学出版社,2011,第24页。

史唯物主义等同于马克思主义的整个世界观。例如,拉布里奥拉指出"历史唯物主义在一定意义上也就是马克思主义",且是总的哲学的世界观对经济学的批判和对一定历史形态中政治经济学规律的分析,以及对领导工人运动在争取社会主义的斗争中的政策的论证三个部分的统一。① 此外,伯恩施坦在《社会主义前提及任务》中,也认为"唯物主义历史观是马克思主义哲学中最重要的基石和要素,是贯穿整个体系的基本规律"。当前,在国内外学术界,对这个问题也存在较大的争议,在说明历史唯物主义的变革时,在到底注重的是历史唯物主义的历史思维,从而形成了"世界观"革命,还是将"唯物主义"作为解释原则而变革了历史,形成了"历史观"革命的问题上,形成了针锋相对的两种观点。一种观点认为,"唯物史观并不是狭义的所谓历史观,也不尽同时也是社会观,在某种意义上,它可以说是马克思主义的世界本身"②。"'历史唯物主义'是把'历史'作为解释原则或'理论硬核'的唯物主义,而不是把'历史'作为研究领域或解释对象的唯物主义。"③ 与此截然相反,段忠桥教授在其《重释历史唯物主义》一书中强调,历史唯物主义是"用唯物主义的原则来解释全部社会生活和历史,是把唯物主义推广、应用于社会"④。

那么,普列汉诺夫是怎样看待历史唯物主义究竟是"世界观"还是"历史观"这个问题的呢?首先,普列汉诺夫认为"历史唯物主义仅仅是马克思唯物主义世界观的一部分"。吕根纳在其《自然宗教和社会宗教(从唯物主义观点出发的宗教理论)》一书中,将马克思主义的世界观仅仅局限于经济基础与上层建筑的关系,指出:"马克思和恩格斯证明了唯心主义的错误,并且创立了历史唯物主义世界观根据这种世界观,我们现在把经济条件看作是法律观念和道德、宗教观念的基础。"⑤ 对此,普列汉诺夫回应道:人们的世界观,即人们对整个世界体系的看法,就限于他们对"经济条件"同法律制度和道德宗教观念的关系的看法吗?换句话说,难道历史唯物主

---

① 〔苏〕柳·阿·尼基奇切:《拉布里奥拉传》,杨启潾、孙魁等译,人民出版社,1987,第110 页。
② 〔日〕广松涉:《唯物史观的原像》,邓习仪译,南京大学出版社,2009,第43 页。
③ 孙正聿:《历史的唯物主义与马克思主义的新世界观》,《哲学研究》2007 年第3 期。
④ 段忠桥:《重释历史唯物主义》,江苏人民出版社,2009,第13 页。
⑤ 《普列汉诺夫哲学著作选集》第3 卷,三联书店,1962,第337 页。

义就是整个世界观吗？因为，它只是世界观的一部分，是唯物主义的世界观。在纪念马克思逝世二十五周年的文章中，从恩格斯的《反杜林论》中得到启示，普列汉诺夫明确提出，"历史唯物主义仅仅是马克思唯物主义世界观的一部分"。

进而，历史唯物主义是世界观与历史观的统一。普列汉诺夫在批评当时用康德、马赫、阿芬那留斯、奥斯特瓦尔德及狄慈根等人的学说来"补充""修正"马克思主义的哲学基础时，说明了这种思潮的根源，他指出，在那些自命为马克思和恩格斯的忠实信徒的人中间，并且不但在俄国，就是在整个文明世界里面，往往把"马克思主义"这个名词只看作由历史唯物主义及政治经济学两个方面所组成的唯物主义世界观，并且这两个方面往往被看作与"哲学唯物主义"完全不相关，而且差不多和它相反的东西。这样就完全"将它们同血缘的而且构成它们的理论基础的见解总体中随意肢解了下来"。这样的"肢解手术"，自然便产生了重新论证马克思主义的要求。此外，在批评维克多·阿德勒通过引用恩格斯在《反杜林论》序言中的一句话，"马克思和我，可以说是从德意志唯心主义哲学中挽救了自觉的辩证法并且把它转移到唯物主义的自然观和历史观里面去的唯一的两个人"，从而把社会主义视为经济学说，甚至万有学说的谬论时，普列汉诺夫指出，马克思和恩格斯"不但在历史方面，而且在自然科学方面，他们都是自觉的唯物主义者"[1] 的这些论述清晰地表明历史唯物主义是构筑在唯物主义世界观的基础之上的。

最后，我们在前面也论述过普列汉诺夫阐述及看待分析事物的历史主义原则，强调在研究事物时，"在其生动的环境中，在一切制约着或伴随着其生存的时间和地点的条件下研究对象"[2]。这些充分说明，在普列汉诺夫的研究视域下，世界观与历史观是紧密相连、相互依存的。换句话说，历史唯物主义以历史作为研究对象与以历史作为解释原则之间存在高度相关性。这样，他既没有像考茨基、梅林等第二国际理论家那样抽去历史唯物主义的哲学基础，用实证主义的范式来解析历史唯物主义，也没有忽略历史唯物主义的历史主义原则，对世界观与历史观作简单的拼接。

---

① 《普列汉诺夫哲学著作选集》第 3 卷，三联书店，1962，第 135 页。
② 《普列汉诺夫哲学著作选集》第 1 卷，三联书店，1959，第 638 页。

　　第二，辩证唯物主义与马克思主义哲学形态的关系。首先，普列汉诺夫认为马克思恩格斯的哲学，"不仅是唯物主义的哲学，而且是辩证的唯物主义"，所以又被叫作"辩证唯物主义"。在他看来，这个术语是"唯一能够正确说明马克思哲学特点的术语"①。可见，辩证唯物主义是用来表征马克思主义哲学本质特征②，凸显唯物主义与辩证法的统一性的，因而普列汉诺夫有时认为，凡是知道马克思主义学说的人，都知道它"是以辩证唯物主义为基础"③。其次，辩证唯物主义也表明了马克思主义哲学是合乎历史发展逻辑的产物，普列汉诺夫指出，霍尔巴赫和爱尔维修是唯物主义——形而上学者，他们同形而上学的唯心主义作过斗争，随后其唯物主义让位于辩证的唯心主义，后者反过来被辩证唯物主义所战胜。最后，普列汉诺夫对第二国际理论家安东尼·潘涅库克在其《社会主义和宗教》一书中，错误地将马克思主义划分为两种理论体系时，指出，"事实决非如此。存在的只是一个'体系'——辩证唯物主义体系，在这个体系中既有政治经济学，也有对历史过程的科学解释，还有许多别的东西"④。唯物主义的历史观就是"因为辩证唯物主义涉及历史，所以恩格斯有时将它叫做历史的。这个形容语不是说明唯物主义的特征，而只表明应用它去解释的那些领域之一"。依此类推，当辩证唯物主义体系涉及自然时，便有了"唯物主义的自然观"，涉及主观思维时，就有了"唯物主义的思维观"。当它应用于宗教、道德、文艺、美学等领域时，就会有唯物主义的宗教观、唯物主义的伦理观、唯物主义的文艺观、唯物主义的美学观。总之，我们可以认为，普列汉诺夫是从元哲学的问题上来看待辩证唯物主义的，且视其为马克思主义哲学形态。

　　基于以上两点，普列汉诺夫阐明了历史唯物主义与辩证唯物主义的关

①　〔俄〕普列汉诺夫：《论一元论历史观的发展问题》，王荫庭译，商务印书馆，2012，第243页。

②　需要指出的是，普列汉诺夫曾指出"唯物主义历史观确是马克思主义的最主要特征之一"，但这里强调的是"主要"的特征而非"本质的"，并且他也补充道"方法无疑是任何一个哲学体系的灵魂，所以对马克思和恩格斯的辩证方法的批判，自然应当放在对他们的历史理论的'修正'之前"，参见《普列汉诺夫哲学著作选集》第2卷，三联书店，1961，第420页。由此便可以看出，普列汉诺夫仍然将辩证唯物主义看成马克思主义的本质。

③　《普列汉诺夫哲学著作选集》第3卷，三联书店，1962，第222页。

④　《普列汉诺夫哲学著作选集》第3卷，三联书店，1962，第106页。

系。普列汉诺夫在《再论米海洛夫斯基先生，再论"三段式"》一文中曾说这样一句话"辩证唯物主义是唯物史观的最高发展"①。那么，这是不是说，唯物史观是在人类历史发展过程中一直就存在呢？那为什么普列汉诺夫又在另外一处地方，认为唯物史观"是我们这个如此富于科学发现的世纪中一个最伟大的发现"呢？

其实，这个问题就出在唯物史观的广义、狭义之分上。对于普列汉诺夫而言，所谓广义的历史唯物主义，就是指"对历史作唯物主义的解释"②或"运用唯物主义来解释历史"③，也就是说，它是从物质出发而不是从意识出发来解释和看待各种历史现象的理论，可以说，它是与唯心史观相伴始终的。因此，在不同的场合及论著中，普列汉诺夫曾指出，修昔底德、亚里士多德等古希腊作家的某些观点，孟德斯鸠的"地理唯物主义"，卢梭的人类不平等起源理论，霍尔巴赫的原子运动说，爱尔维修的论人的学说，基佐、梯叶里等阶级斗争学说，圣西门的社会发展规律说等都属于唯物史观，但同时他也强调它们只不过是唯物史观的"个别情况"。因为在方法论上的致命缺陷，即以朴素机械的唯物主义或形而上学的唯物主义来解释社会历史现象，所以，这些唯物史观最终都无法摆脱唯心史观的羁绊。而只有辩证唯物主义才"把唯心主义从它的最后的一些阵地里逐出去了"④，它是运用科学的辩证方法，即从现象的发展中，从现象的产生和消灭中来考察历史现象，是科学的唯物史观。因而，对于广义的历史唯物主义来说，它包含辩证唯物主义，它们之间是一般与特殊的关系，"凌驾说"就是基于此。

就狭义的视角来看，所谓历史唯物主义，就是指马克思恩格斯所创立的唯物史观。这种历史唯物主义"只不过是以'宇宙'为出发点的唯物辩证法在社会学方面的应用"⑤，是辩证唯物主义由于"涉及历史"并运用其来对历史的发展及各种现象作解释，也就是说，辩证唯物主义是论证历史唯物主义合法性的基本依据。前面提到的"整体部分说"就是依此而论的。

---

① 《普列汉诺夫哲学著作选集》第1卷，三联书店，1959，第811页。
② 〔俄〕普列汉诺夫：《俄国社会思想史》第1卷，商务印书馆，1988，第38页。
③ 《普列汉诺夫哲学著作选集》第3卷，三联书店，1962，第337页。
④ 《普列汉诺夫哲学著作选集》第1卷，三联书店，1959，第811页。
⑤ 《普列汉诺夫哲学著作选集》第3卷，三联书店，1962，第117页。

那么，这是不是说在历史唯物主义形成之前，辩证唯物主义就预先存在呢？答案显然是否定的。就哲学史的角度而言，他提出"辩证唯物主义"概念其实是为了彰显马克思主义哲学唯物主义与辩证法结合的本质特性在哲学史中的哥白尼式的革命意义。他在《约瑟夫·狄慈根》中指出，马克思和恩格斯彻底拒绝了唯心主义，而使唯物主义成为辩证唯物主义。但是，使唯物主义成为辩证唯物主义，这并不等于拒绝唯物主义，正像端正了辩证法绝不等于取消辩证法一样。但是恩格斯和马克思的辩证唯物主义与之前的唯物主义存在很多不同，这种不同乃是唯物主义的历史发展的一般的而且不可避免的结果。① 比如说，这种新的唯物主义不可能是 18 世纪法国唯物主义者的学说的简单重复，为唯心主义的全部成就所充实，而"这些成就中间最重要的就是辩证方法"②。不仅如此，马克思以前，一切说明人类历史发展的企图都是从"人的本性"这个观点出发的，而自从马克思主义的学说诞生后，情况则完全相反，"不是人的本性说明历史的运动，而是历史运动使人的本性具有这种或那种形态"③，在他看来，"辩证唯物主义"这一术语，是"唯一能够正确说明马克思哲学观点的术语"④。

此外，普列汉诺夫有时也将历史唯物主义等同于辩证唯物主义，作为马克思主义哲学的代名词。在分析费尔巴哈哲学的缺点时，普列汉诺夫指出，费尔巴哈没有达到历史唯物主义，也就不能具有对社会生活的辩证观点。辩证法只有在马克思和恩格斯那里，才获得了应有的地位，他们两人破天荒第一次把辩证法放在唯物主义的基础上。在《无政府主义和社会主义》一书中，普列汉诺夫认为辩证唯物主义是科学社会主义的基础。他指出，马克思和恩格斯在《神圣家庭，或对批判的批判所作的批判，驳布鲁诺·鲍威尔及其伙伴》中批评施蒂纳的"我＋我＋我＋等等的社会乌托邦"时，强调"这本书用现代社会主义的理论基础辩证唯物主义打击了并且粉碎了唯心主义的思辨"⑤，而且有时在阐述唯物主义历史观的基本原理时，

---

① 《普列汉诺夫哲学著作选集》第 3 卷，三联书店，1962，第 116 页。
② 〔俄〕普列汉诺夫：《论一元论历史观的发展问题》，王荫庭译，商务印书馆，2012，第 124 页。
③ 〔俄〕普列汉诺夫：《无政府主义和社会主义》，王荫庭译，三联书店，1980，第 23 页。
④ 〔俄〕普列汉诺夫：《论一元论历史观的发展问题》，王荫庭译，商务印书馆，2012，第 243 页。
⑤ 〔俄〕普列汉诺夫：《无政府主义和社会主义》，王荫庭译，三联书店，1980，第 35 页。

甚至用"辩证唯物主义"来置换历史唯物主义的术语，他指出："辩证唯物主义说，不是人的意识决定他们的存在，而是相反地，他们的存在决定他们的意识，不应当在哲学中而应当在某一社会的经济中找理解它当前状况的钥匙。"① 所以，在我们看来，就狭义的历史唯物主义而言，它在指认马克思主义哲学历史意义上，是与辩证唯物主义属于同一概念，即上述的"同一说"，对此，他还进一步提出历史唯物主义、辩证法、认识论三者同一的学说，在《约瑟夫·狄慈根》一文中，他认为，马克思关于唯物主义辩证法的话，即"观念的东西无疑是被移置于头脑并改造了的物质的东西"，"一方面包含着历史唯物主义的根本原理，同时，甚至首先也包括着十分肯定的'对认识的批判'"。②

总之，普列汉诺夫的这种观点较之于当时众多的第二国际理论家仅将历史唯物主义的革命意义认作把唯物主义运用到历史领域的观点，更加深刻、细化。这些理论家绝大多数不懂得历史唯物主义的真正意义，不知晓只有它才是唯一的无产阶级世界观与方法论。例如，梅林始终囿于传统的哲学思维之中，认为"马克思始终坚持费尔巴哈的哲学观点"，因此"他们在自然科学领域是机械唯物主义者，就象他们在社会科学领域是历史唯物主义者一样"。③ 作为《新时代》主编的考茨基在 1898 年 5 月 22 日致普列汉诺夫的信中，为了表达对伯恩施坦修正主义的支持态度，指出"我应当公开声明，新康德主义使我感到为难的地方比什么都少。在哲学上我任何时候都不是强有力的，虽然我完全站在辩证唯物主义观点上，我仍然认为马克思和恩格斯的经济观点和历史观点至少是同新康德主义相容的"。这些将马克思主义哲学仅仅看作一种历史观的观点，后来也受到西方马克思主义者的质疑。

---

① 《普列汉诺夫哲学著作选集》第 1 卷，三联书店，1959，第 812 页。
② 《普列汉诺夫哲学著作选集》第 3 卷，三联书店，1962，第 119 页。
③ 〔南斯拉夫〕弗兰尼茨基：《马克思主义史》第 1 卷，李嘉恩等译，人民出版社，1986，第 341 页。

第四章　一元论历史观的基石："存在决定意识"的"唯物主义精神"

　　普列汉诺夫在评价车尔尼雪夫斯基历史观点的不足之处时曾分析道：尽管车尔尼雪夫斯基具有与马克思恩格斯同样的阅历，即"是从黑格尔过渡到费尔巴哈的。但是马克思和恩格斯对费尔巴哈哲学进行了根本的改造，而车尔尼雪夫斯基则毕生是这种哲学的信徒"，并完全"接受了这种哲学在费尔巴哈本人那里所具有的形式"。① 关于造成这种情况的原因，普列汉诺夫认为，是马克思恩格斯的历史观点"忠实于费尔巴哈哲学的唯物主义精神。而车尔尼雪夫斯基的历史观点则与这种精神相矛盾"②，而这个"唯物主义精神"正是"不是意识决定存在，而是存在决定意识"。

　　在普列汉诺夫看来，社会存在决定社会意识这个"唯物主义精神"作为历史唯物主义的基石贯穿于它的各个方面。因此，他在剖析历史唯物主义中的各种范畴、原理、命题时，总是自觉地以其为分析的基本出发点和基本工具。例如，地理环境对人类社会的作用、社会结构五项力量式、个人在历史上的作用等无不是在"存在决定意识"的域界内展开和发挥的。他在《俄国社会思想史》一书的开篇就指出，"在这部研究俄国社会思想史的著作里，我是从历史唯物主义的一个基本原理，即不是意识决定存在，而是存在决定意识出发的"③。在"科学社会主义和宗教"演讲提纲中，论述唯物主义历史观与科学社会主义的关系时，普列汉诺夫说道："不是意识

---

① 《普列汉诺夫哲学著作选集》第4卷，三联书店，1974，第299页。
② 《普列汉诺夫哲学著作选集》第4卷，三联书店，1974，第328页。
③ 〔俄〕普列汉诺夫：《俄国社会思想史》第1卷，商务印书馆，1988，第7页。

决定存在，而是存在决定意识：思想方式（决定于）——生活方式。生活方式就是经济。"①

一 "社会存在"与"社会意识"内涵的界定

普列汉诺夫在探讨社会存在与社会意识的概念内涵、特征等问题时，都是从二者之间的相互关系入手的。他指出，马克思恩格斯在分析"社会存在""社会意识"的概念内涵时，正是基于这种相互关系。因此，他从这一视角出发，对于社会存在、社会意识的概念认识进行了深化，为后继者的探索开启了广阔空间。

1. "人类的实际生活条件"：社会存在的内涵

普列汉诺夫认为，马克思和恩格斯创立历史唯物主义初期的诸多著述，如《神圣家族》《英国工人阶级的状况》《哲学的贫困》《雇佣劳动与资本》《共产党宣言》等中虽然包含这个新的历史观特点，且对其叙述得非常清楚明白，但《〈政治经济学批判〉序言》对唯物史观的基本原理作了最为简短而又系统的叙述。在《〈政治经济学批判〉序言》中，马克思在论述"社会存在"时，写道："人们在自己生活的社会生产中发生一定的、必然的、不以他们的意志为转移的关系，即同他们的物质生产力的一定发展阶段相适合的生产关系。这些生产关系的总和构成社会的经济结构，即有法律的和政治的上层建筑竖立其上并有一定的社会意识形式与之相适应的现实基础。物质生活的生产方式制约着整个社会生活、政治生活和精神生活的过程。不是人们的意识决定人们的存在，相反，是人们的社会存在决定人们的意识。"② 在这里，马克思将社会结构的基本序列看作：生产力—生产关系—法律的和政治的上层建筑—社会意识形式，以及物质生活的生产方式—社会生活—政治生活—精神生活。照此来看，社会存在应包括"生产力、生产关系、法律的和政治的上层建筑"，又囊括"物质生活的生产方式、社会生活、政治生活"。

---

① 《普列汉诺夫哲学著作选集》第 2 卷，三联书店，1961，第 60 页。
② 《马克思恩格斯文集》第 2 卷，人民出版社，2009，第 591 页。

在普列汉诺夫的论著中曾多次出现"社会存在""社会环境""人为环境"等概念,然而,他没有给它们明确下过任何定义。那么,这几种概念在普列汉诺夫的视界里究竟是怎样联系的呢?为了弄清楚"社会存在"的本质内涵,我们可以根据他的一些相关论述,分出他的初衷及看法。

普列汉诺夫在回顾及评析18世纪法国唯物主义、复辟时代法国历史学家的历史观时,对社会环境的内涵进行了说明。他们的历史观以"人们的意见决定于他们周围的社会环境"为出发点,认为人们的心理、观念都是建立在一定的环境基础上的,而这个环境是诸多因素的复合体。它包括"国家制度""社会关系""土地关系""全部财产关系""社会结构、个人因其社会地位而采取的生活方式、不同阶级的个人之间的关系"等。因此,我们不难看出社会环境在普列汉诺夫看来,就是生产关系。

关于"人为环境",普列汉诺夫在关于评论拉布里奥拉的著作(《唯物史观概论》)《论唯物主义历史观》一文中作了充分说明。首先,普列汉诺夫将环境分为两类:一类是自然环境;另一类是人为环境。前者是一切社会存在的自然前提。最初,人和其他动物一样,完全是处于自然环境影响下,人们为了生存不得不去适应环境。后者,则是自然环境影响社会的中介。普列汉诺夫指出,"人为的环境是非常有力地改变着自然对社会的人的影响的。自然对社会的人的影响从直接变成了间接"[1]。因此,可以说"人为环境"是社会继续存在和发展的前提条件,历史活动的开始,是以人为环境的进一步发展为前提的。其次,在人为环境的构成上,它包括以下几方面。①语言,它是"社会生活的条件与工具"。②历史社会结构,即"国家和民族"。③生产工具,如"狩猎技术""防卫与攻击之用的器具""贮藏食物之用的器皿""提炼金属的能力"等。④生活资料,以及自然环境中受到人类改造的部分。最后,人为环境是不断发展变化的。人为环境一开始是十分简陋的。随着人类对自然力的征服,它也就越来越丰富,以至于它"可以作为衡量一切部落的蒙昧或野蛮程度的尺度"。

综上,我们可以说,人为环境的外延是远大于社会环境的。那么,社会存在的内涵又是怎样的呢?透过普列汉诺夫大量的论述,可以发现他始终是对照马克思恩格斯关于社会存在与社会意识相互关系的有关论述,基

---

[1] 《普列汉诺夫哲学著作选集》第2卷,三联书店,1961,第273页。

于存在与意识的因果关系的视域，来观测社会存在的本质内涵的。

（1）作为生产方式的社会存在

在很多场合普列汉诺夫经常用"经济""经济发展"来指认社会存在的内涵。在《再论米海洛夫斯基先生，再论"三段式"》中，他写道："不是人的意识决定他们的存在，而是相反地，他们的存在决定他们的意识，不应当在哲学中而应当在某一社会的经济中找理解它当前状况的钥匙。"在《在十九世纪法国的空想社会主义》中，当说明空想社会主义只是历史发展到一定阶段的产物时，普列汉诺夫指出，空想主义只不过是社会主义思想发展的一个阶段而已。这个阶段只有在文明世界的先进社会达到了经济发展的一定高度时才宣告结束。"不是意识决定存在，而是社会存在决定意识。"在"科学社会主义和宗教"讲演提纲中，他又论述道：从唯物主义历史观的原理中我们应该记取什么呢？不是意识决定存在，而是存在决定意识：思想方式（决定于）——生活方式，"生活方式就是经济"，"整个思想体系，归根到底都是经济发展的结果"。① 随后他又指出，"人们的宗教意识决定于人们的存在——他们的经济存在，他们的经济关系的发展"。这里，有人可能会问普列汉诺夫是否将社会存在等同为经济了呢？那么，即便有人说普列汉诺夫是经济决定论者②也不为过呀。

事实上，在普列汉诺夫看来，经济不仅仅是《〈政治经济学批判〉序言》中所提到的"生产关系的总和"，还应包含生产力。理由有两个。其一，他非常珍视恩格斯晚年论著中的有关思想。恩格斯在《共产党宣言》1888年英文版序言中写道："每一历史时代主要的经济生产方式和交换方式以及必然由此产生的社会结构，是该时代政治的和精神的历史所赖以确立的基础，并且只有从这一基础出发，这一历史才能得到说明。"③ 请注意，

---

① 《普列汉诺夫哲学著作选集》第3卷，三联书店，1962，第60页。

② 在普列汉诺夫头上扣上"经济决定论"的帽子的观点，在学术界并不鲜见。譬如，杨耕指出，"普列汉诺夫把'经济必然性'理论作为历史唯物主义的理论基础"，参见杨耕《关于历史唯物主义基础的历史沉思》，《中国人民大学学报》1988年第6期；王雅林认为，"普列汉诺夫把马克思哲学总结为经济一元论公式，认为人类历史发展是同自然类似的机械发展过程，人类社会的所有环节都可以还原为经济动因，只要掌握了经济规律就掌握了社会发展规律"，参见王雅林《马克思历史唯物主义社会理论的当代审视——对〈政治经济学批判序言〉经典话语的一种诠释》，《哈尔滨工业大学学报》（社会科学版）2014年第4期。

③ 《马克思恩格斯文集》第2卷，人民出版社，第14页。

这里恩格斯所说的"经济基础"显然不仅包括全部生产关系的总和，而且包括人与自然的关系，即生产力。对此，普列汉诺夫在为《共产党宣言》所写的俄文版序言《阶级斗争学说的最初阶段》中反复引证了这一重要论断。其二，普列汉诺夫经常将"经济"与"生产力"等同看待，例如，他在《论一元论历史观的发展问题》中写道："实际上各社会之间的关系的基础正是经济，经济既决定各氏族之间和各大民族之间的关系的实在的（而不是仅仅外部的）根据，也决定这些关系的结果。生产力发展中的每一个阶段都需要自己的武装系统、自己的战术、自己的外交、自己的国际法"，"经济弦线，即事实上是生产力的发展来说明'社会生活的全部总和'"。[①]随后这一思路在《马克思主义的基本问题》中得到了集中呈现，当阐释"五项力量公式"时，他写道，"如果我们想简短地说明一下马克思和恩格斯对于现在很有名的'基础'对同样有名的'上层建筑'的关系的见解，那么我们就可以得到下面一些东西"[②]。显然，普列汉诺夫这里所说的经济基础明显是包含"生产力的状况"及"经济关系"两个层次的，这完全与恩格斯关于经济基础概念的理解相一致。

（2）作为社会关系的社会存在

在说明社会存在决定思想道德、社会心理产生和发展的理论时，普列汉诺夫有时也将各种社会关系看作社会存在的范畴，他指出，"在一定生产力的状况所决定的社会关系产生了通常的道德"。依照普列汉诺夫的理解，社会关系的域界甚广，主要包括政治法律、民族、阶级、军事、国际、宗教、伦理、家庭等关系。

从政治法律关系来看，恩格斯晚年在给德国大学生博尔吉乌斯的信中写道：我们如果考察意识形态的"时期越长"，那么，它们就"接近经济发展的轴线"[③]。对此，普列汉诺夫发挥道："思想运动的曲线是跟经济发展以及由经济所决定的社会政治的发展的曲线平行的。"[④] 在《论唯物主义的历史观》中，他又指出，"任何民族的法律、国家体制与道德都直接为其特有

---

① 〔俄〕普列汉诺夫：《论一元论历史观的发展问题》，王荫庭译，商务印书馆，2012，第231页。
② 《普列汉诺夫哲学著作选集》第3卷，三联书店，1962，第200页。
③ 《马克思恩格斯文集》第10卷，人民出版社，2009，第669页。
④ 《普列汉诺夫哲学著作选集》第3卷，三联书店，1962，第200页。

的经济关系所决定。这些经济关系同时也决定着——不过是间接地——思维与想象的一切创造活动：艺术，科学，等等"①。从民族关系来看，落后民族与先进民族之间的相互影响，可以影响某一个民族的思想体系的发展。从国际关系来看，一个国家的著作对另一个国家的著作的影响是同这两个国家社会关系成正比的。从阶级关系来看，在批评李希尔特在《哲学中的怀疑论》中忽略阶级关系对于思想体系进程的影响作用时，普列汉诺夫坚决表示，"谁相信不是意识决定存在，而是存在决定意识，他就会承认：某个阶级在它占统治地位的时代所形成的概念和感情，至多只有暂时真理和暂时价值的意义"。从家庭伦理关系来看，普列汉诺夫描述了罗马父权制家庭对宗教意识的影响，指出，当这种家庭出现后，家神和家祭也就出现了，在家祭中家长起着司祭的作用。"在这里，社会存在也决定宗教意识。"从宗教关系来看，在图腾崇拜时代，原始人根本不可能倾向于我们现在所谓的自由信仰：一个人的同族犯了过错，他自己也要受到神的惩罚，因此，他必须极其小心谨慎，以便密切注意他的同族人对待神的态度。总之，依普列汉诺夫之见，宗教关系、家庭关系、政治法律关系、伦理关系都是社会关系的重要组成部分，而这些社会关系也是社会存在的范畴。另外，普列汉诺夫有时还直接将社会关系的总和看作意识形式的基础。例如，他在《维·格·别林斯基》一文中写道："正是社会关系的总和……引起人的意图和活动。"②

（3）作为社会活动的社会存在

社会活动也是社会存在。在这个方面，普列汉诺夫主要是就阶级斗争来谈的。普列汉诺夫非常重视《共产党宣言》中所说的"自从原始公社土地占有制解体时起，全部历史都是阶级斗争的历史"，认为"阶级斗争在观念形态的历史中起了主要的作用"，在阶级社会中，阶级斗争必然"反映在国家结构、法律、宗教、诗歌和整个艺术创作中的不断的斗争中"③。同时，他不仅注重以相互作用的原理来阐释阶级斗争与情感心理、思想体系之间的关系，而且强调阶级斗争归根到底的决定作用。"观念的运动只是反映着

---

① 《普列汉诺夫哲学著作选集》第 2 卷，三联书店，1961，第 272 页。
② 《普列汉诺夫哲学著作选集》第 4 卷，三联书店，1974，第 565 页。
③ 《普列汉诺夫哲学著作选集》第 2 卷，三联书店，1961，第 544 页。

社会运动，观念运动所开辟的不同的途径，所不断采取的种种方式，正是适应着社会运动中力量的不同结合情况。"也就是说，"思维的方式永远依存在的方式而定"①。由此可见，普列汉诺夫在认识社会存在的本质内涵时，坚持了联系发展的辩证观点。正如他在纪念黑格尔逝世 60 周年中所说的那样，"存在的正是旧东西的消灭和新东西的产生"②。

需要专门指出的是，从以上普列汉诺夫对社会存在内涵的解析来看，地理环境并未被纳入决定社会意识的社会存在的范围之中。然而，有学者认为，普列汉诺夫将地理环境作为社会存在的范畴使用，启发了斯大林，因为斯大林在他那本著名的小册子《辩证唯物主义和历史唯物主义》中给"社会存在"下过一个定义，即它是"社会物质生活条件的总和，由地理环境、人口和生产方式三项"构成。那么，在普列汉诺夫的视界里，地理环境究竟是否属于社会存在的范畴呢？答案是否定的。概括起来，主要体现在以下两个方面。

其一，坚持了马克思的观点，把地理环境等同为自然环境。普列汉诺夫对《资本论》第 1 卷的内容可谓烂熟于心，他读的第一本马克思的著作就是该书。而在这本书里，马克思写道："不是土壤的绝对肥力，而是它的差异性和它的自然产品的多样性，形成社会分工的自然基础，并且通过人所处的自然环境的变化，促使他们自己的需要、能力、劳动资料和劳动方式趋于多样化。"同时，"社会地控制自然力，从而节约地利用自然力，用人力兴建大规模的工程占有或驯服自然力——这种必要性在产业史上起着最有决定性的作用"③。也就是说，地理环境只是社会存在和发展的自然基础、前提。换言之，地理环境不仅是生产的自然前提，而且是人们从事生产劳动的条件，因为"人是从周围的自然环境中取得材料，来制造用来与自然斗争的人工器官。周围环境的性质，决定着人的生产活动、生产资料的性质"④。所以，在普列汉诺夫看来，当地理环境的某一部分成为生产劳动的要素时，它就不再是原来意义上的那个地理环境了，而只是劳动工具或对象。故而，地理环境不属于社会存在，而是社会存在的条件。

① 《普列汉诺夫哲学著作选集》第 2 卷，三联书店，1961，第 74 页。
② 《普列汉诺夫哲学著作选集》第 1 卷，三联书店，1959，第 491 页。
③ 《资本论》第 1 卷，人民出版社，2004，第 587~588 页。
④ 《普列汉诺夫哲学著作选集》第 2 卷，三联书店，1961，第 168 页。

其二，地理环境只是自然现象，与人类的历史不沾边。在批评新康德主义者让所坚持的"思维永远是与存在分离"的二元论时，普列汉诺夫指出，太阳的升落同人类的社会关系没有任何因果的联系。所以我们可以把它当作一种自然现象，而跟人们的自觉的志向对立起来，因此人们的志向也是跟它没有任何因果联系的。"但社会现象和历史就不是这样"①，这段话充分说明，普列汉诺夫只是把地理环境当作自然现象来看待，它仅为人类历史的宏伟史诗提供了场地及舞台，而绝非这部史诗本身。

综上所述，在对社会存在的认识上，普列汉诺夫没有简单、静态地将其看作"社会物质生活条件"②，而是将人们的活动过程纳入社会存在的范畴中，并将社会存在指认为"人类的实际生活条件"③，这样做有助于对社会存在进行动态化、过程化的理解。我们认为普列汉诺夫对"社会存在"概念的界定与马克思恩格斯关于社会存在内涵的指认是比较接近的，因为马恩在《德意志意识形态》中写道："意识在任何时候都只能是被意识到了的存在，而人们的存在就是他们的现实生活过程。"④

2. 社会心理与思想体系：社会意识的基本内容

在马克思主义哲学史上，普列汉诺夫第一次明确提出了"两种基本形式"理论。这一思想最先在《唯物主义史论丛》中提出，而后在《论一元论历史观的发展问题》中作了进一步阐释，并最终在《马克思主义基本问题》中得到完善。然而，有学者发出质疑，认为普列汉诺夫把"社会意识分为心理与思想体系不贴切，因为社会意识形式多种多样"⑤。可见，这种看法忽略了普列汉诺夫这一思想的重要意义及贡献。当然，普列汉诺夫的社会意识两种形式学说的确不能穷尽社会意识的所有形式，比如社会思潮，但是，他的这一学说在当时的历史环境下是具有重要意义的。19世纪末，

---

① 《普列汉诺夫哲学著作选集》第3卷，三联书店，1962，第210页。
② 事实上，在我国国内学术界，将社会存在标指为"社会物质生活条件"的观点仍相当流行。例如，"社会存在也称社会物质生活条件，是社会生活的物质方面，主要是指物质资料的生产及其生产方式，也包括地理环境和人口因素"，参见《马克思主义基本原理概论》，高等教育出版社，2007，第83页；还有观点认为"社会物质生活条件即社会存在，包括地理环境、人口因素和物质资料的生产方式"，参见赵稼祥主编《马克思主义哲学原理》，经济科学出版社，1999，第144页。
③ 《普列汉诺夫哲学著作选集》第2卷，三联书店，1961，第162页。
④ 《马克思恩格斯全集》第3卷，人民出版社，1960，第29页。
⑤ 胡为雄：《普列汉诺夫对上层建筑的解释及其评价》，《湖北经济学院学报》2010年第6期。

历史唯物主义受到了多方面的责难，而社会意识领域恰好成为众矢之的。一方面，来自唯心主义阵营的人士，如折中主义因素论者，大肆谴责历史唯物主义只注重经济因素的决定作用，而否认道德、政治等因素的作用，觊觎以"心理独立发展"及"各种因素交互作用"的折中主义观点来修正历史唯物主义存在决定意识的基本原理。另一方面，一些自称为马克思主义忠诚"粉丝"的庸俗唯物主义者，则在诉诸唯物主义解释人类思想史时，竟将思想体系与经济关系、生产技术、阶级斗争等直接等同起来。这种"苏兹达尔式"的简单化做法，同样严重剥离了历史唯物主义的内核，将其作了公式化、教条化的理解。正是在这种严峻的形势下，普列汉诺夫认为决不能简单地停留在研究"特定国家的生产力状况和经济关系状况"上，而应"指明枯燥的经济骨骼怎样为生动的社会政治形式的肉体所包裹"，然后指明"最有意义、最为诱人的方面"即"人类的观念、情感、意图和理想"①。

（1）关于社会心理

在社会意识的组成部分中，普列汉诺夫非常注重与思想体系紧密相连的社会心理。在历史唯物主义的视域内，他充分估摸到社会心理是连接生产状况、经济政治制度同思想体系之间的不可或缺的环节，第一次系统地且富于创造性地分析了社会心理的研究对象、概念内涵、特征等问题。

①普列汉诺夫社会心理学说的理论资源

社会心理作为一种精神现象，曾是无数理论家、哲学家争相议论的话题。他们虽然没有明确提出"社会心理"的概念，但在社会心理的来源、功能以及与宗教、艺术、政治法律、道德的相互作用等方面，都提出过独到的见解，其中，以18世纪的法国唯物主义者，19世纪的法国文艺理论家泰纳、德国哲学家黑格尔、马克思恩格斯最有代表性，而他们的思想观点也成为普列汉诺夫正式提出"社会心理"范畴的主要理论资源。

资源之一：法国启蒙派思想家："风俗"。

在对法国启蒙思想家历史观的挖掘中，普列汉诺夫注意到他们经常以民族的风俗为例来指认社会心理。法国启蒙派思想家认为任何特定民族的

① 〔俄〕普列汉诺夫：《论一元论历史观的发展问题》，王荫庭译，商务印书馆，2012，第224页。

国家制度、宪法都是受这个民族的风俗所制约的。霍尔巴赫在《自然政治》中从风俗和国家制度相互作用的角度提出，"为了改良风俗，应当完善国家制度，而为了改善国家制度，应当改善风俗"①。在这里，他看到了社会心理对于政治法律设施的影响。另外，爱尔维修在《论人》一书中指出，印度人有古日耳曼人的风俗，在大部分居住着马来人的亚洲，实行着我们古代的封建法律。总之，"在各个原始民族的风俗习惯、精神和信仰中，有一种值得注意的类似情形"②。另外，爱尔维修还从教育方面的影响说明了民族精神，他指出："在每一个国家里，都有一定数目的对象，这些对象都是教育以相同的方式所提供的。对于这些对象的同等的印象，在公民中产生了思想上和感情上的一致，这种一致名叫民族精神或民族性。"③ 同时，他指出这种民族精神也是不断发展变化的，例如，在农耕和狩猎的民族中，一个民族的性格是有变化的。法国人的性格是爽朗的。但是并不是永远这样。此外，一个民族的性格，并不只是随历史事件而变化；它在一定的时期中，在不同的行业中也不一样。战士的趣味和习惯并不是僧侣的，"有闲者"的趣味和习惯也不是农夫和工匠的。但需要指出的是，爱尔维修，把民族精神的变化归结为教育，"这一切都因教育而定"。而教育在它看来，不过是"社会影响的总和"，这样就陷入了"人们的意见决定于环境；环境决定于意见"的"二律背反"中。

资源之二：黑格尔："民族精神"。

如果说 18 世纪唯物主义者只是将社会心理看作社会历史发展的副本，那么，黑格尔就是第一个从社会历史发展动力的角度来阐释社会心理的人。对此，普列汉诺夫在一些论著，如《黑格尔逝世六十周年》等文中，给予了必要的关注。

黑格尔第一次将"整个自然的、历史的、精神的世界描写为一个过程，即把它描写为处在不断运动、变化、转变和发展中，并企图揭示这种运动和发展的内在联系全部历史"，为了溯及历史发展动力，他提出了"民族精神"，认为历史只是"普遍精神的表述和实现"，而在普遍精神的运动过程

---

① 〔俄〕普列汉诺夫：《论一元论历史观的发展问题》，王荫庭译，商务印书馆，2012，第 14 页。

② 《普列汉诺夫哲学著作选集》第 2 卷，三联书店，1961，第 109 页。

③ 《普列汉诺夫哲学著作选集》第 2 卷，三联书店，1961，第 111 ~ 112 页。

中，它经过的每一个阶段都是相异的，这是由于民族精神的作用而产生的。民族意识和民族意志的一切方面，民族精神的整个现实，就在民族精神的特性中具体地表现出来。这种民族精神在社会的各种意识形式及政治制度方面都产生了巨大的影响。因而"所有这些特殊的特性都要从民族精神的共同特性去说明，就象反过来这些共同特性可以从历史家所研究的民族生活事实细节中引导出来一样"①。可以看出，黑格尔在这里出色而深刻地论述了民族精神对宗教、艺术、政治制度、科学的影响，比起法国启蒙派思想家来确实向前迈进了一大步。然而，黑格尔对社会心理的论述却被唯心主义的网紧紧缠绕着，无疑带有极大的局限性。

资源之三：泰纳："艺术作品为一般的精神状况和流行的习俗所决定"。

对于泰纳的艺术哲学思想，普列汉诺夫进行过细致的探讨。19世纪法国文艺批评家泰纳在《艺术哲学》中，从艺术与哲学的关系入手，阐发了其社会心理学说。首先，他指出："为了理解一件艺术品、一个艺术家、一群艺术家，应当确切地设想他们时代的精神和风俗的概况。那里有最后的解释；那里有决定其余一切东西的最初原因。这个真实为经验所证实。"例如，希腊悲剧——埃斯库罗斯、索福克勒斯、欧里庇得斯的悲剧就是同在不大的各共和城邦的英雄时代，在伟大的紧张斗争的时刻所产生的。然而，虽然他看到了艺术史是与社会环境的历史密切结合的，但他不断地将社会环境看成人的精神的一个产物，将精神状况与流行的习俗与社会环境等同，所以，他也陷入了18世纪法国启蒙派思想家的二律背反矛盾之中，即"人的观念的起源是由于人的境况；人的境况的起源归根到底又是由于人的思想"②。对此，普列汉诺夫在批评了泰纳这种唯心史观的基础上，吸收了他关于社会心理的有关思想。

资源之四：马克思恩格斯："历史问题在某种意义下也是一个心理问题"③。

马克思恩格斯虽然在他们的著作中没有直接提出"社会心理"范畴，但他们论述经济基础与上层建筑关系的思想蕴含深刻的社会心理学说。他

---

① 《普列汉诺夫哲学著作选集》第1卷，三联书店，1959，第476页。
② 《普列汉诺夫哲学著作选集》第2卷，三联书店，1961，第181页。
③ 《普列汉诺夫哲学著作选集》第2卷，三联书店，1961，第185～186页。

们时常以"情感""幻想""观点""概念""阶级情绪"来指认社会心理。马克思在《〈黑格尔法哲学批判〉导言》中说明各阶级的心理辩证法时,写道:"在市民社会,任何一个阶级要能够扮演这个角色,就必须在自身和群众中激起瞬间的狂热,在这瞬间,这个阶级与整个社会亲如兄弟,汇合起来,与整个社会混为一体并且被看做和被认为是社会的总代表;在这瞬间,这个阶级的要求和权利真正成了社会本身的权利和要求,它真正是社会的头脑和社会的心脏。"① 因此"要使一个等级真正成为解放者等级,另一个等级就必定相反地成为公开的奴役者等级"②。接着他们在《路易·波拿巴的雾月十八日》中又指出,"在不同的所有制形式上,在生存的社会条件上,耸立着由各种不同情感、幻想、思想方式和世界观构成的整个上层建筑"③。恩格斯在《费尔巴哈与德国古典哲学的终结》及历史唯物主义的书信中,把意识形态划分为比较低级的形式和比较高级的形式,无疑也为普列汉诺夫社会意识二分学说(社会意识由社会心理及思想体系构成)的提出提供了先导。

②社会心理学说的主要内容

弗兰尼茨基在评价普列汉诺夫所提出的著名"五项力量公式"时,说过这样一段话:"普列汉诺夫所想提出的,实际上只是一个最概括地指出我们在分析错综复杂的社会现实时必须注意到的某些中介关系的'公式'。在这个公式中特别忽略了'个别的因素'(个体、个人),而他们在自己的行动和活动中不仅表现出社会心理或一定阶层的心理,而且也表现出自己本身的心理——个人的心理,而个人心理给意识形态方面的创作打下了特殊的烙印。"④ 其实,普列汉诺夫是非常看重与思想体系相对应的社会心理的。在普列汉诺夫看来,社会心理是历史唯物主义的一个重要范畴,他在不同的著述中回答了社会心理的研究对象、本质内涵、特征等问题。

关于社会心理的研究对象。它既有别于偏重于从社会环境角度,来考察各种社会因素,如社会运行状况、重大历史或突发事件对各类社会组织或群体的影响的心理社会学,也非在超阶级、超民族、超时代、超历史的

---

① 《马克思恩格斯文集》第 1 卷,人民出版社,2009,第 14 页。
② 《马克思恩格斯文集》第 1 卷,人民出版社,2009,第 15 页。
③ 《马克思恩格斯文集》第 8 卷,人民出版社,1961,第 149 页。
④ 〔南斯拉夫〕弗兰茨基:《马克思主义史》第 1 卷,人民出版社,1986,第 457 页。

意义上只注重研究各种外界机制，尤其是社会因素及他人对个人情感、思想等心理上的影响的普通心理学。在普列汉诺夫看来，社会心理学是在社会学、历史哲学的视域内研究特定历史条件下的社会心理，诸如民族、阶级、阶层的心理。

关于社会心理的定义。纵观普列汉诺夫的论著，我们发现，普列汉诺夫未直接给社会心理下过任何完整的定义，但在不同的场合对它有不同的描述。

在《论一元论历史观的发展问题》中，社会心理是"每一特定时代的'精神状况'"，即"观念、情感、信仰"①。"特定社会或特定社会阶级的基本审美倾向。"②

在《唯物主义史论丛》中，社会心理是"一般的精神状况和流行的习俗"③，以及适应一定社会形式的"能力、趣味和倾向"④。

在《论唯物主义的历史观》中，社会心理是"一定时间、一定国家的一定的社会阶级的主要情感和思想状况"⑤。

在《马克思主义的基本问题》中，社会心理是"每一时代所特有的'人生观和世界观'"⑥。

在《从唯心主义到唯物主义》中，社会心理是"'社会人'具有的一定的心理"⑦。

在《尼·加·车尔尼雪夫斯基》中，他写道："资本主义制度终究影响到他们的思想方式，影响到他们的感情和习惯。他们并不使自己的概念形成一个体系。但他们的不成体系的、零零散散的概念，却彻底浸透着资本主义的精神。一切东西都浸透着资本主义的精神。"⑧

综合这些重要的论述，我们不难发现，在普列汉诺夫的视界里，"社会

① 〔俄〕普列汉诺夫：《论一元论历史观的发展问题》，王荫庭译，商务印书馆，2012，第205页。
② 〔俄〕普列汉诺夫：《论一元论历史观的发展问题》，王荫庭译，商务印书馆，2012，第208页。
③ 《普列汉诺夫哲学著作选集》第2卷，三联书店，1961，第179页。
④ 《普列汉诺夫哲学著作选集》第2卷，三联书店，1961，第186页。
⑤ 《普列汉诺夫哲学著作选集》第2卷，三联书店，1961，第272~273页。
⑥ 《普列汉诺夫哲学著作选集》第2卷，三联书店，1961，第189页。
⑦ 《普列汉诺夫哲学著作选集》第3卷，三联书店，1962，第734页。
⑧ 《普列汉诺夫哲学著作选集》第4卷，三联书店，1974，第42页。

心理"实际上就是指一定时期内，特定阶级中间自发产生、普遍流行的一般精神状况，它包括观念、情感、信仰、能力、趣味和倾向、审美情趣等。换言之，它就是历史唯物主义中的"日常意识"，是处于低级层次的社会意识。

关于社会心理的主要特征。在普列汉诺夫看来，社会心理具有多种特征，主要表现在三个方面。其一，阶级性。不同的阶级因为在社会关系中的地位不同，因而他们具有不同的社会心理。譬如，他指出，"当我们说某一个作品中洋溢着例如文艺复兴时代的精神时，意思是说，它完全符合当时使社会生活带独特风格的各阶级的流行情趣"①。换言之，社会心理是依生产关系的改变而作相应调整的，某一社会生产关系的革命必然映射到社会心理上。

其二，自发性。普列汉诺夫一再强调，社会心理的产生是"一种不自觉的过程，这种不自觉的过程，我们必须予以唯物主义的说明"。这犹如动植物不自觉地使自己的器官适应它们的生存条件。无论什么样的生存条件都不会在动植物的体貌外形上引起即时性的变化。生活条件的重大改变只会使动物的生理和组织上产生新的需要。如果这种需要始终不变或者存在很长时期，那么新习惯就会出现。正如拉马克在《动物学哲学》中说的那样，"一旦新的生活条件引起动物身上出现新的习惯，即刺激动物进行新的活动，成为习惯，结果就会是一些器官得到更好的锻炼，而对于另一些器官则完全没有锻炼，成为没有用处的东西，加强锻炼或者没有锻炼不会不影响器官的结构，因而影响到整个机体"②。同样，经济的需要以及从中产生的其他需要对民族心理的影响，也应当作这样的理解。也就是说，心理对经济的适应的过程是渐进式、漫长的过程。在《论一元论历史观的发展问题》一书中，普列汉诺夫为了说明社会心理的历史继承性，打过一个恰如其分的比喻：

心理的领土划分为省，省分为县，县分为乡和村社，村社是各个

---

① 《普列汉诺夫哲学著作选集》第 2 卷，三联书店，1961，第 273 页。
② 〔俄〕普列汉诺夫：《论一元论历史观的发展问题》，王荫庭译，商务印书馆，2012，第 188 页。

个人（即各个个别问题）的联合。当"矛盾"产生时，当斗争爆发时，斗争的热情通常只发展到个别的省，如果不是个别的县的话，只有反射的作用才发展到邻近的区域。首先遭到攻击的是前一时代领导权所属的那个省份。只是慢慢地"战争的灾难"才扩大到最近的毗邻地区，扩大到被攻击省份最忠实的同盟者身上。①

由此可以看到，社会心理发生变化是一个极其复杂的、渐进的、自发的过程。它不仅受前一历史时期社会心理一般特点的影响，而且更重要的是，它拥有自发的独有的特征。

其三，可变性。普列汉诺夫在不同的论著中，有时将社会心理看作"特定时代的精神状况"。也就是说，社会心理是一定时代的产物，不同时代具有不同的情感和思想状况。例如，罗马人在共和时代是有力的、道德的、爱自由、恨压迫，但是到了帝制时代，却又变得孱弱、怯懦、庸俗；同样是巴黎人，在尤利安皇帝时代是严谨的、认真的，而当今的巴黎人却是爽朗的、浪漫的。作为时代的产物，社会心理的变化归根到底是由生产力和生产关系的变化决定的，后者的变化必然反映到人们的心理中，并且有力地改变着它，直到适应新的生产力和生产关系的社会心理出现。

（2）关于意识形态

意识形态②是历史唯物主义的重要范畴，它既是捍卫、发展历史唯物主义的重要阵地，也是检验、弘扬历史唯物主义科学与真理性的"试验场"。这个领域潜力之大，范围之广，以至于恩格斯反复告诫人们，只要"谁肯认真地工作，谁就能做出许多成绩，就能超群出众"③。在其看来，这是一项"最有趣和诱人"的事业。

①意识形态的本质："中性化的描述"

出于捍卫、发展历史唯物主义的需要，晚年恩格斯基本上沿袭了马克思意识形态批判理路，认为意识形态本质上仍是颠倒社会现实的"虚假的

---

① 〔俄〕普列汉诺夫：《论一元论历史观的发展问题》，王荫庭译，商务印书馆，2012，第202～203页。

② 西语 ideology 在汉语中既可译为"意识形态"，亦可译为"思想体系""观念学"。因此，在本文中，意识形态也就是思想体系。

③ 《马克思恩格斯文集》第10卷，人民出版社，2009，第587页。

意识"。然而，在新的历史条件下，普列汉诺夫却以他高度的理论自觉，对意识形态本质作出了中性化的判断。

关于意识形态的本质，恩格斯在致弗·梅林的信（1893 年 7 月 14 日）中给予了深刻的注解："意识形态是由所谓的思想家通过意识、但是通过虚假的意识完成的过程。推动他的真正动力始终是他所不知道的，否则这就不是意识形态的过程了。因此，他想象出虚假的或表面的动力。"① 在这段重要的论述中，"虚假的意识"既不是指意识形态内容的错误、不真实，也不是指意识形态思想家为蒙蔽人民而编织出来的一套谎言。在这里，恩格斯出于批判历史唯心主义的目的，故而对意识形态作了"否定性"的指认，即意识形态家架空了各种意识形式产生的动力，不是从"直接的物质的生活资料的生产"出发来创造意识形式，而是停留在纯粹的思维及想象中，远离了社会物质生活条件。

随后，在意识形态本质的理解上，大多数第二国际理论家基本上没有摒弃意识形态否定性的特征。例如，拉法格指出"资产阶级的意识形态也像以前的耶稣和贞女玛利亚一样，曾经服务于和现在还在服务于欺骗人民的勾当"②。梅林说，"哲学是阶级斗争的思想意识伴随现象""在阶级斗争被消除掉了的时候，也就不会再有……哲学了"③。拉布里奥拉也指出意识形态是"一种批判的工具"④。

令人费解的是，在马克思主义意识形态理论系谱上存在一种误区，即认为列宁是第一个从中性化、肯定性的角度来指认意识形态本质的。这种做法显然人为地穿越了文本的历史，略失偏颇。其实，在作为"列宁哲学导师"的普列汉诺夫那里，意识形态就已经涂染上了"中性化"的色彩。

普列汉诺夫在中性化的视域下说明了意识形态的内涵。第一，从相关文本来看，普列汉诺夫在诸多场合从不同的角度，不仅将意识形态看作社会的思想理论体系（既包括哲学、政治学、经济学等社会科学思想体系，又囊括数学、物理学等自然科学思想体系），而且有时将它称为在经济基础上耸立的"思想体系的上层建筑"，甚至在说明社会存在与社会意识的关系

---

① 《马克思恩格斯文集》第 10 卷，人民出版社，2009，第 657 页。
② 〔法〕拉法格：《思想起源论》，王子野译，三联书店，1963，第 46 页。
③ 〔德〕梅林：《保卫马克思主义》，吉洪译，人民出版社，1982，第 191 页。
④ 〔意〕拉布里奥拉：《关于历史唯物主义》，杨启潾等译，人民出版社，1984，第 114 页。

时，将其与社会心理等同起来，视其为"精神状况""道德状况""民族精神""主要情感和思想状况"等。第二，普列汉诺夫进一步将意识形态划分为"初等的或低级的意识形态"及"高级的意识形态"，并且意图改变意识形态与科学之间对立的局面，认为高级的意识形态包括"科学、哲学、艺术等等"①。第三，他提出了马克思主义是科学的意识形态的思想，指出："马克思的学说是现代'革命的代数学'。凡是要想同我们现存秩序进行自觉斗争的人们，都必须了解这种学说。"② 而且马克思主义理论的各个部分也是科学的，例如，"马克思的唯物主义哲学的出现，是人类思想史上绝无仅有的一次真正的革命，是最伟大的革命"。

那么，普列汉诺夫为什么在意识形态本质的认识上会与恩格斯有所不同呢？笔者认为原因有三。其一，纵观普列汉诺夫的著述，无论是从他第一部马克思主义著作《社会主义与政治斗争》还是从其晚年的《在祖国的一年》中，都不难发现，他始终非常珍视《〈政治经济学批判〉序言》中关于历史唯物主义的经典表述。毋庸置疑，其中对意识形态中性化的论述也为他所认同。其二，从理论境遇上来看，作为"俄国马克思主义之父"的普列汉诺夫，为了宣传捍卫马克思主义的需要，更多的是强调"建构"。他认为："马克思主义是一个完整的世界观。"③ 所以，在其看来，"在这个体系中既有政治经济学，也有对历史过程的科学解释，还有许多别的东西"，诚然，马克思主义意识形态理论也在建构的域界内。从实践的场域来看，意识形态的中性化指认有利于马克思主义意识形态化，从而能够帮助新生的无产阶级政党对抗各种资产阶级意识形态，普列汉诺夫强调："我们社会主义者不应该促使社会意识适应资产阶级的社会存在，而应该培养工人具有反对这种存在的思想。"④ 其三，众所周知，作为马克思恩格斯意识形态批判范本的《德意志意识形态》在普列汉诺夫在世时未能公之于众，这在一定程度上也影响了他对意识形态本质的辨识。

总之，普列汉诺夫没有仅停留在晚年恩格斯关于意识形态的有关论述的字句上，而是根据当时时代与理论境遇，不仅深刻地把捉到意识形态的

① 普列汉诺夫：《论一元论历史观之发展问题》，商务印书馆，2012，第184页。
② 《普列汉诺夫哲学著作选集》第2卷，三联书店，1961，第822页。
③ 《普列汉诺夫哲学著作选集》第3卷，三联书店，1962，第216页。
④ 《普列汉诺夫哲学著作选集》第3卷，三联书店，1962，第550页。

"中性化"的本质，而且将它看作历史唯物主义的一个基本范畴。

②意识形态的具体形式：宗教、艺术等

恩格斯在晚年的书信中，曾反复告诫人们，在意识形态领域内，只要"谁肯认真地工作，谁就能做出许多成绩，就能超群出众"。在其看来，这是一项"最有趣和诱人"的事业。普列汉诺夫遵照了恩格斯的这一"遗嘱"，在这一马克思及其朋友和战友恩格斯生前"很少研究过或根本没有研究过"① 的领域内，刻苦钻研，以至于在宗教、艺术、道德等"高级的意识形态"问题上取得了丰硕的成果，提出了诸多富于创见性的见解。

其一，关于宗教。

普列汉诺夫在《论俄国所谓宗教探寻》《评弗·吕根纳的一本书》《十九世纪法国的空想社会主义》《从唯心主义到唯物主义》《评爱·布特鲁的一本书》《俄国社会思想史》《唯物主义历史观》以及为恩格斯俄文第一版《费尔巴哈与德国古典哲学的终结》一书所写注释等文中深刻地阐发了历史唯物主义关于宗教本质、起源及发展的学说。

首先，关于宗教的多维释义。1907 年，《法兰西信使》杂志发起了一次关于"我们是否参与宗教观念和宗教感情的瓦解或进化"问题的调查。普列汉诺夫在他的答复中，非常赞同泰纳对宗教的解释，即"宗教是对于同肉体和自然过程并存的精神实体的信仰"。与此同时，从道德与宗教关系的维度上，普列汉诺夫将其定义为"宗教是同道德相联系并作为道德准则的，对精神实体的信仰"②。从人与自然的关系来看，他指出，"宗教有无数定义……即把宗教理解为人用以实现其对超人的神秘力量"③。从宗教本身的内部结构来看，它是指"观念、情绪和活动的相当严整的体系。观念是宗教的神话因素，情绪属于宗教感情领域，而活动则属于宗教礼拜方面，换句话说，属于宗教仪式方面"④。这些定义从不同的维度对宗教这个意识形式作了正确的规定。

其次，关于宗教的基本特征。在对俄国当时宗教探寻的性质及原始宗教的各种表现形式如神话、魔法、图腾崇拜等进行了分析后，普列汉诺夫

---

① 《普列汉诺夫哲学著作选集》第 3 卷，三联书店，1962，第 219 页．
② 《普列汉诺夫哲学著作选集》第 3 卷，三联书店，1962，第 111 页。
③ 《普列汉诺夫哲学著作选集》第 2 卷，三联书店，1961，第 751 页。
④ 《普列汉诺夫哲学著作选集》第 3 卷，三联书店，1962，第 363 页。

指出，它们共有的基本特征在于万物有灵论。他强调，"没有万物有灵论观念的宗教是从来没有的"①，"想从宗教中把万物有灵论因素排除掉的任何企图，都是同宗教的性质相矛盾的，因而注定是要失败的"，"如果把宗教中的万物有灵论去掉，就只有广义的道德了"。②

基于此，普列汉诺夫批评了造神派及寻神派。他认为造神派的错误就在于没有理解这个基本特征，譬如，列·尼·托尔斯泰认为他的宗教是没有任何"超自然"因素的宗教。对他来说，"超自然"乃是"无意义"和"不合理"的同义语，以此嘲笑那些习惯于把"超自然的即无意义的东西"看成宗教的主要特征的人。但同时他也承认上帝的存在，承认上帝是一种精灵，是用它的意志引起自然现象的实体。对此，普列汉诺夫反驳道，在托尔斯泰的观念中"超自然的"同"无意义的"非理性等同起来了。"他忘记了或者不知道，相信超自然物"，承认精灵们或精灵的存在。在不同的时代，对精灵的信仰（万物有灵论）具有这样不同的形态，以致某一个时代的人们会认为，那种被另一个时代甚至另一些时代认为是最高理性表现的、对"超自然物"的信仰，是无意义的。但是抱着万物有灵论观点的人彼此之间的这种误解，丝毫也没有消除他们所共有的信仰的基本性质：这一信仰就是相信一个或数个"超自然"力量的存在。③ 在《论俄国的所谓宗教探寻》（1909 年）一文中，普列汉诺夫又强调了"造神说"与"寻神说"的社会原因。他指出，为了诊断那些正在进行现在颇为时髦的"宗教自决权"的宣传的人的精神状态（即坚定不移地倾向于宗教教条主义），我们的任务就在于"找出产生这种倾向的社会原因"。④ 同样，他也批判了布尔加可夫、明斯基等人的"寻神说"，不断找寻"革命""社会主义"的宗教。他指出寻神派的观点是"借口前进和为了进一步发展马克思主义的基本思想而醉心于自己的臆想"，他们"对待宗教的态度同马克思和恩格斯对待宗教的态度是根本相反的"。与此同时，他用了一个恰当的比喻：他们"为了给社会主义裁制宗教外衣，像虾一样向后退，退到大多数空想社会主义者的宗教

---

① 《普列汉诺夫哲学著作选集》第 3 卷，三联书店，1962，第 408 页。
② 《普列汉诺夫哲学著作选集》第 3 卷，三联书店，1962，第 403 页。
③ 《普列汉诺夫哲学著作选集》第 3 卷，三联书店，1962，第 411 页。
④ 《普列汉诺夫哲学著作选集》第 3 卷，三联书店，1962，第 362 页。

观点上去了"①。

再次，关于宗教的根源及消亡。宗教作为一种意识形式，它归根到底也是由经济基础来决定的。普列汉诺夫在"科学社会主义和宗教"的演讲提纲中强调，"整个思想体系，归根到底都是经济发展的结果。宗教也是这样"②。随后，在《没有地址的信》中，针对圣西门将希腊人的社会关系看作他们的宗教观点，且认为希腊人的宗教观来自他们的科学世界观的错误看法，普列汉诺夫指出，"希腊人的科学世界观在自己的历史发展中本身是受古希腊各个民族所拥有的生产力的发展制约的"③。他在《唯物主义历史观》中看到了宗教是同经济发展相联系的，因此"宗教的进化决定于经济的进化"④。但以宗教的核心"万物有灵论"来说，尽管它是"根据自己来判断"，将自然现象看成有意识现象的主观行动。但是，"万物有灵论的各种概念的产生都是由人的天性，不过是这些概念的发展和它们对人的社会行为所发生的影响，归根到底都是由经济关系决定的"⑤。那么，有人会问为什么同一个宗教（如佛教）有时会为处在极不相同的经济发展阶段的各民族所信奉呢？对此，普列汉诺夫指出，这种宗教的"同一"只是表面的。事实上在这些场合，"同一种"宗教只适应于信奉"它的各民族经济发展的阶段本质地改变着自己的内容"⑥。同一个神在不同历史时期，它的作用是不同的。例如，丘比特最初只是白昼的光、明朗的天。随着畜牧业和种植业的发展，它被看成种植业的庇护者。随着交易的发展，他又成为契约的守护者。

既然宗教是随着社会发展而发展的，那么它会不会消亡呢？答案是肯定的。普列汉诺夫在"科学社会主义和宗教"讲演提纲、对《法兰西信使》杂志所作的宗教前途问题调查的答复中，明确阐发了关于宗教消亡的思想。他指出了导致宗教消亡的几类因素。其一，生产力的发展。从宗教里的内部组成来看，它由两种因素构成：①世界观；②社会道德。它建立在"无

---

① 《普列汉诺夫哲学著作选集》第 3 卷，三联书店，1962，第 434 页。
② 《普列汉诺夫哲学著作选集》第 3 卷，三联书店，1962，第 60 页。
③ 《普列汉诺夫哲学著作选集》第 5 卷，三联书店，1984，第 311 页。
④ 《普列汉诺夫哲学著作选集》第 2 卷，三联书店，1961，第 753 页。
⑤ 《普列汉诺夫哲学著作选集》第 5 卷，三联书店，1984，第 406 页。
⑥ 〔俄〕普列汉诺夫：《论一元论历史观的发展问题问题》，王荫庭译，商务印书馆 2012，第 3 页。

知的基础上",当人们的"经验扩大,随着人支配自然的能力的增长,不可知的事物的界限就缩小了"①。其二,社会关系的改变。普列汉诺夫指出,"当人感觉到自己是自然界和自己的社会关系的主人的时候"②,对宗教的需要就消失了。例如,他认为"在社会主义制度下,对超自然力量的信仰就找不到立足之地"③。总之,"人类的进步给宗教观念和宗教感情宣布了死刑判决"④。

最后,关于无产阶级对待宗教的正确态度。马恩认为宗教具有极大的欺骗性,因此必须加以反对。马克思说"宗教是人民的鸦片"⑤,恩格斯在《反杜林论》中也持同样的看法,他写道:"一切宗教都不过是支配着人们日常生活的外部力量在人们头脑中的幻想的反映。"⑥

普列汉诺夫在对马克思主义经典文本的释读中发现,"科学社会主义的创始人是坚决否定宗教的"。根据这些思想,普列汉诺夫在批评列夫·托尔斯泰把宗教看作人们的现实幸福的第一个条件时说道,托尔斯泰在对宗教的态度上是同马克思恩格斯相对立的,因为恩格斯强调:"我们消除一切自命为超自然和超人的事物……正因为如此,我们才永远向宗教和宗教观念宣战。"⑦ 马克思也把宗教叫作统治阶级企图用以麻醉人民意识的鸦片;消灭作为人民幻想的幸福的宗教,是人民对现实的幸福的要求。"宗教批判使人摆脱了幻想,使人能够作为摆脱了幻想、具有理性的人来思想,来行动,来建立自己的现实性;使他能够围绕着自身和自己现实的太阳旋转。"⑧ 依据这些思想,普列汉诺夫提出了无产阶级政党对待宗教的正确态度,具体体现为以下两点。第一,以马克思主义理论为精神武器。他指出,马克思主义的科学理论"是要把宗教当作错误的自然观和社会观的产物而加以排除,是要把它当作无产者全面发展的障碍而加以斥责的"。第二,在对待"宗教是私人的事情"问题上,表明自己对信教人士入党的看法。他认为在

---

① 《普列汉诺夫哲学著作选集》第 3 卷,三联书店,1962,第 62 页。
② 《普列汉诺夫哲学著作选集》第 3 卷,三联书店,1962,第 62 页。
③ 《普列汉诺夫哲学著作选集》第 3 卷,三联书店,1962,第 110 页。
④ 《普列汉诺夫哲学著作选集》第 3 卷,三联书店,1962,第 63 页。
⑤ 《马克思恩格斯文集》第 1 卷,人民出版社,2009,第 4 页。
⑥ 《马克思恩格斯文集》第 9 卷,人民出版社,2009,第 333 页。
⑦ 《马克思恩格斯全集》第 1 卷,人民出版社,1956,第 649 页。
⑧ 《马克思恩格斯全集》第 1 卷,人民出版社,1956,第 453 页。

党内对宗教进行斗争，只能运用"精神武器"。"我们没有权利把那些抱有宗教信仰的人关在组织的大门外，但我们有义务尽我们的一切可能来消除这些人的宗教信仰，或者至少要阻止我们的信教的同志——当然用精神武器去阻止——在工人中间传播他们的偏见。彻底的社会主义世界观跟宗教是完全不能调和的。"①

总之，普列汉诺夫在探讨宗教问题时，最大的特点就在于他不仅结合宗教史来对其加以考察，更重要的就是结合无产阶级革命的实践来加以探询。1905 年俄国资产阶级革命失败以后，俄国资产阶级及小资产阶级中间的反动情绪逐渐活跃起来，"寻神说""造神说"就是其中最具代表性的思潮。"寻神说"明确把寻求"神的真理"当作它的革命纲领，用虚构的"知识分子"概念攻击唯物主义者和社会主义者是一群丧失了高尚道德、过分追求物质利益而轻视内在价值的庸俗的人。"造神说"，以卢那察尔斯基为代表，认为人就是神，另外的神是没有的。他们主张用人类集体的力量去"创造神"。打着要求"改善"和"发展"马克思主义的旗号，将宗教融入社会主义理论中，认为它的感情是人类的本性，宣称只有宗教才是社会主义的组织力量。普列汉诺夫对宗教的思考大部分是针对批评"寻神说"与"造神说"而作出的理论回答。例如，在批判列夫·托尔斯泰把神看作追求幸福的表现时，他强调，"马克思的世界观是辩证唯物主义，相反地，托尔斯泰不仅是唯心主义者，而且就其思想方法来讲，他终生是不折不扣的形而上学者"②。与此同时，我们也注意到，列宁对托尔斯泰的"寻神说"展开过批评，而与普列汉诺夫所不同的是，他是从揭露其阶级根源入手的。例如，列宁在《列·尼·托尔斯泰及他的时代》一文中写道："托尔斯泰学说不是什么个人的东西，不是什么反复无常和标新立异的东西，而是由千百万人在相当长的时期内实际所处的一种生活条件产生的思想体系。"③

其二，关于艺术。

普列汉诺夫在艺术理论方面的造诣颇深，正如福明娜所言："现实主义艺术的卓越理论家普列汉诺夫继承了俄国先进美学的伟大传统，同时论证

---

① 《普列汉诺夫哲学著作选集》第 1 卷，三联书店，1959，第 525 页。
② 《普列汉诺夫哲学著作选集》第 1 卷，三联书店，1959，第 737 页。
③ 《列宁全集》第 20 卷，人民出版社，1989，第 103 页。

了马克思主义的艺术论。"① 阿克雪里罗得也曾说，普列汉诺夫打算比较系统地研究一下文学艺术，以便创立一种马克思主义美学体系。"他的艺术论虽然还未能俨然成一个体系"②，但他还是系统地论述了马克思主义的文艺观。在论述艺术观时，普列汉诺夫同样是基于历史唯物主义的观点。例如，在《没有地址的信》中，他开门见山地指出，"我对艺术，就像对于一切社会现象一样，是从唯物史观的观点来观察的"③。运用历史唯物主义考察了艺术的起源、艺术理论和艺术史、艺术的形式和内容的相互关系等问题。

关于艺术的本质。普列汉诺夫曾在《没有地址的信》中指出，"艺术开始于一个人在自己心里重新唤起他在周围现实的影响下所体验过的感情和思想，并且给予它们以一定的形象的表现……艺术是一种社会现象"④。在这里，普列汉诺夫首先强调了艺术是一种社会现象，"是人与人之间精神交往的手段"。因此，对艺术的本质与规律的探索，就必须放到社会关系中去考察。从社会结构来看，艺术属于社会生活中的精神现象，是一种社会意识形式，也是"思想体系的上层建筑"。普列汉诺夫也指出，艺术源于生产，"艺术是生产过程的直接形象"。例如，就艺术的具体形式来看，舞蹈是人的生产活动在娱乐中，在原始艺术中的再现。歌的节奏恰恰再现着工作的节奏，音乐起源于劳动。总之，艺术作为一种意识形式，首先依赖于社会存在。他指出："当我谈到艺术是意识形态之一的时候，从而也就把它同其他意识形态如宗教、哲学、法权以及其他等等混同起来：这些意识形态当中的任何一种，都无非是社会生活本身的精神产物。"⑤

关于艺术的特征。艺术虽然从属于高级意识形态的范畴，但与宗教、哲学是有区别的。首先，艺术切近生活的感情与思想。在普列汉诺夫看来，艺术不仅仅是对现实的反映，确切地说，艺术所表现的是著者自己的思想与感情。他重复车尔尼雪夫斯基的观点，认为对于生活过程的理解不仅应看到人们对于外界的改变，而且应注重外界对人自身心理的影响。其次，

---

① 〔苏〕福米娜：《普列汉诺夫的哲学遗产》，郭从周译，上海人民出版社，1957，第56页。
② 《鲁迅全集》第4卷，人民文学出版社，1981，第261页。
③ 《普列汉诺夫哲学著作选集》第5卷，三联书店，1984，第309页。
④ 《普列汉诺夫哲学著作选集》第5卷，三联书店，1984，第308页。
⑤ 《普列汉诺夫的文学遗产选集》第3卷，第154页，转引自〔苏〕福明娜《普列汉诺夫的文学和艺术观》，张祺译，新文艺出版社，1958，第8页。

艺术表现现实的方式也与其他意识形式不同。例如，宗教以"幻想的形式"表现社会生活，而哲学家则以"逻辑思维"的方式来阐释自己的观点，艺术家是以他们的"形象思维"来反映现实的。例如，车尔尼雪夫斯基的小说《怎么办》和学术论文《哲学中的人本主义原理》在思想上是完全一致的，但是在表现手法上，二者是存在明显差异的。前者是以形象表现出来，而后者则是借助于逻辑论证加以阐明的。在普列汉诺夫看来，如果一个作家不是运用形象而是运用的推论或者用完全虚构出来的形象来论证某一论题，那他就已经不是艺术家而是政治家，即便他写的不是学术论文，而是小说或戏剧。因而，艺术是以"形象思维"为其发展根基的。

概而言之，普列汉诺夫在艺术方面的贡献具体体现在两个方面。第一，在马恩之后，普列汉诺夫是第一个在马恩艺术观的基础上自觉运用唯物史观对艺术起源、阶级社会艺术发展规律、艺术与现实生活的关系等重要问题进行细致考察的人。他对马恩生前未能充分论述的诸多命题，如审美与艺术的产生，与劳动的关系、艺术经济基础和政治制度的关系，艺术发展的相对独立性等作了深入的论述。第二，普列汉诺夫结合大量的文史资料，对马克思主义艺术观作了更加具体、系统的描画。

③意识形态的研究方法及特色

恩格斯晚年针对法国、德国的一些青年学者热衷于把马克思学说作为时髦，而不刻苦钻研，只着眼于马克思学说的个别字句，仅用主观的剪刀随意裁剪历史的事实，指出："我们的历史观首先是进行研究工作的指南。"在此基础上，他强调："必须重新研究全部历史，必须详细研究各种社会形态的存在条件，然后设法从这些条件中找出相应的政治、私法、美学、哲学、宗教等等的观点。"[①] 在这里，恩格斯主要是为了引出历史唯物主义在研究意识形态时的方法论意蕴。但第二国际的理论家只用实证主义的"跳蚤"来置换历史唯物主义的"龙种"，只探讨"意识形态呈现给我们什么"，而不去深究"意识形态本身是什么"；只注重表面现象，而轻视背后本质。例如，考茨基认为历史唯物主义"无非是把自然科学的方法"用来研究意识形态等"精神现象"[②]。拉法格把历史唯物主义看作"马克思给社会主义

---

① 《马克思恩格斯文集》第 10 卷，人民出版社，2009，第 587 页。
② 〔德〕考茨基：《唯物主义历史观》（第一分册），上海人民出版社，1964，第 48 页。

者的新的工具"，因此，"从事科学的人们"不应过分沉溺于争论理论和假设的正确性，只要这一"工具"能够引导我们得出与事实相符的结果就行。

普列汉诺夫却认为"唯物主义历史观首先具有方法论上的意义"①。它"只是认识社会现象领域的真理的方法"。在进行意识形态研究时，他自觉以历史唯物主义为研究方法、原则，例如在研究文艺美学时，他一再强调"我对艺术……是从唯物史观的观点来观察的"，"必须把历史方法用在美学上"。②

1. 坚持整体性原则

"马克思主义是完整的世界观"，因而它的方法论也应遵循整体性原则。所谓整体性原则，就是不仅应着眼于各社会历史因素间"相互作用"的关系，而且应弄明白"更高规定的第三者的环节"。普列汉诺夫认为虽然在历史发展过程中"任何一种意识形态都要在不同的程度上受到其他各种意识形态的影响"，但在社会经济发展的不同阶段，都有占统治地位的因素或原因。所以在研究意识形态时，就应该找到这些主要因素的作用途径。例如，英国革命是在宗教"因素"极强烈的影响下实现的，那就应该去寻求造成这种影响的社会原因。同样，法国的社会运动是在哲学的旗帜下实现的，那就应该去寻求哲学占优越地位的社会原因。换言之，主要的事情并不是要将原因一个不留地列举出来，而是要确定其中最主要原因发挥作用的途径。譬如，一定的历史条件下，研究社会心理就是揭开意识形态神秘面纱的锁钥。普列汉诺夫认为，"要了解某一国家的科学思想史或艺术史，只知道它的经济是不够的。必须知道如何从经济进而研究社会心理"，以至于在研究意识形态时，"社会心理学异常重要……如果没有它，就一步也动不得"。③ 此外，由于历史条件的局限，在研究离经济基础甚远的宗教等高级意识形态时，肯定会遇到不少困难，因而普列汉诺夫提出了按照整体性原则"摆脱困难的办法"，即"对于我们毫无可能整个地加以研究的过程，就研究它的最一般的特征"④。

---

① 《普列汉诺夫哲学著作选集》第 3 卷，三联书店，1962，第 157 页。
② 《普列汉诺夫哲学著作选集》第 2 卷，三联书店，1961，第 181 页。
③ 《普列汉诺夫哲学著作选集》第 2 卷，三联书店，1961，第 273 页。
④ 《普列汉诺夫哲学著作选集》第 3 卷，三联书店，1962，第 363 页。

2. 坚持历史主义原则

要真正了解各种意识形态，最好是考察它的历史，这一历史主义原则就是要求对历史上各种思潮、派别作一番探讨、辨析，理清其演进脉络。其中，"比较的历史的方法"① 是其一大特色。关于这一方法，普列汉诺夫认为在意识形态演化过程中，不应仅停留在体现时代共性的思想理论观点上，而必须进一步了解那些相比之下带有鲜明特性的思想理论，所以他总是将各种思想体系纳入其发展的历史轨迹中加以比较探询。以哲学史为例，他指出，18 世纪，研究历史哲学的人们把一切都归结为个人的自觉活动，但当时也有过超出一般的例外，如维科、孟德斯鸠。在宗教上，他辨析了为什么同是 18 世纪的资产阶级理论家，上帝在英国人看来是立宪君主，而在法国人眼里是暴君，在德国人眼里却是善良的父亲的问题。

由上观之，普列汉诺夫对意识形态的研究方法，深入贯彻了从现实社会生活关系出发来探讨各种社会意识的历史唯物主义原则。

综上，普列汉诺夫对恩格斯晚年意识形态理论的继承，绝不是机械叠加、简单附和，而是作了进一步的发挥，相比第二国际理论家"更显出众"。笔者认为其高明之处正在于他对历史唯物主义的深刻把握，具体体现在以下两点。

第一，坚持理论与实践的有机结合。马克思恩格斯创立历史唯物主义时，由于资产阶级施加于无产阶级的压力日益凸显，无产阶级必须肃清、涤荡革命运动中的各种错误思潮，与历史唯心主义划清界限，因而就必须将资产阶级意识形态指认为"虚假意识"。19 世纪末 20 世纪初，资本主义已开始由古典形态向现代形态转变，资本主义通过内在的调节机制缓和了同人民大众的矛盾，以至于造成了"任何一个社会阶级或阶层的思想领导权，已远非过去那样显著了。现在没有主导的思想流派"② 的局面，如何与资产阶级意识形态斗争便成为新生的无产阶级政党的主要任务。正是在这一实践境遇下，普列汉诺夫创造性地将意识形态概念内涵转变为"中性化的描述"，充分彰明了理论与实践相结合的特色。

第二，坚持历史观与辩证法的辩证统一。尽管在第二国际内流行着反

---

① 〔俄〕普列汉诺夫：《论一元论历史观之发展》，商务印书馆，2012，第 255 页。
② 〔俄〕普列汉诺夫：《俄国社会思想史》第 1 卷，商务印书馆，1988，第 130 页。

辩证法的倾向，但普列汉诺夫深入恩格斯晚年思想"大厦的里面"，发现了"无数珍宝"，其中，就有恩格斯在《反杜林论》中所提出的"现代唯物主义都是本质上辩证的"思想，故而普列汉诺夫不断强调历史唯物主义"要以辩证的思维方法为前提"，在论述意识形态继承性、意识形态的研究方法上总是将"对立统一规律"融入其中，这样无疑为他在推进马克思主义意识形态理论事业上建立了一座"庄严肃穆的纪念碑"。

二 "存在决定意识事实上是怎样发生的"

普列汉诺夫非常自觉地选择从社会存在与社会意识的相互关系入手来展开对其他历史唯物主义原理的论述。在他看来，社会存在概念的界定不仅应当基于这种相互关系的视角，而且应当竭力弄清楚，这种存在事实上是怎样发生的。

1. 起源与派生：存在与意识的关系

如果说马克思以前的历史哲学家在解决社会存在与社会意识相互关系的问题上，不约而同地都陷入了"二律背反"的矛盾之中，那么，马克思则把社会科学从前人所陷入的矛盾迷宫中解放了出来。马克思历史观的高明之处体现在哪里呢？在普列汉诺夫看来，它主要体现在以下两个方面。

第一，以前的哲学家都自以为是善于独立思考的"社会学家"，他们从相互作用的观点看待社会生活，认为生活的每一方面都影响其余所有方面，反过来又受到其余所有方面的影响，然而他们没有追问社会发展的某些深刻的原因，而马克思的历史观则认为"除了研究事实和探索它们的因果关系外，没有其他方法"。比如，孟德斯鸠在《罗马盛衰原因论》和《论法的精神》中，虽然持有相互作用的观点，正确指明了社会生活一切方面之间毫无疑义的相互作用，但是没有科学揭示相互作用的诸力量的原因。

第二，以前的历史哲学家只探讨存在与意识之间"创造与被创造"的关系，而马克思的历史观则探求创造相互作用本身的历史因素。有18世纪的唯物主义者认为，国家制度本身以它给予影响的那些风俗为前提，那么这些风俗就不应把自己最初的出现归因于国家制度。又有人认为，如果风俗早就以自己给予影响的那个国家为前提，那么是不是风俗创造了国家制度呢？可见，这种"创造与被创造的关系"，是无法理清国家制度与风俗之间的混乱状态的。因此，"应当找出这样一个历史因素，既产生特定民族的风俗，又产生了它的国家制度，从而也创造了它们相互作用的可能性本身"。

由上观之，在普列汉诺夫看来，社会存在与社会意识之间不仅仅是相互作用的关系，更重要的是一种决定与被决定、创造与被创造的因果联系，以至于普列汉诺夫进一步将这种联系看作起源与派生的关系。譬如，在针对有人指责马克思只看见"经济的东西"而忽略道德概念、哲学概念、宗教概念时，普列汉诺夫指出，"马克思没有否定所有这些概念的'意义'，他只是说明它们的起源"，而"经济本身像心理一样也是某种派生的东西"，也就是说，"生产力的新状况引起新的经济结构，同样也引起新的心理、新的'时代精神'"。① 因此，生产力、经济结构可以看作起源因素，心理、时代精神则是派生的因素。也就是说，以生产力为核心的社会存在对社会意识具有"归根到底"的决定作用。

2. 中介环节："存在决定意识事实上是怎样发生的"

普列汉诺夫不仅将存在决定意识看作历史唯物主义的基本原理，而且他也充分估摸到存在决定意识过程的繁杂性。在将"不是意识决定存在，而是存在决定意识"这一历史唯物主义的基本原理应用于人类发展时，可以变形为"不是社会人的'心理'决定他的生活方式，而是他的生活方式决定他的'心理'"。然而，我们不是在任何情况下都会知道在一定形式的社会存在的基础上产生一定的心理的那个过程。这个过程是如此的繁杂多样，以至于我们不能只限于简单地重复存在决定意识，而"应该力求弄清楚，这个存在决定意识的过程实际上是怎样进行的"②。恩格斯在晚年论著中对这一过程的复杂性进行过研究，并提出了社会存在通过若干"中间因素"对社会意识在"归根到底"意义上的决定作用。

众所周知，恩格斯晚年对"经济基础—上层建筑"的结构图式进行了补充说明，深化了对意识形态形成机制的认识，即意识形态受经济基础制约的途径及客观过程。他在《路德维希·费尔巴哈和德国古典哲学的终结》

---

① 〔俄〕普列汉诺夫：《论一元论历史观的发展问题》，王荫庭译，商务印书馆，2012，第180页。
② 《普列汉诺夫哲学著作选集》第3卷，三联书店，1962，第336页。

中第一次提出了关于意识形态形成的"中间因素"思想，指出"更高的即更远离物质经济基础的意识形态，采取了哲学和宗教的形式。在这里，观念同自己的物质存在条件的联系，越来越错综复杂，越来越被一些中间环节弄模糊了。但是这一联系是存在着的"①。在给德国大学生博尔吉乌斯的信中，恩格斯对"中间因素"思想作了说明，"政治、法、哲学、宗教、文学、艺术等等的发展是以经济发展为基础的。但是，它们又都互相作用并对经济基础发生作用。并非只有经济状况才是原因，才是积极的，其余一切都不过是消极的结果。这是在归根到底总是得到实现的经济必然性的基础上的互相作用"②。在这里，他的意思是说，经济基础对于政治、法律、艺术、哲学、宗教的作用只是在"归根到底"的层面来说的，而绝不是唯一的积极原因。在一般情况下，经济基础对于意识形态的决定作用是通过各种"中间因素"起作用的。同时，关于"中间因素"的主要内容，他认为既包括意识形态内部的各种意识形式的"互相影响"，也涵盖经济基础"赖以发展的地理基础和事实上由过去沿袭下来的先前各经济发展阶段的残余"，"还包括围绕着这一社会形式的外部环境"。③

依据马恩"经济基础—上层建筑"解释原则，对照马恩的经典文本，第二国际理论家关于意识形态的形成机制，作出了自己的理解及诠释，形成了三种典型观点。

观点之一："经济决定论"。第二国际理论家不约而同地都尊奉《〈政治经济学批判〉序言》为历史唯物主义的经典蓝本。这一文本的宏旨主要围绕经济基础与上层建筑关系的申说，指明了经济基础的统摄地位。因此，拉法格在《思想起源论》中指出，"经济的变革……产生了科学、哲学、诗和艺术"④。库诺甚至将拉法格的这一思想推向了极致，不仅称历史唯物主义为"经济史观"，而且提出了"经济整体决定论"的思想，认为经济基础"在整体上决定精神生活过程，而不是决定每一种思想范围"。

观点之二："相互决定论"。考茨基在驳斥经济决定论的观点时，强调"不能说基础和上层建筑彼此经常处在因果关系之中"，"两者只是在不断的

---

① 《马克思恩格斯文集》第 4 卷，人民出版社，2009，第 308 页。
② 《马克思恩格斯选集》第 4 卷，人民出版社，1995，第 732 页。
③ 《马克思恩格斯文集》第 10 卷，人民出版社，2009，第 667 页。
④ 〔法〕拉法格：《思想起源论》，王子野译，三联书店，1963，第 155 页。

相互作用中彼此影响。一定的法律观点、政治观点和宗教观点，受着一定的经济关系的制约。然而，也有相反的情况。法律和政治关系，也对经济生活发生决定性作用"。

观点之三："非决定论"。为了调和历史唯物主义与历史唯心主义之间的矛盾，饶勒斯坚决地否认"一切宗教、政治、道德的观点只是经济现象的反映"，认为"在人的意识中人所具有的东西和经济环境所具有的东西相互渗透到这样的程度，以致不能把经济生活和道德生活分开"。伯恩施坦也补充道，经济基础决定上层建筑的思想只是马克思恩格斯创立历史唯物主义时"独断主义""一元论"的解释，因而"马克思主义的历史观并不认为各民族生活的经济基础对各民族生活的形态具有无条件的决定性影响"。同时，他认为必须用恩格斯晚年提出的"相互作用"理论，来对历史唯物主义"相应地加以纠正"[①]。

从以上观点来看，有两个值得注意的问题：①《〈政治经济学批判〉序言》中关于经济基础与上层建筑关系的言说是否就完全代表历史唯物主义的基本观点？②经济基础与意识形态的上层建筑究竟是相互渗透，还是相互独立，如果是相互独立的话，那么应如何诉诸"相互作用"的原理准确分析"基础"对意识形态"归根到底"的作用呢？为什么会产生这两个问题，主要原因有二：其一，马克思在《〈政治经济学批判〉序言》中提出了诸多未曾展陈的原则性论述，例如，经济结构的定义即"这些生产关系的总和构成社会的经济结构"，在这里，马克思并未进一步说明"生产关系的总和"，而第二国际理论家却仅据此而论；其二，正如恩格斯在晚年书信中所说的那样，在创立历史唯物主义之初，为了论战的需要，他们理论的重心放在基础对于社会历史发展的决定作用上，所以"不是始终都有时间、地点和机会来给其他参与相互作用的因素以应有的重视"[②]，从而为了"内容"而忽略了"形式"。

苏联学者恰金曾指出："恩格斯认为尚未得到详细分析的这个很复杂的问题，就是对基础同哲学和艺术这些高级形式的社会意识之间的'中介环

---

① 殷叙彝编《伯恩施坦读本》，中央编译出版社，2008，第230页。
② 《马克思恩格斯文集》第10卷，人民出版社，2009，第593页。

节'的分析。普列汉诺夫创造性地考察了这个问题。"① 普列汉诺夫按照自己对历史唯物主义的理解，对这个思想进行了深化推演。第一，经济基础对社会意识的决定作用是多方面的，不仅表现为决定其存在，而且表现为决定其发展程度及方向。他一方面指出，"在经济的基础上必然耸立着符合该基础的思想体系的上层建筑"；另一方面以高级思想体系的"科学"为例，说明了经济决定作用的内涵："社会应当达到一定的富裕程度，以便抽出某一阶层的人，专门把自己的力量贡献于科学的以及其他类似的事业"，同时科学的发展方向，也是由"生产关系决定的"，"生产中的不同关系造成科学中的不同观点"。② 第二，经济基础对社会意识的形成和发展的决定作用除直接性外，更多的是"归根到底"的间接决定作用。首先，他阐明了"归根到底"的决定作用的本质，即"以一系列各种其他'因素'的中介作用为前提，才用经济发展来解释"，也就是说，意识形态"同经济基础只是间接发生关系的"③，并且这种间接的关系是依靠各种"中介环节"来实现的。值得注意的是，尽管也有第二国际理论家阐发了同样的思想，如考茨基指出，"经济因素归根到底是主导的。各种中间环节和相互作用在某些情况下可以把这种联系大大地掩蔽起来"。拉布里奥拉也认为"经济结构规定着艺术、宗教和科学领域中想象的和思想的方向和（一定的程度上是间接的）对象"，但从理论的系统性、深刻性来看，他们远逊于普列汉诺夫。其次，在"中介环节"的具体内容上，普列汉诺夫比恩格斯的思想更加丰富。他不仅看到了经济基础通过地理环境、其他思想体系、外国的影响、阶级斗争、传统、种族等因素对思想体系的间接作用，而且提出了经济基础通过社会心理作用于思想体系的新思想。在《论一元论历史观之发展》中，他以艺术为例，指出"任何艺术作品，就像任何哲学体系一样，都可以用特定时代的精神状况和风俗状况来解释"，在《马克思主义的基本问题》中，他把这个思想概括为"一切思想体系都有一个共同的根源，即某一时代的心理"。这就是说，思想体系是加以系统化了的社会心理，而社会心理"只是一部分由经济直接所决定的，一部分由生长在经济上的全部

---

① 〔苏〕恰金：《普列汉诺夫对马克思主义一般社会学理论的分析》，1977 年俄文版，第 111 页，转引自王荫庭《普列汉诺夫哲学新论》，北京出版社，1988，第 350 页。
② 〔俄〕普列汉诺夫：《论一元论历史观之发展问题》，商务印书馆，2012，第 185 页。
③ 《普列汉诺夫哲学著作选集》第 2 卷，三联书店，1961，第 322 页。

社会政治制度所决定的"。最后，"中介环节"具有繁杂性、多样性的特征，以至于构成了"复杂的力量体系"，因而不同国家由于各"中介"因素发展水平不一、结合方式各异，故而思想体系会呈现较大的特殊性。

综上，普列汉诺夫关于意识形态形成机制的思想是与恩格斯趋同的，对经济基础—意识形态的作用图式进行了更加系统的描画。但我们也注意到，饶勒斯在说明经济基础与意识形态相互渗透时的论据，是有一定道理的，由于历史对象的复杂变动性，经济基础与意识形态的含义及覆盖限域也不会凝固不变，从某种视角来看，经济与意识形态具有极强的相关性。例如，邓小平指出，"科学技术是第一生产力"，哈贝马斯也认为，"科学和技术在今天同时产生了意识形态的效果"①，但这一重要思想却没有引起普列汉诺夫的足够重视。

三 "意识反过来促进存在的进一步发展"

斯大林曾指出，"历史唯物主义不仅不否认，相反，正是着重指出它们在社会生活和社会历史中的重大作用和意义"②。因此，在探讨社会存在如何决定社会意识的过程中，必须观照社会意识自身发展的独有规律及其对于经济基础的反作用。

1. 社会意识的相对独立性

科尔施指出："社会存在和社会发展应当与作为一般历史过程的一个真实的然而也是观念的（或意识形态）组成部分，并有着许多不同表现形式的社会意识相结合来研究。否则，全部意识现象被全然以抽象的和基本上是形而上学的二元方式来对待。"③ 因此，在探讨意识形态的形成机制后，必须观照意识形态的能动作用即意识形态自身发展的独有规律及其对于经济基础的反作用。正如恩格斯所言，意识形态具有"相对独立性"，且"物质存在方式虽然是始因，但是这并不排斥思想领域也反过来对物质存在方

---

① 〔德〕尤尔根·哈贝马斯：《重建历史唯物主义》，郭官义译，社会科学文献出版社，2000，第49页。
② 《斯大林文集》，人民出版社，1985，第214页。
③ 科尔施：《马克思主义和哲学》，王南湜、荣新海译，重庆出版社，1989，第41页。

式起作用，然而是第二性的作用"①。

既然如此，当时仍有不少第二国际理论家未能领会恩格斯这些话语的真谛，仅仅从理想化的立场出发，只谈意识形态对于经济基础的依赖性，而摒弃其相对独立性，例如，库诺夫认为"意识形态与经济基础并没有本质区别，意识形态不具有独立性"②，拉法格从"发生学"的角度，强调经济基础与意识形态只是"起源"与"派生"的关系，指出"经济生产方式相似的人为环境在人们的风俗上，在他们的家庭的和政治的组织上都表现出很大的相似之处"③。

然而，普列汉诺夫与他们存在较大的差别，主要体现在以下两个方面。其一，在他的视界里，历史唯物主义的原理不仅仅是"存在决定意识"，"必须补充一句：意识一经在存在的基础上产生，就反过来促进存在的进一步发展"④。其二，他在研究社会意识时，按照两条路线展开：一方面，说明"经济弦线"运动的"铁则"；另一方面，"又能够理解和说明在'弦线'的基础上，而且正是由于它的运动，怎样生长出思想体系的'生动的服装'"⑤。普列汉诺夫对意识形态的继承性，意识形态与经济、政治发展不平衡规律，意识形态对社会历史发展的影响进行了充分论述。

（1）意识形态的继承性

关于意识形态的继承性问题，第二国际内部存在两种截然相反的观点，一种观点以考茨基为代表，着力贬低意识形态的历史继承性。在对恩格斯晚年书信中相关思想的释读后，他强调必须将"先人那里继承来的意识形态和各个时代所创造出来的加以区别"⑥。另一种观点则以饶勒斯为代表，不断夸大意识形态的继承性。他指出，意识形态是由"先行的思想、一系列先行的思想所决定"⑦。那么普列汉诺夫是如何理解这一分歧的呢？

① 《马克思恩格斯文集》第10卷，人民出版社，2009，第586页。
② 李胜清：《意识形态诗学的主体向度——文艺的实践论研究》，中央编译出版社，2009，第26页。
③ 〔法〕拉法格：《拉法格文选》下册，人民出版社，1985，第62页。
④ 《普列汉诺夫哲学著作选集》第3卷，三联书店，1962，第346~347页。
⑤ 〔俄〕普列汉诺夫：《论一元论历史观的发展问题》，王荫庭译，商务印书馆，2012，第232页。
⑥ 〔德〕考茨基：《唯物主义历史观》（第三分册），上海人民出版社，1984，第392页。
⑦ 〔法〕让·饶勒斯：《饶勒斯文选》，人民出版社，2009，第53页。

在他看来，第一，意识形态继承性应与生产关系的发展相适应。普列汉诺夫指出，在反对旧的生产关系的斗争中，必须促使人们"对那个社会的思想、感情"持批判态度，因为"精神生活方面的革命运动是与社会关系方面的革命运动相适应的"。

第二，意识形态是开放性的继承。意识形态的继承既可以承继本国历史中的优秀传统，也能够吸纳外国思想材料中的精华。例如，17世纪英国的洛克哲学思想对18世纪法国唯物主义哲学思想的深远影响，19世纪40年代德国的"真正社会主义者"的思想是从法国输入的，19世纪德国古典哲学曾经极强烈地影响着俄国思想界。

第三，意识形态的继承性遵循两个基本规律。普列汉诺夫深化了恩格斯关于"在一切意识形态领域内传统都是一种巨大的保守力量"[①] 的思想，指出"一个时代的思想家任何时候都不会在所有人类知识问题和社会关系问题上同自己前辈们进行全线斗争"，复辟时代的英国贵族在许多问题上，比如民法等问题，完全同意他们所憎恶的清教徒的看法。

与此同时，普列汉诺夫提出了两种基本规律。①矛盾律。他指出，意识形态的继承性是建立在"矛盾的推动原则"上的。他以法为例，指出生产方式改变了，法的信念却保存其旧日的形态。当这种信念与新的实践相矛盾时，就出现了虚构的东西、象征性的标记和行为，它们的唯一目的就在于形式上消除这个矛盾。最后，"矛盾被根本上消除：在新的经济实践的基础上形成新的法的信念"[②]。另外，在货币问题上，对于重商主义者而言，货币主要是财富，他们把夸大的几乎是超常的意义硬加在货币身上。而休谟的货币观则与重商主义者反其道而行，他认为货币只不过是预先约定的符号，它们本身没有任何价值，因此，可以说，他的货币观完全包括在作为它的对立物的重商主义者的观点中。②模仿律。由于特定社会周围的历史环境必然对该社会的思想体系的发展造成影响，当社会之间在社会关系、社会生活方式以及文化发展等方面存在类似时，就会产生模仿。例如，法国人的古典悲剧只是希腊悲剧的模仿，同时，他也强调，把模仿品同自己

---

① 《马克思恩格斯文集》第4卷，人民出版社，2009，第312页。
② 〔俄〕普列汉诺夫：《论一元论历史观的发展问题》，王荫庭译，商务印书馆，2012，第160页。

的原型隔开的全部距离，也就是产生它这个模仿品的社会同原型生活于其中的社会之间存在的距离。此外，他认为这个继承性是肯定与否定相结合的，即"每一特定时期的思想体系总是同前一时期的思想体系有最紧密的——正面或负面的——联系。任何特定时期的'精神状况'，只有同前一时代的精神状况联系起来才能理解"①。例如，马克思的唯物主义既继承了马克思以前的唯物主义和黑格尔哲学的积极成分，又否定了它们其中在历史观上的唯心主义观点，从而成为当时哲学发展的最高阶段。

（2）意识形态与经济、政治发展的不平衡规律

恩格斯在《致康·施米特》（1890 年 10 月 27 日）的信中，提出了"经济上落后的国家在哲学上仍然能够演奏第一提琴"的论断。同样，这一原理也适用于宗教、艺术等思想体系。无独有偶，普列汉诺夫在诸多论著如《论一元论历史观的发展问题》《尼·加·车尔尼雪夫斯基》《艺术与社会生活》等文中对恩格斯的思想进行了独特的发挥。其一，他指出了这一规律存在的普遍性。"人类历史运动是这样一个过程，在这个过程中，一方面的成就不仅不以这个过程的其他一切方面的按比例发展的成就为前提，而且有时还直接造成某些方面的落后甚至衰落。"② 例如在《没有地址的信》中，普列汉诺夫指出，"现代民族尽管有了智力上的一切成就，但却没有产生一部可以超过《伊利亚特》和《奥德赛》的诗歌作品"③。其二，这一规律也是推动意识形态向前发展的重要原因。"经济落后的国家中的统治阶级的意识形态往往比经济发达的国家中统治阶级要高得多。"19 世纪的德国在政治和经济上都远远落后于英国和法国，但德国"社会政治生活的贫乏"产生出了"巨大的肯定的结果，德国哲学的光辉的繁荣"④。

（3）不同国家与民族意识形态之间的相互影响

普列汉诺夫指出，各种社会意识形态，在不同的国家和民族那里有着特殊性，这种特性是由各个国家和民族的社会历史运动进程的多样性决定的。在他看来，每个国家和民族的存在和发展都有自己独特的历史条件，

---

① 〔俄〕普列汉诺夫：《论一元论历史观的发展问题》，王荫庭译，商务印书馆，2012，第207 页。
② 《普列汉诺夫哲学著作选集》第 2 卷，三联书店，1961，第 274 页。
③ 《普列汉诺夫哲学著作选集》第 5 卷，三联书店，1984，第 345 页。
④ 《普列汉诺夫哲学著作选集》第 5 卷，三联书店，1984，第 732 页。

亦即独特的"社会历史的环境",而且每一个特定的社会从其邻近的社会方面所受到的影响的总和永远也不会等于另一个社会在同时受到的影响的总和。这种情形说明,一个国家和民族的社会历史环境尽管有时也许同其他国家和民族相类似,可是永远也不会也不能和它完全一样。这就使各个国家民族的社会历史进程呈现多样性。这种多样性反映到社会意识上来,就形成了各个国家和民族在文学、艺术、哲学、宗教等方面各具特色,形式各异。正是这种多样性的存在才使它们之间相互发生影响。由此,普列汉诺夫进一步得出了结论:一个国家和民族的意识形态对另一个国家和民族的影响,"同这两个国家社会关系的类似成正比的"①。对此,他进一步解释道:其一,当社会关系类似等于零时,这种影响"就完全不存在",例如,非洲黑人至今没有亲身尝受欧洲著作的丝毫影响;其二,当一个民族由于自己的落后无论是在形式方面还是在内容方面都不能给另一民族提供任何东西时,"这个影响就是单方面的",例如,18世纪法国著作影响了俄国著作,本身却没有受到俄国的丝毫影响;其三,基于生活方式及文化结构的相似性,两个进行交流的民族中间每一个都可以从另一个那里取得某种东西,"这个影响就是相互的",例如,法国文学影响着英国文学,反过来自己也受到英国著作的影响。

(4) 各种意识形态之间处于相互影响之中

普列汉诺夫指出,"在社会经济发展的不同阶段上,任何一种意识形态都要在不同程度上受到其他各种意识形态的影响"②。譬如,法律和每一种思想体系一样,要受一切其他思想体系的影响,至少也要受别的思想体系的某些部分的影响,如宗教信仰、哲学观念等。因此,"对于揭露人们的法律观念和社会生产过程中人们的相互关系之间的依存关系,就有一定程度的阻碍⋯⋯真正的困难,在于每一个一定的思想体系在不同的社会发展阶段中以极不相等的程度受其他思想体系影响"③。例如,中世纪的欧洲在意识形态领域中占统治地位的是宗教,哲学因受它的支配而被称为"宗教的婢女",艺术的发展也受到宗教的强烈影响。从这个意义上可以说,不了解

---

① 〔俄〕普列汉诺夫:《论一元论历史观的发展问题》,王荫庭译,商务印书馆,2012,第196页。
② 《普列汉诺夫哲学著作选集》第2卷,三联书店,1961,第326页。
③ 《普列汉诺夫哲学著作选集》第2卷,三联书店,1961,第288页。

中世纪的宗教，就无法理解这一时期的艺术。但是，这种情形在近代却发生了变化，近代的欧洲社会，宗教虽然对艺术也还有影响，但这种影响由于宗教在社会意识形态中已不再占据统治地位而大大减弱。哲学则取代宗教成为这一时期占统治地位的意识形态，因此，艺术的发展也理所当然地更多、更强烈受到哲学思潮的影响。从这个意义上说，不了解近代欧洲哲学思潮的演变，就难以对这一时期艺术的发展状况有深刻的理解。

2. 社会意识的反作用

普列汉诺夫认为，社会意识可以在一定程度上影响社会历史发展的进程。普列汉诺夫相当重视恩格斯关于意识形态具有先导性作用的思想。例如，在为《共产党宣言》所写的俄文第 2 版序言《阶级斗争学说的最初阶段》一文中，他坚决地捍卫了恩格斯晚年在《〈1848 年至 1850 年法兰西阶级斗争〉导言》中提出的暴力革命与走和平议会革命道路相互补充的思想，强调了意识形态在一定条件下可以影响革命的成败。普列汉诺夫指出："恩格斯在晚年承认，在一定的形势下，合法的方法也可以获胜，他开始认为起义这一行动方法在现代化的军事技术条件下，并不预兆社会主义者的胜利，而恰恰预兆残酷的失败，只有当军队本身感染到社会主义精神时，失败的预兆才会消失。"①

在《论个人在历史上的作用问题》一文中，当论述伟大人物对历史发展的影响时，他写道："如果知道社会关系因社会经济生产过程中发生某种变化而朝着什么方向变更……因此我就有可能影响这个心理了。影响社会心理，也就是影响历史事变。"②

在《替经济唯物主义说几句话》中，在说明政治制度对经济的反作用时，他补充道，人类任何时候都不是在一种经济平面上进行的。"为了从 A 到 B 点，从 B 点到 C 点等等，每次都必须上升到'上层建筑'并在那里进行一番改造。……也就是说，经济几乎永远不会自然而然地取得胜利，……而是永远通过上层建筑，永远必须通过一定的政治制度"，"人类如果不先经过自己的概念的一系列变革，就不可能从自己经济发展的一个转折点过渡到

① 《普列汉诺夫哲学著作选集》第 5 卷，三联书店，1984，第 568 页。
② 《普列汉诺夫哲学著作选集》第 2 卷，三联书店，1961，第 374 页。

另一个转折点"。① 此外，他在不同时期的著作中也阐释了同一看法，譬如在《社会主义与政治斗争》中，在论证革命武装问题的重要性时，强调"革命的思想是一种炸药，它不是世界上任何炸药物所能代替的"，"没有革命的理论，就没有名副其实的革命运动"。②

在对《社会主义共和国报》向各国人士所提问题的答复中，普列汉诺夫高度重视阶级意识的灌输问题，他指出，要使资产阶级和无产阶级之间的斗争日益积极和坚决，就必须逐步将无产阶级的利益和它的剥削者的利益相对立的意识越来越多地灌输给无产阶级。无产阶级的革命意识就是社会主义者手中的可怕的爆炸物，它能够粉碎现代社会，一切想掩盖这些意识的手段，我们认为都是反革命的。这些论述充分显明了社会意识在一定的历史情境下，可以对具体的历史发展起到重要的决定作用。

---

① 《普列汉诺夫哲学著作选集》第 2 卷，三联书店，1961，第 237 页。
② 《普列汉诺夫哲学著作选集》第 1 卷，三联书店，1959，第 98 页。

第五章　一元论历史观的"重心"：
"研究社会发展规律"

普列汉诺夫认为历史唯物主义就是"关于人类历史发展的正确的、真正科学的理论"①，它的"重心至少在最初时期"必然是"研究社会发展规律"②。对此，他不仅继承了马克思恩格斯历史唯物主义的基本思想和研究方法，而且对社会历史发展规律进行了科学说明，这样既进一步具体化并丰富发展了历史唯物主义的一系列论断及原理，也为历史唯物主义体系的建构作出了巨大的贡献。

一　社会是由"五项力量"③构成的有机体

历史唯物主义在一定意义上可以被认为是关于社会结构的学说。它必

---

① 《普列汉诺夫哲学著作选集》第 4 卷，三联书店，1974，第 494 页。
② 〔俄〕普列汉诺夫：《论一元论历史观的发展问题》，王荫庭译，商务印书馆，2012，第 9 页。
③ 学术界关于普列汉诺夫五项经典公式的命名问题，存在较大的分歧，有学者称其为"五项公式"，还有一种较为流行的称谓，即"五项因素公式"。但笔者认为，这两种叫法都略显不妥，第一种称谓过于简单化，无法标指这个公式的本质内涵，而如果将这个公式概括为"五项因素公式"的话，那么，会给人以误导，认为影响社会发展的因素就只有五种。诚然，这也不符合普列汉诺夫的本意，因为其一，普列汉诺夫对使用"因素"这个术语是表示反感的。在《没有地址的信》中，他明确反对"使用'因素'这个术语"，认为"那些争论各种不同因素的历史意义的人，往往不自觉地把抽象概念当成了实体"，参见《普列汉诺夫哲学著作选集》第 5 卷，三联书店，1962，第 407 页。其二，从《马克思主义的基本问题》一文的语境来看，我们可以注意到，普列汉诺夫提出"五项力量公式"正是为了批驳当时盛行的折中主义"因素论"，同时他在表述这个公式时完全没有使用"因素"这个语词，其根本目的是申明唯物主义一元论的本质，即它不只是指明各社会力量之间的相互影响，而且是"解决它们的起源问题"。总之，结合普列汉诺夫本人的态度，对照他的相关文本，我们认为"五项力量公式"更为符合他的本意。

然要求我们解剖构成各种社会力量及其相互关系，它们是如何相互作用、相互制约的。在马克思的视界里，社会是由多种因素构成的有机体。"社会机体"的提法在马克思的著述中有过两次重要的表述。第一次是在《哲学的贫困》中，针对普鲁东对经济范畴的抽象理解，即"社会经济的全部历史都写在哲学家的著作里"，马克思阐述了社会有机体的科学内涵，指出它是指"一切关系在其中同时存在而又互相依存的社会机体"①。另外一次是在《资本论》中，他又补充道：现在的社会"是一个能够变化并且经常处于变化过程中的有机体"②。也就是说，马克思将社会有机体看作诸因素的相互联系及在此基础上建立起来的有机整体，从而把社会关系归结于生产关系，将生产关系归结为一定的生产力发展状况。

马克思恩格斯之后，普列汉诺夫继承了这一传统，进一步彰明了社会有机体的内涵。在《唯物主义史论丛》中，普列汉诺夫针对有人将社会的构造仅看作它的经济结构的错误看法时，形象生动地将社会比喻成"充满一切生活机能"的有机体，指出："我们必须了解它如何运动，如何养育自己，了解在它内部发生的感觉和概念，如何依靠社会构造的机构而变成了它们之为它们；了解这些感觉和概念如何随着那些在这机构中发生的变化而变化。"③ 在《论一元论历史观的发展问题》中，针对俄国主观主义民粹主义者米海洛夫斯基歪曲《资本论》"讨论的只是一个历史时期"的社会结构，"而且就是在这些期限内，对象自然甚至连大概也没有研究完"的看法，普列汉诺夫对这个活生生的有机体的轮廓作了更加具体的描画，他不仅把经济比作"骨骼"，把政治形式比作"肉体"，而且把社会意识看作包裹肉体的"生动的服装"，他强调，在研究社会有机体时，不应仅停留在"指明枯燥的经济骨骼怎样为生动的社会政治形式的肉体所包裹"，而是更应该指明它们"怎样为人类的观念、情感、意图和理想所包裹"，因为这是"课题最有意义、最为诱人的方面"④。由此看来，普列汉诺夫把社会有机体看作由多种要素、结构、层次交互作用，相互制约所构成的有机整体，充

---

① 《马克思恩格斯文集》第1卷，人民出版社，2009，第604页。
② 《马克思恩格斯文集》第5卷，人民出版社，2009，第10页。
③ 《普列汉诺夫哲学著作选集》第2卷，三联书店，1961，第205页。
④ 〔俄〕普列汉诺夫：《论一元论历史观的发展问题》，王荫庭译，商务印书馆，2012，第224页。

分说明了"马克思主义的历史观不仅并不'狭隘'和'片面'"。根据这一
原理，普列汉诺夫在《马克思主义基本问题》（1907 年）中，明确将马克
思关于"基础"同"上层建筑"的关系概括为："（一）生产力的状况
（二）被生产力所制约的经济关系（三）在一定的经济'基础'上生长起
来的社会政治制度（四）一部分由经济直接所决定的，一部分由生长在经
济上的全部社会政治制度所决定的社会中的人的心理（五）反映这种心理
特性的各种思想体系。"① 这个公式蕴含了两个基本思想。其一，坚持"一
元论"。"生产力状况"与"经济关系"属于物质生活条件，而后面几项则
属于政治精神生活。也就是说，其遵循着物质决定精神的唯物主义原则。
其二，社会结构是由各种社会力量、要素相互作用的有机整体。这五项层
次之间是逐层递进的，它们之间的相互作用构成了历史发展的矛盾运动，
影响着人类社会的发展。这个公式不仅成为普列汉诺夫剖析社会结构的总
纲，也是他在历史唯物主义发展史上的学术地标，更是遭受责难最多的理
论之一。

1. "五项力量公式"的生成历程

与其他第二国际理论家一样，在普列汉诺夫看来，马克思的《〈政治经
济学批判〉序言》是历史唯物主义的蓝本。这篇著名的序言主要是围绕着
经济基础与上层建筑关系的申说。为了将这一理论通俗化、系统化，普列
汉诺夫在此基础上提出了"五项力量公式"。那么，这是不是说普列汉诺夫
的这一重要理论只是他一时的"灵感""顿悟"呢？显然不是，与其他理论
一样，它也有一个形成、发展及完善的过程。

（1）"五项力量公式"的萌芽

在《唯物主义史论丛》（1892～1893 年）中，普列汉诺夫评价了法国
文学史家泰恩在《艺术哲学》中关于艺术作品产生发展的公式。泰恩认为，
使艺术作品在其影响下产生的那个"一般的情况"，是某种善和某种恶的普
遍存在，是一种自由的状况或奴役的状况，是一种贫穷的状况或富有的状
况，是一定的社会形式，是一定的宗教类型。而这些状况，最后乃是代表
人们在"生活资料的社会生产"中的实际情况的一些特色。这是值得充分
肯定的。但是，泰恩却止步于"一般的情况"这几个字眼，不断地把人们

① 《普列汉诺夫哲学著作选集》第 3 卷，三联书店，1962，第 195 页。

的实际情况和他们的习俗和精神的一般状况混合起来，没能进一步探讨艺术产生的历史根源，这是其历史观中最大的缺陷。接着，普列汉诺夫依循马克思的思路，对照马克思主义的经典文本，对泰恩的公式作了"修改"。他写道：

> 一定程度的生产力的发展；由这个程度所决定的人们在社会生产过程中的相互关系；这些人的关系所表现的一种社会形式；与这种社会形式相适应的一定的精神状况和道德状况；与这种状况所产生的那些能力、趣味和倾向相一致的宗教、哲学、文学、艺术。[①]

同时，普列汉诺夫对这个论断进行了补充说明，他指出："这个'公式'……我们觉得它有无可争辩的优点，觉得它更好地表现了存在于不同的'一系列环节'之间的因果关系。"[②] 可以说，在这里，普列汉诺夫对"五项力量公式"进行了第一次概括，形成了生产力—生产关系—社会形式—精神状况、道德状况—宗教、哲学、文学、艺术的结构序列。

（2）"五项力量公式"的发展、完善过程

在《论一元论历史观的发展问题》（1895年）、《替经济唯物主义说几句话》（1896年）、《论唯物主义的历史观》（1897年）、《论"经济因素"》（1897~1898年）、《阶级斗争学说的最初阶段》（1898年）、《唯物主义历史观》（1901年）等文中，普列汉诺夫对社会结构划分的这一基本思想进行了深化发展。

在《论一元论历史观的发展问题》中，普列汉诺夫将社会结构概括为生产力—经济关系—社会政治形式—人类的观念、情感、意图和理想。

在《替经济唯物主义说几句话》中，为了指出"生产者之间的相互关系决定于各个时期的生产力状况"，普列汉诺夫认为"那些决定着人的道德概念以及其他一切概念的社会关系便产生了"。[③] 这里，我们得出的序列是：生产力—生产关系—社会关系—人的道德概念以及其他一切概念。

---

① 《普列汉诺夫哲学著作选集》第2卷，三联书店，1961，第186、187页。
② 《普列汉诺夫哲学著作选集》第2卷，三联书店，1961，第186、187页。
③ 《普列汉诺夫哲学著作选集》第2卷，三联书店，1961，第228页。

在为意大利马克思主义者拉布里奥拉写的书评《论唯物主义的历史观》中，普列汉诺夫强调，"在人类支配之中的生产力，决定了人类的一切社会关系"。"生产力的关系自然而然地引起一定的利益，这些利益都一一表现于法律之中。"① 同时，"任何民族的法律、国家体制与道德都直接为其特有的经济关系所决定。这些经济关系同时也决定着——不过是间接地——思维与想象的一切创造活动：艺术、科学，等等"②。在这里，社会结构的序列是：生产力—社会关系、利益—道德、国家体制、法律—艺术、科学。

在《论"经济因素"》中，普列汉诺夫指出，"社会的一定的经济结构是由一定的生产力的状况决定的。一定的法律和政治关系是在社会的一定的经济结构上成长起来的。所有这些关系的总和反映在人们的意识中，并决定着他们的行为。'经济'有时候借助于'政治'以影响人们的行为，有时则借助于哲学，有时借助于艺术或任何其他意识形态，只有在社会发展的最后阶段上，'经济'才以自己本来的'经济'形态出现于人们的意识中"③。由此看来，这个关系可归纳为：生产力—经济结构—社会关系—政治、哲学、艺术等意识形态—人们的行为。

在为《共产党宣言》俄文版所作的序言《阶级斗争学说的最初阶段》一文中，为了批驳法国复辟时代的历史学家诉诸人的本性来说明社会制度的起源的错误看法，普列汉诺夫指出："为了生产，人们就必须以一定的方式把自己的力量结合在一起，彼此间建立起一定的关系。这种关系马克思称之为生产关系。这些关系的总和就组成了社会经济结构，人们的一切其他（社会）关系都建立在这种结构上。"④ 这些条件，首先是地理环境的性质，决定着受人们支配的生产力的状况。"一定的生产关系适应一定生产力的状况，而一定的社会制度适应一定的生产关系，社会制度的性质却影响着人们的心理，同时并决定着人们的智力、道德和一般所谓整个精神的发展。"⑤ 在这里，社会结构的序列已扩展为：地理环境的性质—生产力—社会制度—人们的心理—人们智力、道德等。

---

① 《普列汉诺夫哲学著作选集》第2卷，三联书店，1961，第272页。
② 《普列汉诺夫哲学著作选集》第2卷，三联书店，1961，第272页。
③ 《普列汉诺夫哲学著作选集》第2卷，三联书店，1961，第326页。
④ 《普列汉诺夫哲学著作选集》第2卷，三联书店，1961，第550页。
⑤ 《普列汉诺夫哲学著作选集》第2卷，三联书店，1961，第550页。

在"唯物主义历史观"的讲演中，普列汉诺夫区分了原始社会、共产主义社会与阶级社会的两种不同的社会结构。他指出，"在原始的、或多或少共产主义的社会里，艺术受着经济状况和生产力状况的直接影响。在文明社会里，艺术的发展决定于阶级斗争。阶级斗争当然决定于经济的发展，但是经济结构的作用在任何情况下都是间接的"。在解决社会制度起源的问题上，普列汉诺夫对《〈政治经济学批判〉序言》作了进一步解读。他指出，"每一民族的经济制度决定着它的社会制度，而它的社会制度也反过来决定它的政治制度、宗教制度等等"①，经济制度又是"人类为了自己的生存而同自然进行的斗争"的结果。综合这些论述，我们可将社会结构归纳为：

原始社会、共产主义社会：生产力状况、经济状况—艺术
阶级社会：生产力—经济结构—阶级斗争—艺术
生产力—经济制度—政治制度、宗教制度

最后，这一思想逐步浇铸成了《马克思主义的基本问题》中"五项力量公式"的经典表述。通过比较，我们可以发现，这个公式在其形成过程中尽管有不同的表达，但一直都存在诸多共通点。譬如，无论是在《唯物主义史论丛》中，还是在《替经济唯物主义说几句话》《论"经济因素"》中，乃至最后定型的"五项力量公式"，都是为了强调，历史唯物主义在研究社会各因素、力量对历史发展的作用时，不应局限于各社会力量间的相互作用，而应探询"更高规定的第三者的环节"，从而证明历史唯物主义始终是"彻底的唯物主义一元论"。但与此同时，我们也看到，普列汉诺夫之前所论述的社会结构序列与"五项力量公式"在起始点上也是大致相同的，即"生产力"与"社会意识"，所不同的只是中间项目。例如，在《唯物主义史论丛》中，他用的概念是"生产关系"和"社会形式"。后来普列汉诺夫可能觉得"社会形式"太过于笼统，所以从《阶级斗争学说的最初阶段》开始便试图考虑将其作进一步界划。另外，苏联学者巴加图利亚及维戈茨基在《马克思的经济学遗产》一书中认为，马克思在《〈政治经济学批判》

---

① 《普列汉诺夫哲学著作选集》第 2 卷，三联书店，1961，第 745 ~ 746 页。

序言》中列举了两种社会结构的基本序列及四个基本要素,即生产力—生产关系—政治上层建筑—社会意识形式;生产方式—社会生活—政治生活—精神生活。[①] 令人惊奇的是,我们可以清晰地看到,苏联学者所理解的社会结构序列与普列汉诺夫所得出的结论颇为相似,这足见普列汉诺夫对马克思社会结构思想的深刻洞见。

2. "五项力量公式"的主要思想及其贡献

（1）生产力与生产关系

从普列汉诺夫关于社会结构图式演变过程来看,虽然它们所涵盖的因素存在某些差异,但是它们都包含了生产力与生产关系这两个核心因素。可以说,这两个因素及其相互关系构成了普列汉诺夫社会结构理论的重点。

在生产力的研究上,我们看到,普列汉诺夫只是对马克思恩格斯观点作了注释性的解读,很难找到新的思想。但他唯一做到的就是,捍卫了历史唯物主义一元论的本质。当时以保尔·巴尔特为代表的一批资产阶级学者从历史二元论的角度出发,为历史唯物主义贴上了"独断主义"的标签,同时,这一思想在俄国国内也得到了回应,主观主义民粹派分子米海洛夫斯基、卡列也夫等人以"历史中的经济唯物主义"等名号来指责历史唯物主义。对此,普列汉诺夫在《论一元论历史观的发展问题》《论唯物主义的历史观》等文中,划清了历史唯物主义与"经济唯物主义"之间的界限,主要表现在三个方面。其一,他指出,经济唯物主义实质上是历史唯心主义。经济唯物主义者就是"主张经济因素在社会生活中有支配意义的人"[②]。这些人在历史上不在少数,例如,法国复辟时代的历史学家基佐、米涅、梯叶里和托克维尔等人都承认经济"因素"在历史中起着首要作用,但是他们"虽则肯定了经济因素在社会生活中的支配作用,但却深信这个因素本身又是人类知识和观念的产物"[③],所以经济唯物主义不仅不排斥历史唯心主义,而且认为它不过是"唯心主义的简单变种"。其二,经济唯物主义是一种"因素说"。在他们看来,"人类社会是一个重担,由一些不同的'力量'——道德、法律、经济等等——各自从它自己的方面沿着历史的道路拖

---

① 〔苏〕巴加图利亚、维戈茨基:《马克思的经济学遗产》,马健行译,贵州人民出版社,1981,第171页。
② 《普列汉诺夫哲学著作选集》第2卷,三联书店,1961,第260页。
③ 《普列汉诺夫哲学著作选集》第2卷,三联书店,1961,第261页。

拽着"。而历史唯物主义则认为"人们并没有创造出若干种不同的历史——法律史、道德史、哲学史——而只是创造了一种历史，他们自己的社会关系史"①。其三，经济唯物主义是一种折中主义。它主张"支配"因素是变幻不定的，因而"除了相互作用什么都没有"。而唯物主义的历史观是"现代的一元论"，它认为相互作用"本身还说明不了任何问题"，它不可能为自己找到最后的解释。因此，为了弄清相互作用诸力量的性质、彼此发生影响的社会机体的性质，就必须"由社会机体的生产力状况所决定的这些机体的经济结构来解释"②。

综上，依普列汉诺夫之见，历史唯物主义是由生产力所决定的"一元论"。但是我们也能够在其他地方发现，普列汉诺夫有时将生产力与"经济"一概而论。例如，他指出，"实际上各社会之间的关系的基础正是经济……生产力发展中的每一个阶段都需要自己的武装系统、自己的战术、自己的外交、自己的国际法。自然可以看出，在许多场合下国际冲突同经济没有直接的关系"③。这样就会使人误以为经济的发展也就是生产力的发展。其实，在普列汉诺夫看来，经济与生产力是有严格界分的。他在《论一元论历史观的发展问题》一书中，对经济下过明确的定义，即"经济是在人们的生产过程中构成特定社会的人们的实际关系的总和。这些关系不是不动的形而上的本质。它们在生产力发展的影响下以及在特定社会周围的那个历史环境的影响下永远变化着"④。可以看出，经济只是在生产力基础上"派生的东西"，以至于"生产力的新状况引起新的经济结构"，"经济本身乃是结果，是生产力的'函数'"⑤，是故，经济关系由生产力的状况所决定，并因生产力状况的变化而变化，也就是说，经济与生产力只是"起源"与"派生"的关系。所以，普列汉诺夫绝不是某些学者所说的"经济

① 《普列汉诺夫哲学著作选集》第 2 卷，三联书店，1961，第 294 页。
② 〔俄〕普列汉诺夫：《论一元论历史观的发展问题》，王荫庭译，商务印书馆，2012，第199 页。
③ 〔俄〕普列汉诺夫：《论一元论历史观的发展问题》，王荫庭译，商务印书馆，2012，第173 页。
④ 〔俄〕普列汉诺夫：《论一元论历史观的发展问题》，王荫庭译．商务印书馆，2012，第267 页。
⑤ 〔俄〕普列汉诺夫：《论一元论历史观的发展问题》，王荫庭译，商务印书馆，2012，第180 页。

决定者""经济唯物主义者"，他始终强调"社会历史过程的基本原因是生产力的发展"①。

在生产力的内涵上，普列汉诺夫指出，它是"人们改造自然的能力"。在生产力的内部结构上，普列汉诺夫论述过劳动工具、劳动对象以及劳动主体，而且他把劳动工具的说明放在了重要位置上，他还提出了"技术的发展就是生产力的发展"②，特定社会的生产力增长的历史首先就是它的人为器官改进的历史的重要论断。令人遗憾的是，与劳动工具比较起来，普列汉诺夫对劳动者在生产力发展过程中的地位的阐述明显单薄了许多，虽然他曾多次引证马克思《哲学的贫困》中的那句经典话语，"在一切生产工具中，最强大的一种生产力是革命阶级本身"③，但他并未对其作出深入的解读。

在关于生产关系的问题上，普列汉诺夫在马克思恩格斯的思想基础上对其作了进一步的发挥。他对生产关系的内涵及外延进行了界定。在《对我们的批判者的批判》一文中，针对合法马克思主义者司徒卢威把社会的生产力及其生产关系看作一种特殊的实质或"事物"的观点，普列汉诺夫对生产关系作了广义、狭义之分，他指出，"司徒卢威等人把生产关系一词用作比较狭隘的财产关系的意思"。而马克思在《〈政治经济学批判〉序言》中说，"新的生产关系在它们的存在的物质条件还没有成熟以前就不能代替旧的生产关系。所谓新的生产关系存在的物质条件，在这里也可以理解为生产者们在生产过程中的那些直接关系，它们在比较广义上也应当被称为生产关系"④。我们在这里可以看出，他已把劳动者之间的关系纳入生产关系的范畴之中，而且他在《唯物主义历史观》中进一步指出，"人们在生产中的关系决定着财产关系"，这无疑具有重要的意义。

在生产力与生产关系的关系上，普列汉诺夫明确从内容与形式的辩证关系的角度对其作出了深刻的解析。普列汉诺夫认为，由一定的内容所产生的形式，由于同一内容进一步增长而被抛弃的规律是普遍的规律，不论

---

① 〔俄〕普列汉诺夫：《论一元论历史观的发展问题》，王荫庭译，商务印书馆，2012，第183页。
② 《普列汉诺夫哲学著作选集》第2卷，三联书店，1961，第748页。
③ 《马克思恩格斯文集》第1卷，人民出版社，2009，第655页。
④ 《普列汉诺夫哲学著作选集》第2卷，三联书店，1961，第601页。

是社会生活的还是有机体生命的发展都服从于它，所以它是伟大、普遍和永恒的"矛盾公式"，这一公式更好地表达了马克思对社会发展过程的思想。接下来，普列汉诺夫引证了《资本论》第 3 卷中关于生产力与生产关系对立统一关系的论述，指出，"社会的人在生产上对于自然界所起的作用以及在这一作用过程中发生的生产力的增长，这是内容；社会的经济结构，它的财产关系，这是形式，为该内容（'物质生产的发展'的某一阶段）所产生，而且会由于同一内容的进一步发展而被抛弃"①。

（2）"在一定的经济'基础'上生长起来的社会政治制度"

如前所述，在社会结构序列的运演过程中，在介于生产力与精神因素之间的层次上，普列汉诺夫使用的是"社会形式"的概念，但后来，他对自己的表述方式作了微调，分别用"法律制度""社会制度""政治制度""经济制度"等概念对其进行了置换。在《马克思主义的基本问题》中，普列汉诺夫正式提出"在一定的经济'基础'上生长起来的社会政治制度"。那么，发生这一转变的原因是什么呢？

我们认为主要是由于"五项力量公式"是对马克思《〈政治经济学批判〉序言》关于社会结构理论的具体申说，且在该文中马克思提出了两种社会结构序列，而普列汉诺夫一直希冀通过一种简洁、相对完整的社会结构序列将其串联起来。因此，他经过再三斟酌，用"社会政治制度"来指代其在之前不同时期所提出的法律、国家、宗教、政治、社会制度等关系。这足以表明普列汉诺夫在社会结构科学图式描画上的良苦用心，丰富和发展了经济基础与上层建筑相互关系的理论。在关于决定社会政治制度的基础概念问题上，他根据马克思恩格斯的相关论断，提出了广义、狭义的经济基础概念。一方面，普列汉诺夫充分肯定了《〈政治经济学批判〉序言》中，马克思给经济基础下过的定义即"这些生产关系的总和构成社会的经济结构"②。在《论"经济因素"》一文中，使用了与之大体相似的表述，"人们在自己的生产活动过程中所处的那些相互关系的总和叫做社会的经济结构"③。另一方面，普列汉诺夫也注意到了经济基础的另外一层含义，因

---

① 《普列汉诺夫哲学著作选集》第 2 卷，三联书店，1961，第 615 页。
② 《马克思恩格斯文集》第 2 卷，人民出版社，2009，第 591 页。
③ 《普列汉诺夫哲学著作选集》第 2 卷，三联书店，1961，第 321、322 页。

为恩格斯曾在《共产党宣言》1883 年德文版的序言中写道："每一历史时代
主要的经济生产方式和交换方式以及必然由此产生的社会结构，是该时代
政治的和精神的历史所赖以确立的基础，并且只有从这一基础出发，这一
历史才能得到说明。"① 请注意，这里恩格斯所说的"基础"显然不仅包括
全部生产关系的总和，而且包括人与自然的关系，即生产力。对此，普列
汉诺夫在《阶级斗争的最初阶段》等文中反复引证了这一重要论断，而且
他在诸多论著中，时常将生产力与"经济"等同看待。最终，普列汉诺夫
的这一思想在《马克思主义的基本问题》中得到了集中呈现。他指出："如
果我们想简短地说明一下马克思和恩格斯对于现在很有名的'基础'对同
样有名的'上层建筑'的关系的见解，那么我们就可以得到下面一些东
西。"可见，他这里所说的基础明显是包含"生产力的状况"及"被生产力
所制约的经济关系"两项的。然而，有学者认为，普列汉诺夫对上层建筑
的"关注只在'社会心理'方面，其提到的上层建筑只是'意识形态的上
层建筑'，并未将'政治制度'一词与之混用"②。诚然，普列汉诺夫确实
在多个场合只将上层建筑的重点放在谈论"思想体系的上层建筑"方面，
但这并不说明，在他的视界里，政治制度就与上层建筑没有干系，这种观
点显然是对普列汉诺夫思想的误解，没有把捉到普列汉诺夫关于经济基础、
上层建筑有关内涵的思想。在"五项力量公式"中，普列汉诺夫把前两项
看作经济"基础"，而后三项则都统统归结为上层建筑，故而，社会政治制
度也包含在其中。

　　那么，经济基础与社会政治制度的关系是什么呢？在普列汉诺夫看来，
一方面，经济基础不仅决定其存在，而且决定着政治制度的发展方向、速
度；另一方面，政治制度对经济基础具有巨大的反作用。在针对资产阶级
学者伊纳马·施特尔以"政治和经济之间的相互作用乃是一切国家和一切
民族发展的根本特点"的论断来否定政治的反作用的思想时，普列汉诺夫
引证了马克思关于经济对法和政治的关系的有关论述，指出，"政治设施影
响经济生活。它们或者促进经济生活的发展，或者阻碍这种发展"③。这句

① 《马克思恩格斯文集》第 2 卷，人民出版社，2009，第 14 页。
② 胡为雄：《普列汉诺夫对上层建筑的解释及其评价》，《湖北经济学院学报》2010 年第 6 期。
③ 〔俄〕普列汉诺夫：《论一元论历史观的发展问题》，王荫庭译，商务印书馆，2012，第
　 176 页。

话的意思是说，特定政治制度之所以创立，正是为了促进生产力的进一步发展，而且一旦特定的政治制度不再符合生产力的状况，一旦它变成生产力进一步发展的阻碍，它就开始走向衰落，最后被消灭。同样，在《俄国社会思想史》（1914 年）中，普列汉诺夫说明了马克思和恩格斯非常重视政治对经济的强大反作用，他写道："马克思和恩格斯的历史唯物主义以社会制度来解释政治制度，又以社会经济来解释社会制度，最终地阐明了社会发展的经济和政治'因素'的相互关系。马克思和恩格斯是非常了解政治'因素'的巨大历史意义的。正是由于这个原因，他们才积极地从事政治。但他们比基佐更明确地看到，这一因素的作用，只不过经常是结果对其所自产生的原因的反作用。"①

（3）社会心理与思想体系

普列汉诺夫在"五项力量公式"中，明确地将社会意识区分为两个层次，社会心理与思想体系，即"一部分由经济直接所决定的，一部分由生长在经济上的全部社会政治制度所决定的社会中的人的心理以及反映这种心理特性的各种思想体系"②。同时，我们也注意到，在此之前，普列汉诺夫也作过同样的尝试，例如，在《论一元论历史观的发展问题》中，他以艺术史为例，指出，"艺术是同与之相联系的某种精神状况和风俗状况一起出现和一起消失的"，"任何艺术作品，就像任何哲学体系一样，都可以用特定时代的精神状况和风俗状况来解释"。③ 在这里，普列汉诺夫将社会意识区分为精神状况、风俗状况和艺术、哲学两个部分。

关于社会心理、思想体系的概念、内涵、特征及发展规律等问题，我们已在之前谈论过，此处只谈一下社会心理与思想体系的相互关系。普列汉诺夫在《马克思主义的基本问题》一书中说过"一切思想体系都有一个共同的根源，即某一时代的心理"④，各种思想体系反映着特定历史条件下社会人的心理的特性。那么，有人不禁会问，普列汉诺夫不是说"基础"才对思想体系上层建筑起决定作用吗，在这里，那他不是给了自己一记重

---

① 〔俄〕普列汉诺夫：《俄国社会思想史》第 1 卷，商务印书馆，1988，第 20 页。
② 《普列汉诺夫哲学著作选集》第 3 卷，三联书店，1962，第 196 页。
③ 〔俄〕普列汉诺夫：《论一元论历史观的发展问题》，王荫庭译，商务印书馆，2012，第 191 页。
④ 《普列汉诺夫哲学著作选集》第 3 卷，三联书店，1962，第 196 页。

重的耳光吗？其实不然，我们注意到，普列汉诺夫在论述这个问题的一系列著作中，都是就某个时期的哲学、文艺、宗教、历史、伦理等理论学科而言的。例如，他在《论一元论历史观的发展问题》《替经济唯物主义说几句话》《唯物主义史论丛》等著作中曾具体深入地阐明了同僧侣及贵族作斗争的第三等级的心理，18世纪的法国哲学，它的一切细节方面，受到当时反对僧侣和贵族的第三等级的心理的极大影响。在《唯物主义历史观》的第四讲中，他以文学及艺术为例阐发了同样的思想，由于举止风度随着社会结构的不同而有所差异，而它必然也要表现在文学和艺术上。正如伊波利特·泰恩所言，法国悲剧是17世纪法国贵族的风尚和癖好的产物。这些风尚和癖好不仅对法国，而且对英国也有强烈的影响，以致在英国复辟时代，莎士比亚都完全受到冷遇，《罗密欧与朱丽叶》一剧被认为是不好的。由此可见，普列汉诺夫在说明社会心理是思想体系的根源这个思想时，是有严格的限定条件的，即仅仅囿于精神现象时才会如此。另外，特定的思想体系在任何时候也只能反映及描述某一类社会心理。譬如，伦理学只是系统化反映人们的道德、情操等社会观念；政治学也只是反映人们的政治观念、利益诉求及情绪；社会主义理论，是无产阶级阶级心理的系统化。

与此同时，普列汉诺夫也强调了意识形态对社会心理的反作用。他经常引证马克思在《路易·波拿巴的雾月十八日》中所说的，在不同的财产形式上，在社会生存条件上，耸立着由各种表现独特的情感、幻想、思想方式和人生观构成的整个上层建筑，"通过传统和教育承受了这些情感和观点的个人，会以为这些情感和观点就是他的行为的真实动机和出发点"[1] 作为立论根据，来证明思想体系一旦形成便会发挥其对社会心理的能动反作用，不断"凝冻积淀"为社会心理。在这一方面，普列汉诺夫特别注重将社会主义理论转化为无产阶级的阶级意识，从而提高他们的阶级觉悟。

一方面，普列汉诺夫把无产阶级阶级意识的提高视为关乎社会主义能否实现的重要指针，即"光有过渡到社会主义的客观的经济的可能是不够的，还需要使工人阶级理解和意识到这个可能"[2]，但是由于阶级意识发展的不平衡性，因此，"不是所有工人都具有同等程度的阶级自觉，不是所有

① 《马克思恩格斯文集》第2卷，人民出版社，2009，第498页。
② 《普列汉诺夫哲学著作选集》第1卷，三联书店，1959，第350页。

的工人都同样清楚地了解工人运动的总的利益"①。换言之，人们对于社会生产过程中人们之间的关系的认识，落后于这些关系的发展。此外，甚至在同一个阶级内部，人们意识的发展也不是相同的：某些成员对当时事态的本质了解得快些，而另一些成员了解得慢些。于是这就有可能使先进者对落后者产生思想影响。同时，普列汉诺夫也将提高阶级意识作为"反对'主要敌人'的主要斗争形式之一"②，俄国社会民主主义者认为工人小组的政治斗争的主要手段是在工人阶级中间进行鼓动和进一步地在他们中间普及社会主义思想和革命组织。在把它们紧密联系成一个严整的整体的时候，这些组织不满足于和政府的局部冲突，将在便利的时刻很快就转到对它进行总的、坚决的攻击，而且不会停止在所谓恐怖主义活动之前，假使认为为了斗争的利益这是必需的③。

另一方面，在怎样提高阶级意识上，普列汉诺夫提出通过"宣传""灌输""普及""扩展"等途径来教育工人群众。其一，"没有革命的理论就没有名副其实的运动"，必须实现社会主义与工人运动的结合，"在无产阶级中间传播社会主义思想""使它觉悟到自己的力量和对胜利有信心"④。其二，"我们革命知识分子对专制制度的斗争以后，在达到政治自由后，就可以组织社会主义的工人政党，在农民中间开始经常的社会主义宣传"，"从'知识分子'出身的我们的革命者们，走进工人中间，在给工人们带着科学，唤醒无产者们的阶级意识"⑤。其三，由于"启发生产者的自觉，较之简单地在人民中普及知识，是一个更为确定、虽然的确也远为艰巨的任务"⑥，因而必须重视对无产阶级的教育，使他们自觉意识到"自己的社会地位以及由于他的这种地位而产生的任务"⑦。综合以上三点论述，我们可以看出，普列汉诺夫回答了在提高无产阶级阶级意识上的方法及途径的同时，也说明了这种阶级意识灌输问题的主客体关系，回答了谁来灌输，向谁灌输的问题。在这个过程中，革命知识分子无疑起了决定性的"霉菌"

---

① 《普列汉诺夫哲学著作选集》第2卷，三联书店，1961，第546页。
② 《普列汉诺夫哲学著作选集》第1卷，三联书店，1959，第395页。
③ 《普列汉诺夫哲学著作选集》第1卷，三联书店，1959，第418页。
④ 《普列汉诺夫哲学著作选集》第1卷，三联书店，1959，第105页。
⑤ 《普列汉诺夫哲学著作选集》第1卷，三联书店，1959，第460页。
⑥ 《普列汉诺夫哲学著作选集》第2卷，三联书店，1961，第238页。
⑦ 《普列汉诺夫哲学著作选集》第2卷，三联书店，1961，第238页。

作用。但需要特别指出的是，在社会主义理论究竟是从何而来的问题上，普列汉诺夫与列宁产生了严重的分歧。在《工人阶级和社会民主主义知识分子》中，普列汉诺夫从列宁的《怎么办》中抓住列宁"个别的表述不完全恰当或不完全确切的说法"即"社会民主主义的理论完全不依赖于工人运动的自发增长"这句话，指责"列宁把社会主义从群众中驱逐出去，又把群众从社会主义中驱逐出去"①，强调虽然社会主义理论的确是在有产阶级中学识丰富的人即知识分子创造的哲学、历史和经济的理论中成长起来的，但是它也是直接依赖"工人运动的自发增长"而形成的，例如，马克思和恩格斯的理论观点是在德国、法国和英国的"工人运动的自发增长"的最强大的影响下发展起来的。当然，这里普列汉诺夫提出社会主义理论的产生与工人阶级的自发运动有一定关联是合理的，但是他对列宁的批评有点言过其实。

对此，我们来看一下列宁写作《怎么办》一书的历史背景。当时伯恩施坦主义在俄国国内蔓延，其在俄国国内的变种经济派大肆鼓吹"自发论""涣散论"，过分推崇经济斗争，而摒弃无产阶级的政治任务。在此情形下，为了将"被扭曲的棍子掰直"，抵御国际修正主义对新生俄国社会民主党的腐蚀，凸显无产阶级的高度自觉性，列宁写作了《怎么办》。在该文中，列宁重申必须从外面向工人阶级灌输社会主义意识。由此可见，列宁的那番言论是在具体的历史条件下提出的，为了保证俄国社会民主党的健康成长，他不得不过多地强调自觉性的问题。正如列宁在《十二年来》文集序言中写的那样，"普列汉诺夫的批评显然是在吹毛求疵，断章取义""完全无视小册子的总的内容和整个精神"②，与此同时，在此后的论著中，他再也没有重复过这个不太准确的表述。事实上，如果社会主义的理论完全脱离了工人自发运动，那么思想体系与社会心理相互联系的原理也就无从谈起了。

3. "五项力量公式"评析

自"五项力量公式"提出以来，国内外学者对这一公式的评价可谓见仁见智、褒贬不一、莫衷一是。概括起来大致有三种观点。

---

① 〔俄〕普列汉诺夫：《普列汉诺夫机会主义文选（1903 年–1908 年）》上册，虚容译，三联书店，1964，第 105 页。
② 《列宁选集》第 1 卷，人民出版社，1995，第 771 页。

观点之一：完全肯定说。王荫庭教授认为这个公式"不仅全面分析综合和补充了唯物史观的基本观点，而且第一次提出了把社会意识划分为'社会心理'和思想体系两个层次和两个发展阶段的完整理论"①。

观点之二：完全否定说。胡为雄教授认为这个公式"对于马克思的唯物史观尤其是经济基础与上层建筑理论或社会结构理论……并没有太新的贡献，只是使问题复杂一些"②。福明娜认为，普列汉诺夫崇尚"抽象的公式主义"，"把基础和上层建筑在社会生活中的相互作用的全部辩证的复杂性简单化了"，而且"把生产力和生产关系割裂开了"。③

观点之三：中肯评价说。约夫楚克、库尔巴托娃认为，普列汉诺夫"把社会历史过程分为五项形态的提法中有某些公式化，但总的说来对历史唯物主义的解释以及对他的观点的论证是相当有根据的"④。刘佩弦、马健行则将其与马克思在《〈政治经济学批判〉序言》中的"经典公式"比较，评价道：普列汉诺夫的公式不仅是对马克思"经典公式"的具体化，而且是"对于人们理解马克思的公式却不无益处的见解"，如对"基础"的广义、狭义之分。然而，这个公式也有明显的缺陷，"马克思的公式对于社会结构及其矛盾运动的考察，是同论证社会革命特别是无产阶级社会主义革命的必然性联系在一起的；相比之下，普列汉诺夫的公式则大为逊色，它只着眼于考察社会结构各项因素之间的关系，而未能把这一考察同论证社会革命尤其是无产阶级社会主义革命的必然性紧密结合起来"。所以，这个公式和马克思的公式相比"不是前进了，而是后退了"⑤。

综上，我们可以看到，这三种观点一致认为"五项力量公式"过于简单化，社会结构各要素之间的复杂联系不能全部呈现。其实，要正确评价这个公式，我们认为，应该结合普列汉诺夫提出该公式的初衷及背景来综合考量才是比较合适的。在当时，历史唯物主义受到了多方责难，有以伯

---

① 王荫庭：《普列汉诺夫对历史唯物主义理论的创新性贡献》，《南京政治学院学报》2008 年第 2 期。

② 胡为雄：《普列汉诺夫对上层建筑的解释及其评价》，《湖北经济学院学报》2010 年第 6 期。

③ 〔苏〕福明娜：《普列汉诺夫的哲学观点》，汝信译，三联书店，1957，第 306 页。

④ 〔苏〕米·约夫楚克、伊·库尔巴托娃：《普列汉诺夫传》，宋洪训、纪涛译，三联书店，1980，第 311 页。

⑤ 刘佩弦、马健行：《第二国际若干人物的思想研究》，中国人民大学出版社，1994，第 249～250 页。

恩施坦为首的修正主义者,攻讦马克思主义关于社会的学说犯了"经济的片面性",并把矛头对准恩格斯,说他晚年放弃了马克思关于物质生产方式的决定性作用的观点,好像成了折中主义"因素论"的拥护者。也有经验主义者试图打着"论证"马克思主义哲学的幌子,不断把马克思主义哲学思想与资产阶级的哲学思想家——康德、马赫、阿芬那留斯、奥斯特瓦尔德等人的理论结合起来。在这种情形下,为了反对这些把历史唯物主义庸俗化的思潮,捍卫历史唯物主义的科学性,普列汉诺夫的首要任务就是将马克思和恩格斯所制定的唯物主义历史观通俗化,并作出令人信服的解释,而"五项力量公式"正好契合这一目的。正是这个目的,让《马克思主义的基本问题》一书成为"历史唯物主义最重要原理的独特汇编",并得到了最广泛的传播。从1908年到1957年,该书用俄、德、英、保、日、中等各种文字出版了40多版。列宁也赞扬这部著作"关于马克思主义哲学及历史唯物主义问题""作了最好的论述"[1],而且在《哲学笔记》中对这个公式也作了摘录,并在其旁边加上竖线,表示重视。总之,我们可以认为,"五项力量公式"不仅仅是单纯的历史唯物主义命题,更是关于历史唯物主义全貌的概观。

二 "个人在历史上的作用"

如何科学评价个人在历史上的作用,历来是历史哲学中的一个重要问题。在马克思以前,不管是18世纪法国启蒙思想家、复辟时期的法国历史学家、19世纪空想社会主义者,还是俄国民粹派、青年黑格尔主义者,由于历史的和阶级的局限性,都未能对这个问题给出全面、令人满意的答案。自从马克思恩格斯创立唯物史观,对这一问题的解答才真正奠定在科学的基础上。

继马恩之后,普列汉诺夫不仅承继了人民群众是历史的创造者的基本思想,而且他运用历史辩证法,从自由与必然、主观与客观、偶然性与必然性、原因与结果、一般与特殊诸多角度,集中探讨了群众和英雄、英雄

---

① 《列宁专题文集·论马克思主义》,人民出版社,2009,第45页。

和时势、个人与社会发展的一般趋势、个人与历史环境的辩证关系，对这些问题的阐释，不仅系统深刻，而且颇具特色。这些思想虽然在《唯物主义史论丛》《论一元论历史观的发展问题》《谈谈历史》《马克思主义的基本问题》《尼·加·车尔尼雪夫斯基》等文中有所提及，但从整体来看，它们远不及普列汉诺夫在 1898 年俄文杂志《科学评论》上发表的《论个人在历史上的作用问题》系统。这篇文章思想之深邃、语言之精练、论述之鞭辟，对个人在历史上的作用问题作了最为系统且最彻底的分析，这些观点为我们正确处理无产阶级政党与人民群众的关系问题提供了重要的方法论原则。正因为如此，在我们党的历史上，毛泽东曾将这本书列入党员干部必读的书目之中。在这里，我们将以这部著作的主要内容为依据，结合普列汉诺夫相关的著述及言论，对这个问题进行深入剖析。

1. 自由与必然的关系之维：个人在历史上的作用

关于自由与必然的关系问题，我们在第三章中已有论述。此处，我们只想讨论，普列汉诺夫如何依据自由与必然的辩证关系，来阐释个人在历史上的作用。在普列汉诺夫看来，马恩以前，个人在历史上的作用问题并没有得到真正科学的解释，主要原因就在于方法论上的缺陷。对此，普列汉诺夫在《个人在历史上的作用》一书中，从批判当时广为盛行的因素论、无为主义、英雄史观三类思潮入手，在科学阐明自由与必然辩证关系的基础上，揭示了个人在历史上的作用。

三种错误思潮在方法论层面上都带有形而上学的缺陷。所谓无为主义是指，坚持人的一切行为都取决于神的意志，由此产生漠不关心、神秘直观对待生活，消极被动的"宿命论"。也就是说，这种观点过分夸大了历史运动过程的规律性，而抹杀了个人的作用。例如，英国学者普赖斯在评析英国唯物主义哲学家普利斯特列的学说时，认为唯物主义与自由概念不相容，而且唯物主义取消个人的任何独立性。然而英雄史观与此恰好相反，主张个人的作用决定着历史发展的方向。例如，以巴枯宁、特卡乔夫为代表的早期民粹主义者，认为只有"革命的少数人"才能在旧世界的废墟上建立一个能够朝着共产主义理想的方向前进和发展的新世界，以他们"秘密活动的伎俩来代替历史发展"。可见，这种观点恰恰是过分强调个人的历史作用，贬抑或否认历史运动是合乎规律的必然过程。为了调和这两种观点，因素论看到了社会历史发展中各种因素的作用，但它任意地划分出社会生活的各个不同方面，并把它们说成独立存在的东西，使它们变成从各个方面和以不同结果吸引社会人走上进步道路的特种力量。其实质就是坚持折中主义的思维方式。其中，以俄国民粹主义者米海洛夫斯基为代表，他将英雄、群氓看作社会生活中的"两个因素"，而社会学的任务就在于研究"这两个因素的相互关系"①。基于此，他责难辩证唯物主义是一种为了经济"因素"而牺牲一切其他因素并且根本否定个人在历史上的作用的学说。

总之，这三种观点对于个人在历史上的作用问题的理解缺乏解释力、说服力，症结就在于没有厘清自由与必然的关系。对此，普列汉诺夫认为个人在历史上的作用问题的本质，其实就是个人在历史必然性制约下的意志自由及能动作用问题。因此，在探讨个人在历史上的作用问题时，普列汉诺夫认为首先需要说明自由与必然的同一性。那么，怎样理解这两者之间的同一性呢？在普列汉诺夫看来，这主要体现在三个方面。

第一，人们的活动是"构成必然事变链条中的必然环节"②。也就是说，无论人的行为具有什么性质，高尚还是卑下、积极还是消极、意义重大还是微乎其微，他们无不身处一定的历史环境之中，同社会历史运动规律发生着这样或那样的密切联系。例如，资本主义自身的发展导致自身的否定，这是历史的必然性。同样，作为马克思学说信徒的"俄国学生们"由于其社会地位以及由"这种地位所造成的、自己的智能的和精神的特性"，他们"充当这个必然性的一种工具"③。正如路德所言"我既在这个位置，便不能不这样"。

第二，自由"始终具有必然性色彩"。普列汉诺夫区分了两种不同类型的必然性。一种是自然的客观必然性。例如，在月食形成的各种条件中，人的活动无论如何不包括，也不能包括在内。另外一种是社会历史发展的必然性。它必须通过个人的活动才能展开、运行。这意味着，个人是历史活动的主体，历史是借助于人们有目的的活动创造的。此外，人们的意志自由无论过去、现在、将来都是必然性的结果。例如一个人如果像穆罕默

① 《俄国民粹派文选》，人民出版社，1983，第822页。
② 〔俄〕普列汉诺夫：《论个人在历史上的作用问题》，王荫庭译，商务印书馆，2010，第6页。
③ 〔俄〕普列汉诺夫：《论个人在历史上的作用问题》，王荫庭译，商务印书馆，2010，第11页。

德一样自认为是上帝的使者，像拿破仑一样自认为是绝对不可阻挡的命运所选定的人物，或者像 19 世纪某些社会活动家一样自认为代表谁也无法遏制的历史运动的力量，他就会表现出几乎自发的意志力，像摧毁纸糊的房子那样，把各个大大小小的哈姆雷特在他的道路上造成的所有障碍一扫而光。

第三，自由必须成为"必然性自觉和自由"。虽然人的自由活动受到历史必然性的约束，但他们不是消极无为的。依普列汉诺夫之见，自由不但不是不受外部约束的自由，而且是从必然性中生长出来的，是与必然性同一的自由。换言之，必然性对人的自由活动的约束只是针对那些没有充分认识到必然性的人，"不善于架设桥梁越过分隔理想与现实鸿沟的人们感到苦恼的那种约束"，于是他们只有用自身的精神痛苦迁就与自由对立的外部必然性。因此，一旦这些人摆脱了"这种恼人的和可耻的拘束的枷锁"，他们的自由活动就"成为必然性自觉和自由的表现"，"自由跟必然性就是同一的"。①

2. 偶然性与必然性的关系之维：个人在历史上的作用

在考量个人对历史的作用时，必须观照这种作用的程度、大小、性质等问题，而这就涉及偶然性。在人的社会历史活动中，个人智力特性、精神特性、才能、知识、性格、生理状况对社会历史发展进程的影响如何、价值多大？对此，普列汉诺夫给予了自己的回答。

一方面，普列汉诺夫说明了偶然性对历史事变的影响作用。他认为，主观主义者和宿命论者不是夸大了这些因素的影响，就是磨灭了它们的价值。例如，"宿命论派"历史学家圣伯夫就梯也尔《法国革命史》第五、第六卷的问世说过："一个人随时都能依其意志的突然决定给事变的进程施加新的、出乎意料的和变化无常的力量，这种力量能够使事变进程变更方向。"对此，普列汉诺夫指出，一个在社会生活中扮演或多或少重要角色的人的智力特性和精神特性等"不能不对事变的进程和结局发生很显著的影响"②。譬如，在奥地利王位继承战争时期，如果路易十五具有另一种性格，

---

① 〔俄〕普列汉诺夫：《论个人在历史上的作用问题》，王荫庭译，商务印书馆，2010，第10页。
② 〔俄〕普列汉诺夫：《论个人在历史上的作用问题》，王荫庭译，商务印书馆，2010，第29页。

或者如果换上另一个国王，那么法国的领土也许会扩大，它的经济发展和政治发展的进程也会有一些变化。此外，通过列举大量的例证，普列汉诺夫进一步说明了偶然现象及某些个人的性格、偏好、生理状况对于社会命运的影响，而且甚至"次等偶然现象的偶然现象"也决定着某个国家的命运。

另一方面，普列汉诺夫没有完全停留在偶然性的视域下论述个人在历史上的作用，而是在必然性与偶然性的分析框架中，具体探讨了偶然性因素的形成、本质及作用范围。

（1）偶然性的作用"只有在特定的社会条件下才能实现"①

就本质而言，"偶然性是一种相对的东西"。因为，虽然偶然性因素有时对社会发展的影响非常大，但无论是这种影响的本身，还是影响的规模，它都是由社会组织、社会力量的对比来决定的。例如，个人的性格只有在社会关系容许他这样做的那个地方、那个时候和那种程度内，才是社会发展的"因素"。法国路易十五的性格及其情妇的怪癖，他们的这种精神特性对当时法国社会命运产生了可悲的影响，但这种情况归根到底是由当时法国社会力量对比状况决定的。

（2）偶然性"只出现在诸必然过程的交会点上"②

偶然因素产生及其对社会历史发展的影响，总是由必然性发展中形成的合力造成。就偶然性现象的产生来看，欧洲人出现在美洲，对于住在墨西哥和秘鲁的人说来是偶然现象，因为他们的出现不是从这些国家的社会发展中产生的。然而，西欧人在中世纪末期为航海的强烈热情所支配不是偶然现象；欧洲人的势力轻易地战胜了土著人反抗这种情况不是偶然现象。欧洲人征服墨西哥和秘鲁的后果也不是偶然的，这些后果归根结底是由一方面被征服国家的经济状况和另一方面征服者的经济状况这两种力量的合力作用所决定的。可见，个人对社会的命运常常有重大的影响，然而，"这

---

① 〔俄〕普列汉诺夫：《论个人在历史上的作用问题》，王荫庭译，商务印书馆，2010，第36页。
② 〔俄〕普列汉诺夫：《论个人在历史上的作用问题》，王荫庭译，商务印书馆，2010，第38页。

种影响是由社会内部结构以及社会对其他社会的关系决定的"①。

(3) 偶然性不能取消必然性

恩格斯晚年曾在给布洛赫的信中说过:"经济运动作为必然的东西通过无穷无尽的偶然事件向前发展。"② 这也就是说,任何必然性都是通过诸多的偶然现象表现出来的,偶然现象背后都是必然性使然。对此,恩格斯以伟大人物为例说明了这个道理,他指出,"恰巧某个伟大人物在一定时间出现于某一国家,这当然纯粹是一种偶然现象。但是,如果我们把这个人去掉,那时就会需要有另外一个人来代替他,并且这个代替者是会出现的,不论好一些或差一些,但是最终总是会出现的。假如没有拿破仑这个人,他的角色就会由另一个人来扮演"③。普列汉诺夫对这些思想进行了具体的发挥。第一,他反复强调了无论偶然性对历史进程的作用有多大,它都受必然性的制约。普列汉诺夫指出:"只要特定的经济关系适合特定的生产力状况,无论特定个人的特点是怎样的,他都不可能取消这种经济关系。然而人物的个性特点使他或多或少地适合于满足在特定经济关系基础上生长起来的那些社会需要,或者适合于阻碍这种满足。"④ 同时,他结合具体的历史事件和历史人物对这一思想进行了佐证,例如,假设罗伯斯庇尔在处死法国国王路易十六的那一天偶然去世,那么他的位置自然会由别的人来取代,而且,即使这个别的人在一切意义上都比他差得多,事情仍然会按照罗伯斯庇尔在世时所走的那同一个方向发展。第二,偶然性起作用是有条件的。以杰出人物为例,其一,"他的才能应当使他成为比其他人更符合这个时代的社会需要",比如说如果拿破仑拥有的不是自己的军事天才,而是贝多芬的音乐禀赋,那么他自然做不成皇帝。其二,"现存的社会制度不要阻碍具有恰恰是当时所需要和有益处的那种特点的人物的道路"。比如,法国的旧制度没有变,同一个拿破仑也许终身是一个不大知名的将军。因此,普列汉诺夫强调,有影响的人物由于自己的智慧和性格的种种特点,

---

① 〔俄〕普列汉诺夫:《论个人在历史上的作用问题》,王荫庭译,商务印书馆,2010,第39页。

② 《马克思恩格斯文集》第10卷,人民出版社,2009,第591~592页。

③ 《马克思恩格斯文集》第10卷,人民出版社,2009,第669页。

④ 〔俄〕普列汉诺夫:《论个人在历史上的作用问题》,王荫庭译,商务印书馆,2010,第40页。

"可以改变事变的个别外貌和事变的某些局部后果,但它们不能改变事变的总的方向,这个方向是由别的力量决定的"①。

3. 一般与特殊的关系之维:个人在历史上的作用

如果说,普列汉诺夫在自由与必然、偶然性与必然性关系的视角下对个人在历史上作用问题的论述仅仅只是对前人思想的详尽"注解"(法国复辟时期的历史学家、黑格尔、马克思恩格斯已经进行过卓有成效的说明),那么,他从一般与特殊关系的视角对杰出人物与群众、英雄与时势的透彻解析,则可以算得上是其独有的贡献。

在《论个人在历史上的作用问题》中,普列汉诺夫评述了18世纪思想家在"一般的规律"与"个人的活动"关系上的"二律背反",形成了两种截然相反的观点,一种观点认为,历史中一切都归结为历史运动的一般原因、一般规律,而个人因素在历史上却没有任何意义。另一种观点认为,历史是偶然事件的简单凑合,人的本性是最高当局,历史运动的所有一般原因都是从它而来,并且听命于它。对这两种观点,普列汉诺夫区分了历史发展的一般、特殊以及个别原因。他写道:

> 应当承认人类历史运动最后的和最一般的原因是制约着人们社会关系中连续不断的变化的生产力的发展。和这个一般原因同时起作用的有特殊原因,也就是特定民族生产力的发展赖以进行而且本身最终是由其他民族生产力的发展即同一个一般原因所造成的那个历史环境。……另外,还个别原因的作用,即社会活动家的个人特点和其他"偶然事件"的作用。②

接下来,他廓清了这三者之间的关系:一方面,"个别原因不可能使一般原因和特殊原因的作用发生根本的变化,而且这种作用制约着个别原因影响的方向和范围";另一方面,"如果影响历史的个别原因为同一序列的

---

① 〔俄〕普列汉诺夫:《论个人在历史上的作用问题》,王荫庭译,商务印书馆,2010,第44页。
② 〔俄〕普列汉诺夫:《论个人在历史上的作用问题》,王荫庭译,商务印书馆,2010,第53页。

另一些个别原因所取代，历史就会有另一种外貌"。①

这些重要论述为我们科学地评价杰出人物、英雄、社会活动家在历史上的作用，提供了正确的方法论原则。在一般、特殊与个别的分析框架内，他具体分析了当时历史哲学中的热点问题，尤其是关于伟大人物、英雄的界定，英雄与历史环境的关系，伟大人物与群众的关系等。

关于英雄的界定，俄国民粹主义者米海洛夫斯基指出英雄是"以自己的榜样带动群众从善或行恶，去干最崇高的事或最卑鄙的事、合乎理性的事或毫无理性的事的人"②。英国历史学家卡莱尔认为英雄是历史的"创造者"。可以说，他们都过分偏执于主观因素，而忽略了客观规律的制约以及一般及特殊原因。在此基础上，普列汉诺夫根据一般与特殊的辩证关系提出，伟大人物的"伟大"之处不但不是因为他"使伟大的历史事变具有个别的外貌"，而是因为他"最能为当时在一般原因和特殊原因影响下产生的伟大社会需要服务"，也就是说，他们之所以伟大，不是说他们似乎能够或多或少地影响自然历史过程，"而是他的活动是这个必然和无意识的进程的自觉的和自由的表现"③。

在英雄与历史环境的关系上，一方面，英雄决不能创造历史。普列汉诺夫指出，历史是由社会人造成的，社会人是历史的唯一"因素"，而社会人是在一定生产力状况下创造社会关系的。因而任何英雄都不可能强迫社会接受已不适合生产力状况或者还不适合这一状况的那些关系，从这个意义上来说，他们不能创造历史。另一方面，英雄在一定的基础上可以影响或改变历史进程。如果英雄能够把握社会关系发展的"风向标"，知晓它在社会经济的生产过程中如何改变，从而影响社会心理的方向变更，那么，他们这样也就是"能够影响历史事变"，即"英雄造时势"。

在伟大人物与群众的关系上，普列汉诺夫明确从一般与个别的关系角度对此作了深刻的解读。他指出，"伟大"这个概念是相对的。历史活动的广阔场所并不只是对伟大人物敞开。"它对一切有眼睛观看、有耳朵倾听以

---

① 〔俄〕普列汉诺夫：《论个人在历史上的作用问题》，王荫庭译，商务印书馆，2010，第54页。
② 《俄国民粹派文选》，人民出版社，1983，第815页。
③ 〔俄〕普列汉诺夫：《论个人在历史上的作用问题》，王荫庭译，商务印书馆，2010，第55页。

及有心灵热爱自己邻人的人，都是敞开的。"① 在这里，普列汉诺夫的意思是说，伟大人物不仅是人民群众的一部分，而且每个群众也能成为伟大人物。

需要强调的是，普列汉诺夫特别重视将这一重要思想运用于解决知识分子与人民群众的关系的问题上。为什么会如此呢？除无产阶级革命运动使然，建构历史唯物主义的需要外，我们认为最主要的原因是俄国的内在矛盾。19 世纪的俄国完全被落后的农奴制所缠绕。沙皇专制不仅从政治上统治着广大的人民，而且以宗教信仰的方式禁锢着人民的头脑。庞大的官僚机构，像一堵墙把沙皇与人民隔开。在此情形下，"知识分子受到两种力量的压迫：沙皇政权的力量和人民自发的力量。后者对知识分子来说是一种隐秘的力量，一方面知识分子自身与人民是截然不同的，它感到自己有负于人民，它希望为人民服务"②。另一方面，在俄国，文盲的"人民大众"与能读能写者之间的鸿沟，比其余欧洲国家大得多。在这种独有的社会特征下，"'知识分子与人民'这一命题"便成为"纯然的俄罗斯式命题"③。

俄国民粹派在知识分子与人民之间划出了一条巨大的鸿沟，他们认为革命知识分子能对人民有强有力的和决定性的影响。知识分子扮演着对俄国人民施恩的"上苍的角色"，上苍的意志决定着历史的车轮向这一或那一方向转动。在脱离民粹派后，普列汉诺夫对知识分子与人民之间的关系有了清晰的认识，与民粹派划清了界限。民粹派把自己的指望只寄托在"知识分子"身上，而无视无产阶级的群众，这就犹如"沙漠中呼号的声音"。对此，普列汉诺夫强调"知识分子"作为杰出人物只是一个相对的概念。在《尼·加·车尔尼雪夫斯基》一文中，他指出，人民群众"知识分子"出身的人的"意识"比出身于"群众"的人的意识要发达，但是出身于群众的人的"存在"使他的行动方式比知识分子在社会地位的支配下所采取的行动方式要明确得多。因此，唯物主义的历史观只容许在某种意义上，

---

① 〔俄〕普列汉诺夫：《论个人在历史上的作用问题》，王荫庭译，商务印书馆，2010，第57页。

② 〔俄〕尼·别尔嘉耶夫：《俄罗斯思想：十九世纪末至二十世纪初俄罗斯思想的主要问题》，雷永生、邱守娟译，三联书店，1995，第28页。

③ 〔俄〕尼·别尔嘉耶夫：《俄罗斯思想史：十九世纪末至二十世纪初俄罗斯思想的主要问题》，雷永生、邱守娟译，三联书店，1995，第28页。

而且是极有限的意义上谈论"群众"出身的人比知识分子出身的人落后的问题,在某种意义上"平民"无疑落后于"知识分子",然而在另一个意义上他无疑胜过"知识分子"。① 也许有人会问,既然知识分子的作用只是相对的,那么为什么要强调其作用呢? 对此,普列汉诺夫的回答是,知识分子可以为无产阶级革命道路指明方向,"知识分子应当在行将到来的解放运动中成为工人阶级的领导者"②。但与此同时,我们也注意到,1903 年以后,普列汉诺夫转向了孟什维克的立场,为了批判列宁领导的布尔什维克,他的观点发生了重大转变,不断宣称知识分子要把社会主义与工人群众分割开来,强调知识分子是"大大的个人主义者。而且无论他怎样倾心于社会主义,他仍然是一个个人主义者"③,知识分子的社会主义只能是一种没有群众基础的少数人的空想,是一种派别活动。

综上,普列汉诺夫对个人在历史上作用问题的多维透视是科学而深刻的,其运用的资料之翔实、选取的角度之新颖、阐发的观点之具体,对于我们今天全面分析伟大人物和人民群众的关系问题提供了重要的方法论原则。

三 "地理环境对于社会人类的影响"

社会发展动力问题也就是人类历史的运动和进步的原因问题。普列汉诺夫一再强调"不应满足于研究现象是怎样发生的,而且希望知道现象为什么那样发生而不按其他方式发生"④。因此,普列汉诺夫不仅着力探讨生产力对人类社会发展的推动作用,而且充分阐明了地理环境对社会的间接决定作用。他指出社会生产力发展受地理环境的特点制约。同时,人与地理环境的关系也是经常变化的,人的生产力越是增长,社会的人跟自然界的关系就变化越快,人也就能更加迅速地使自然界服从人类的控制。普列

---

① 《普列汉诺夫哲学著作选集》第 4 卷,三联书店,1974,第 331 页。
② 《普列汉诺夫哲学著作选集》第 1 卷,三联书店,1959,第 113 页。
③ 〔俄〕普列汉诺夫:《普列汉诺夫机会主义文选(1903 年－1908 年)》上册,虚容译,三联书店,1964,第 229 页。
④ 《普列汉诺夫哲学著作选集》第 2 卷,三联书店,1961,第 720 页。

汉诺夫不仅继承了马克思恩格斯地理环境学说的基本思想，而且提出了诸多独到的见解。

1. 马克思恩格斯地理环境学说论析

关于地理环境对人和社会作用的性质，即地理环境对经济和社会发展是起决定作用还是影响作用，抑或是在某一条件下的决定作用等问题，是历史唯物主义需要加以阐明的一个重要问题。对这个问题，马克思和恩格斯已经在不同的场合作出了科学的阐明，为这一问题的彻底解决指明了方向。其主要观点可以归纳为以下几点。

（1）地理环境：人类历史发展的前提条件

马克思恩格斯在《德意志意识形态》中，将自然环境看作包括"地质条件、山岳水文地理条件、气候条件以及其他条件"，并且"任何历史记载都应当从这些自然基础以及它们在历史进程中由于人们的活动而发生的变更出发"。[①] 随后，在《资本论》和《家庭、私有制和国家起源》中，马恩进一步论证了地理环境的作用，指出"劳动生产率是同自然条件相联系的。这些自然条件都可以归结为人本身的自然（如人种等等）和人的周围的自然"，"外界自然条件在经济上可以分为两大类：生活资料的自然富源"与劳动资料的自然富源。[②] 这些自然富源在人类发展的各个阶段的作用是不同的。例如，在资本主义生产关系中，在一定的条件下，工人们的剩余劳动量会受到自然环境的影响，特别是地质环境的因素。但这不是说，最肥沃的土壤最适于资本主义生产方式的生长。资本主义生产方式以人对自然的支配为前提，以至于"过于富饶的自然'使人离不开自然的手，就像小孩子离不开引带一样'"[③]，"它不能使人自身的发展成为一种自然必然性"[④]。恩格斯在《家庭、私有制和国家起源》中具体地考察了自然条件对古代社会发展的影响，例如，随着野蛮时代的到来，东西大陆在自然条件上的差异尤其明显。因此，"由于自然条件的这种差异，两个半球上的居民，便各自循着自己独特的道路发展"[⑤]。

---

① 《马克思恩格斯文集》第 1 卷，人民出版社，2009，第 519 页。
② 《马克思恩格斯文集》第 5 卷，人民出版社，2009，第 586 页。
③ 《马克思恩格斯文集》第 5 卷，人民出版社，2009，第 587 页。
④ 参见《马克思恩格斯文集》第 5 卷，人民出版社，2009，第 586、587 页。
⑤ 参见《马克思恩格斯文集》第 4 卷，人民出版社，2009，第 35 页。

（2）社会：连接人类与地理环境的中介

首先，马克思认为人是自然界的一部分。他指出："自然界是人为了不致死亡而必须与之处于持续不断的交互作用过程的、人的身体"，也就是说，"人是自然界的一部分"。① 其次，说明了在实践基础上"自然界和人的同一性"。马克思虽然未能摆脱费尔巴哈人本主义的影响，但他超过了费尔巴哈，即对感性—对象性的理解，不只是从存在方面而且是从"自由的有意识的活动"，达到了"对象性活动"的理解。正是在改造对象世界的过程中，"自然界才表现为他的作品和他的现实"②。最后，马克思认为自然环境与人的现实关系的中介是社会关系。所以，"社会是人同自然界的完成了的本质的统一，是自然界的真正复活，是人的实现了的自然主义和自然界的实现了的人道主义"③。

（3）革命的实践：实现人类社会与地理环境统一的路径

《关于费尔巴哈的提纲》中曾有这么一句话，"环境的改变和人的活动或自我改变的一致，只能被看做是并合理地理解为革命的实践"④。这就是说，人只有通过社会实践才能实现与自然环境的统一，人通过自己的实践活动能够正确认识自然规律和社会规律，从而正确地说明、解释和预见自然现象和社会现象，并根据对这些规律的自觉把握来支配自己的行为，完成对自然环境的改造。马克思恩格斯在谈到人类改造自然环境时，提出了诸多科学的思想结论，一方面，应该认识自然规律，从而使人的活动符合自然规律。例如，恩格斯在《自然辩证法》中提出的"报复论"，即"我们不要过分陶醉于我们人类对自然界的胜利。对于每一次这样的胜利，自然界都对我们进行报复"⑤。另一方面，必须通过革命运动来变革社会制度，建立共产主义社会，这种社会"作为完成了的自然主义，等于人道主义，而作为完成了的人道主义，等于自然主义，它是人和自然界之间……的矛盾的真正解决"⑥。

---

① 《马克思恩格斯文集》第1卷，人民出版社，2009，第161页。
② 《马克思恩格斯文集》第1卷，人民出版社，2009，第163页。
③ 《马克思恩格斯文集》第1卷，人民出版社，2009，第187页。
④ 《马克思恩格斯文集》第1卷，人民出版社，2009，第500页。
⑤ 《马克思恩格斯文集》第9卷，人民出版社，2009，第559~560页。
⑥ 《马克思恩格斯文集》第1卷，人民出版社，2009，第185页。

综上，马恩关于地理环境作用的思想，一个重要特色就在于将地理环境置于人与自然关系以及人与人的关系下来看待，且总是在与人类实践活动相连的视域下来考察，既彰明了地理环境对人的优先地位，又开引出人类社会与地理环境互生互动的相互关系，即"人创造环境，同样，环境也创造人"①。

2. "地理环境决定论"抑或"社会存在决定论"：普列汉诺夫的地理环境学说解析

长期以来，有不少学者经常给普列汉诺夫扣上"地理环境论者"的名号。当然，普列汉诺夫在一些著述中，确实明确讲过"地理环境的特性决定着生产力的发展"，"生产力又极其密切地依赖于该一民族的自然生存条件，即依赖于该一民族在其中生活的地理环境"。②但是，这只是在个别场合。如果我们将地理环境学说放置在普列汉诺夫一元论历史观发展的脉络中来考察，那么，我们就会发现，他并不是"地理环境决定论者"，而是"社会存在决定论者"。因此，正确评价普列汉诺夫关于地理环境作用的观点，不仅是为了替普列汉诺夫"恢复名义"，而且关乎如何坚持历史唯物主义的问题。

在马克思恩格斯的学生和战友中，最早重视地理环境对社会发展作用的当属梅林和拉法格，他们在一系列著作中对马恩的这些观点进行了发挥，特别是他们诉诸进化论的科学成果，提出了两种环境的理论及自然环境决定论。拉法格在《卡尔·马克思的历史方法》中，认为人生活在双重环境里，一种是自然的环境，另一种则是人为的或社会的环境，指出："人们在从事经济活动时不仅改变生活于其中的自然环境，并且还创造出一个人为的或社会的环境……人也和驯化了的植物和家畜一样受着两种环境的作用。"同时，他认为自然环境对人类社会发展具有决定作用，写道："在相似的自然环境中我们找到相似的植物群和动物群。因此，相似的人为环境有助于消灭人类之间的差别，这差别是由于自然环境把人分为种和亚种而发生的。"③梅林则进一步将自然环境分为包含在每一时代的生产方式中的

① 《马克思恩格斯文集》第1卷，人民出版社，2009，第545页。
② 《普列汉诺夫哲学著作选集》第4卷，三联书店，1974，第332页。
③ 〔法〕拉法格：《拉法格文选》下册，人民出版社，1985，第317页。

劳动自然条件以及在这个范围以外的自然环境,并且前一种自然环境对社会历史发展才起作用,"同一生产方式总以同一方式决定着社会生活过程,不论气候、种族和其余一切自然条件多么不同"①。然而,我们可以看到,虽然他们坚持了地理环境对人类社会的优先性地位,却忽视了人类社会与地理环境的互动关系。因此,我们认为,在这个问题的解析上,从"社会存在决定社会意识"的基本原理出发,在同时代的马克思主义者中,进行过最为全面、系统的论证,且富于创新性贡献的应是普列汉诺夫。

我们看到,马克思恩格斯在对地理环境作用的认识上,认为生产力、生产方式的发展决定了社会历史的发展,但是劳动生产率、生产力的发展又是同地理环境相联系的,在生产发展的不同阶段,不同的地理环境对社会的发展会产生不同的影响。普列汉诺夫通过深入挖掘、系统梳理和细致分析,揭示了人与自然、环境与社会相关系的科学方法论,阐明了地理环境对社会发展的作用。其主要思想体现在以下几点。

(1) 地理环境作用受生产力的性质和水平制约

在普列汉诺夫看来,生产力是地理环境影响及干预人类历史的"中介"。他非常珍视黑格尔的地理环境学说,因为黑格尔之前的研究者在探究地理环境对人类历史发展的意义时,只谈论过地理环境对人们自身意识、情感等方面的影响,而抹杀了地理环境对生产力状况的影响,从而磨灭了自然环境凭借生产力的作用对社会意识的影响。为了克服这种缺陷,黑格尔作了自己的努力,研究"世界历史的地理基础"。他认为有三种不同的地理环境:"(1) 干燥的高地,同高地上的广阔草原和平原;(2) 巨大河流所经过的平原流域;(3) 处在与海直接相连的沿海地区。"② 这三种不同的地理环境造成生存在那里的民族经济生活特点的不同,从而造成民族的文化、性格、精神的不同以及他们在历史发展中所起作用的不同。可见,黑格尔认识到,地理环境只是人类演出自己的历史话剧的舞台,而不是这个历史戏剧本身。自然环境主要通过社会制度来影响社会的发展。然而,黑格尔尽管强调了地理环境对生产力状况的影响,却只是基于单维的向度,指出它们之间的相互关系,且将地理环境与人类历史看作绝对精神外化的场域。

① 〔德〕梅林:《保卫马克思主义》,吉洪译,人民出版社,1982,第69~70页。
② 《普列汉诺夫哲学著作选集》第1卷,三联书店,1959,第485页。

　　对此，普列汉诺夫在黑格尔思想观点的基础上，对其作了进一步的发挥。第一，他首次提出，生产力是地理环境与人类社会相互作用的具有决定性意义的基础和中介。他指出"自然界本身，亦即围绕着人的地理环境，是促进生产力发展的第一个推动力"①。针对地理学派的孟德斯鸠等人对地理环境在人类历史发展中的影响所作的片面性的阐释，普列汉诺夫认为地理环境以"生产力为媒介推动了社会发展与精神发展"②。第二，全面阐释了地理环境作用的性质、方向、范围、速度、复杂程度等。普列汉诺夫指出："地理环境是通过在一定地方，在一定生产力的基础上发生的生产关系来影响人的，而生产力发展的头一项条件就是这种地理环境的特性。"③ 因此，在社会生产力发展的不同阶段，地理环境的作用范围、程度、大小是不断改变的。故而，依他的看法，地理环境的作用范围是受生产力的性质和水平所制约的。

　　总之，普列汉诺夫的这一思想丰富了马克思地理环境学说，它不仅提出一条新的历史唯物主义原理，而且为我们提供了一条研究地理环境的基本方法论原则。

　　（2）地理环境作用"变量论"

　　我们发现，普列汉诺夫在探询地理环境对社会的作用影响时，没有囿于单维向度，而是力求从社会与地理环境间无限多样的相互作用来加以研讨。与传统教科书不同，普列汉诺夫十分强调，对社会发生作用的地理环境是变动不居、较为活跃的变量，也就是说，生产力的状况是地理环境作用于社会的基础，生产力每前进一步，这个关系就变化一次。地理环境对社会的作用是生产力的"函数"。也就是说，地理环境的作用是易变的、相对的。他的这一观点，具体体现在以下两方面。

　　第一，地理环境对社会历史发展的影响。

　　生产力越是增长，社会的人跟自然关系就变化得越快，人也就能更加迅速地使自然界服从自己的控制。在史前时期，人不可避免地受到地理环境的直接影响，而随后地理环境对人类社会的影响逐渐从直接转变为间接。

---

① 《普列汉诺夫哲学著作选集》第 2 卷，三联书店，1961，第 227 页。
② 《普列汉诺夫哲学著作选集》第 2 卷，三联书店，1961，第 175 页。
③ 《普列汉诺夫哲学著作选集》第 3 卷，三联书店，1962，第 170 页。

自然的影响依然存在，但这种影响已经发生变化，这些变化决不会使人类回到一个纯粹动物的生活中，亦即回到一个受地理环境直接影响的生活中。无论是从猿到人，还是从原始社会向奴隶社会过渡以及资本主义生产方式的确立，都受到地理环境的影响。例如，地理环境对恺撒时代不列颠的影响完全不同于它对现代英国居民的影响。在分析俄国的地理环境对俄国历史发展的影响时，普列汉诺夫写道："对于俄国历史过程的地理环境的分析，使我得出结论，认为在地理环境影响下，俄国人民生产力的发展，若与在这方面更为幸运的西欧各国人民相比，是很迟缓的。这种生产力——从而整个经济发展过程——的比较迟缓的发展，在很大程度上解释了我国社会生活的某些重要的——当然不是斯拉夫派所想象的那种绝对的，而是相对的特点。"①

第二，地理环境对社会生活各个领域的影响。

依据大量的思想史，地理史志材料，普列汉诺夫深刻说明了地理环境对社会结构的不同层面，特别是经济结构、文化结构、政治结构等直接或间接的影响。例如，在政治制度的影响上。在平原地区，由于有河流，所以肥沃丰饶，这些地方的居民主要从事农业，而农业适应于在严整的四季中进行，因而在这些地方就有了土地所有权和与之相联系的各种法律关系，易于形成规模宏大的国家，如中国、印度等。在对文化结构的影响上，普列汉诺夫强调了地理环境对思想体系的间接作用。例如，以艺术为例，地理环境以生产力为"中介"来影响艺术特别是风景画的创作及发展。在地理环境对社会心理的影响上，普列汉诺夫指出，地理环境对个别人的影响，虽一度被认为是直接的，而实际上只是间接的。因此，只有当科学家理解了这一点的时候，才能对地理"因素"在社会关系发展的地位、影响作出正确的判断。

综上，地理环境对社会发展的作用具有动态性、可变性。地理环境是一个历史范畴，是一个动态的劳动对象。地理环境的可变性，是自然规律与人类社会发展规律共同作用的结果。

（3）在人类社会发展的初期，地理环境"最终决定论"

有人可能会问，既然地理环境对社会作用的机制由生产力状况决定，

---

① 〔俄〕普列汉诺夫：《俄国社会思想史》第1卷，孙静工译，商务印书馆，1988，第7页。

那么，普列汉诺夫在他的著述中多次重复这样一个观点："地理环境的特性决定着生产力的发展，而生产力的发展则决定着经济关系以及经济关系之后的其他一切社会关系的发展"①，似乎又把地理环境当成了社会发展的终极因素。而一部分学者，正是揪住普列汉诺夫这样的这一矛盾，断言他带有"地理环境决定论的错误思想"②，那么，我们应该如何正确理解普列汉诺夫的这些表述呢？他究竟是在何种意境下提出这些观点的呢？

首先，为了填补恩格斯晚年在历史唯物主义上的缺环，普列汉诺夫提出了地理环境对从猿到人的转变具有决定性的意义。在《自然辩证法》中，恩格斯为了说明"劳动创造了人本身"③，他诉诸达尔文的进化论，指出类人猿在平地上行走的同时它们的"手也变得自由了"，这样就为"从猿过渡到人"迈出了具有决定意义的一步。然而，他对类人猿直立行走的原因、用手制造劳动工具的目的、完全人化的双手是从哪里来等问题没有进行充分论述，这样就给资产阶级理论家、唯心主义者以可乘之机。因此，为了捍卫历史唯物主义，抵御资产阶级学者对它的发难，他强调，类人猿前后肢之间的生理分工"大概是由地理环境的某些特点"决定的，而"理性"的成就便是这种分工不断发展的后果，而且在自然界的进化中，这些成就又促进了人类自身的发展，特别是对器官的影响。这些新的人为器官再次促进了人的智慧发展，而"理性"的成就又影响了这些器官。"在这一过程中原因和结果不断地变换位置。"然而如果从单纯的相互作用的观点来看待这一过程，显然是错误的。"要使人能够利用自己的'理性'已经取得的成就来改进自己的人为工具，就是说，来增加自己对自然界的控制，他本应处于一定的地理环境中。"④ 比如说，为了过渡到游牧生活和农耕生活，必须有一定的动物群和植物群，没有这些动植物的存在，"理性"始终是停滞不动的。这也就是说，人类是由于人类祖先在周围的地理环境作用下为生存而斗争，经过漫长的岁月，为了适应环境而逐渐进化的，无论是手足分工，还是制造和使用工具都是导源于自然环境的影响。从这个意义上来看，

① 《普列汉诺夫哲学著作选集》第 3 卷，三联书店，1959，第 165～166 页。
② 参见张一兵《回到列宁》，江苏人民出版社，2008，第 88 页。
③ 《马克思恩格斯文集》第 9 卷，人民出版社，2009，第 550 页。
④ 〔俄〕普列汉诺夫：《论一元论历史观的发展问题》，王荫庭译，商务印书馆，2012，第137 页。

地理环境才具有决定性的作用。

其次，诸如土壤、气候、动植物区系、地表特征、河流系统等地理环境的各种因素，对原始人类生产活动性质的影响。普列汉诺夫指出，地理环境能够提供用来加工的生产工具以及"以经过改进的工具为前提而对之进行加工的对象"[①]来影响生产力的发展。在没有金属的地方，社会人的自身的理性无论如何都不可能把人带出"磨石时期"。同时，地理环境的特点影响人们的交往，从而影响人的发展，对此，普列汉诺夫多次引证黑格尔的名言"山岳使人们隔离，河海使他们接近"。

最后，地理环境的特点对原始社会生产部门的分布具有决定作用。普列汉诺夫引用大量的历史材料，阐明在人类社会初期，地理环境对分工的影响。比如说，有马牛羊的地方才有家畜的饲养业的发展；有可耕的土地，才可能从事农业生产；有江河湖海的地方，才有造船及航行事业的进步。

综上，我们可以看出，普列汉诺夫作出"地理环境决定论"的判断是有明确的前提条件的，他认为，在人类社会发展的初期阶段，地理环境对生产力的发展起着直接的决定性作用。但与此同时，在《唯物主义史论丛》中，他又对这一观点进行了补充说明，指出虽然说自然环境的性质决定社会环境的性质，但是，这只不过是事情的一方面，而必须重视另一方面，即生产关系和生产力的辩证关系。由此，普列汉诺夫阐发了这个命题成立的两个重要先决条件。①由于社会基本矛盾的运动，形成独立于自然界发展的社会发展规律。在这里，自然环境便能够利用生产力来影响人类社会。②社会演进有它特有的、不受自然环境任何直接影响的逻辑，所以可以有这样的事情发生："同一个民族，虽然住在同一个地方，而它的生理物质又几乎是同一的，在它的不同的历史时期里却具有着彼此很不相似、甚至完全不同的社会政治制度。"[②]因此，在人与自然、地理环境与社会关系的作用问题上，普列汉诺夫明显带有辩证性、全局性的特点。尽管社会关系对人自身的发展影响比自然环境的直接影响要大得多，但很明显，地理环境的影响不能说明历史的整个过程。在研究社会关系的内在逻辑，"经济必然

① 〔俄〕普列汉诺夫：《论一元论历史观的发展问题》，王荫庭译，商务印书馆，2012，第138页。
② 参见《普列汉诺夫哲学著作选集》第2卷，三联书店，1961，第168、169页。

性"规律时，决不能忽视历史发展的地理背景。

3. 普列汉诺夫地理环境学说的贡献与不足

普列汉诺夫不仅继承了马恩地理环境学说的精髓，而且推进了其发展。但同时，囿于历史时代的局限性，普列汉诺夫的地理环境学说存在明显的缺陷。

（1）普列汉诺夫地理环境学说的贡献

第一，普列汉诺夫坚持了历史唯物主义一元论，捍卫、补充、完善了历史唯物主义的原理。普列汉诺夫既批判了社会学中地理学派的荒谬，也驳斥了各种反对将地理环境纳入人类社会历史发展演进中来考察的范畴的思想理论。例如，孟德斯鸠说，地理环境通过影响人们的性格及心理，从而来影响社会政治制度，而伏尔泰反对道，由于地理环境是不变的，而人类的社会是不断发展的，因此，地理环境对人类社会发展的影响是微乎其微的。对此，普列汉诺夫分析道："孟德斯鸠看到二律背反的一方面，伏尔泰却看到了另一方面。通常只是借助于相互作用来解决这个二律背反。"[1]而"辩证唯物主义承认相互作用的存在，但它同时用说明生产力的发展来解释这种相互作用"[2]。

第二，借鉴地理史志、人类学等材料，普列汉诺夫对地理环境学说作了进一步补充，完善了劳动在从猿到人进化过程中的作用的原理。普列汉诺夫坚持恩格斯在《自然辩证法》中的有关思想，科学地说明了地理环境的某些特点及组成要素对猿向人进化的作用，揭示了人类迈出决定性意义一步的根源。

（2）普列汉诺夫地理环境学说的不足

第一，普列汉诺夫从"起源"的意义上来理解地理环境对社会的作用，抹杀了人类意识的意义。马克思说："整个所谓世界历史不外是人通过人的劳动而诞生的过程，是自然界对人来说的生成过程。"[3] 在这里，马克思的意思是说，通过人的劳动，自然很快被纳入人们的社会生活中，此时的自然在人类社会生活的方方面面都起着巨大的作用，通过生产劳动，自然物

---

① 《普列汉诺夫哲学著作选集》第 1 卷，三联书店，1959，第 766 页。

② 〔俄〕普列汉诺夫：《论一元论历史观的发展问题》，王荫庭译，商务印书馆，2012，第 239 页。

③ 《马克思恩格斯文集》第 1 卷，人民出版社，2009，第 196 页。

便向人的需要转变。也就是说，"人在作用于他身外的自然界时也改变自己固有的本性"。从表面上来看，"生产劳动"与"生产力"两个概念存在某种相似性，然而这二者之间存在区别。生产劳动意味着人与自然的对话及交流过程，而生产力则预示着它们之间对话及交流的程度。由此看来，在马克思那里，绝没有忽略人的自由意志、人的主体性。而普列汉诺夫在批判"意见支配环境"的旧唯物主义时，虽然强调了生产力在社会发展中的决定作用。但同时，我们也注意到，他在处理地理环境、生产劳动与理性智慧的关系时，始终强调前者对后者的本源性决定作用；另外，在他看来，后者只是对前者消极的适应。他强调"在生产力发展的历史过程中，人'制造工具'的能力，首先必须看作常量，而把实际运用这一能力的周围的外部条件看作不断变化的量"①。这无疑忽视了人在与自然物质变换过程中的主动性、能动性作用。

第二，在地理环境对人类社会的影响上，他较为倾向于说明地理环境对生产的决定作用。在普列汉诺夫著名的"五项力量公式"中，我们可以看到的是各种力量之间层层决定的关系。尽管这在理论上保持着"一元性"，却造成了一种误解，即地理环境以生产力、生产关系为中介才能影响到人们的社会心理、人类政治、文化等层面。一个结果的产生有一个原因，这个原因的产生又有一个更原始的原因，这样以致无穷，导致第一推动力的产生。总之，他没有看到"人类社会这个高度有机和复杂的系统……每个要素包括地理环境这个要素与其他诸要素的关系，都是无限多样的"②。

第三，普列汉诺夫忽视了地理环境与人类社会之间矛盾的解决。马克思始终认为在解决人与自然的矛盾时，必须以实现人类的解放为宗旨，以建立共产主义制度为核心。纵观普列汉诺夫的论著，我们可以发现，他较少谈论这个问题。

综上所述，普列汉诺夫通过挖掘、爬梳和分析相关思想材料，坚持历史唯物主义的主要方法及观点，全面探讨了地理环境对人类社会的影响。首次提出地理环境表现为"生产力的函数"的思想，从而科学揭示了人、

---

① 〔俄〕普列汉诺夫：《论一元论历史观的发展问题》，王荫庭译，商务印书馆，2012，第140页。

② 左亚文：《普列汉诺夫的"地理环境决定论"再探》，《湖北行政学院学报》2012年第5期。

社会、自然三者之间的辩证关系,成为马克思主义地理环境学说的主要奠基人及阐发者,为丰富和发展马克思主义地理环境学说作了独创性的贡献。当然,我们也应该看到,在这一问题上,其在某些著述中存在论证不充分、不严谨等不足。例如,由于没有对"决定"这一概念进行严格界划,导致语焉不详、歧义丛生。又如,在《论一元论历史观的发展问题》一书中,他一方面说社会的发展服从自己本身的规律,即"经济必然性",而不是服从地理环境的属性,接下来却说,社会联盟的制度"归根到底是由给人们提供发展他们的生产力的或大或小的可能性的地理环境的属性来决定的"①。这种表述上的前后逻辑矛盾,不仅导致人们对普列汉诺夫地理环境学说的误解,也影响其自身理论的自洽性。

---

① 〔俄〕普列汉诺夫:《论一元论历史观的发展问题》,王荫庭译,商务印书馆,2012,第239页。

第六章　普列汉诺夫一元论历史观的
历史地位

　　作为"俄国马克思主义之父"，普列汉诺夫在推进历史唯物主义大众化、民族化、时代化的过程中，所建构的一元论历史观使马克思恩格斯两位思想大师所创立的"新唯物主义"在广袤的俄罗斯大地上生根、发芽，俄国马克思主义哲学的发展由此驶进了"快车道"。然而，普列汉诺夫对于历史唯物主义的解读，始终都只是"他"自己的理解，其一元论历史观难免存在一些问题与不足。正因如此，人们对于普列汉诺夫一元论历史观的评价难免会出现左右偏颇、褒贬不一的情形。值得注意的是，列宁对普列汉诺夫的评价为我们树立了光辉的典范。从"特殊的孟什维克"到"马克思主义者孟什维克"再到"理论上的激进主义和实践上的机会主义"，这些话语深刻昭示出，必须客观公正地评价普列汉诺夫一元论历史观的历史地位。

一　普列汉诺夫一元论历史观对发展
历史唯物主义的贡献

　　普列汉诺夫在创立一元论历史观的过程中，不仅为马克思主义哲学理论宝库增添了新的内容，而且在完成历史唯物主义的文本转换、实现俄罗斯文化与历史唯物主义的视界融合、应对各种理论对历史唯物主义的挑战的过程中，推进了历史唯物主义在俄国的大众化、民族化及时代化进程，为历史唯物主义的发展开辟了新境界。

1. 文本转换：推进历史唯物主义的大众化

马克思主义哲学诞生于 19 世纪 40 年代的西方，它不仅深植于西方哲学的土壤，而且浸透着德意志传统文化的基因。对于时空境遇、文化氛围完全不同的俄国而言，要使马克思主义哲学特别是历史唯物主义，被大众所理解、接受及认同，存在较大的障碍。其中，我们认为主要面临着三个问题。

第一，语言障碍。从马克思恩格斯主要文本的语言来看，主要为德文、法文、英文。这无疑给俄国工人读者带来了巨大的理解困难。

第二，俄国民族文化"缺少理性精神，注重情感，驯服于权威，缺少自主性"[①]。由于俄罗斯是一个具有东方专制主义传统的大国，没有像西方那样历经文艺复兴，而是保持着浓厚的东正教严格的宗教教条，尤其是宗教对教育垄断，特别是在彼得改革以前，俄罗斯几乎没有世俗文化的存在，儿童识字都只能找教会，借用宗教文献作课本。在当时，宗教活动渗透于社会生活的各个方面，以至于教权与皇权相互勾结，前者不断教化麻痹人民，后者则极力维护宗教的合法性地位。诚如俄罗斯宗教哲学家基列也夫斯基在《论欧洲教育的性质及其对俄国教育的关系》一书中形容的那样："从寺院向所有各个部落和公国射出了意识和科学的光芒。因为不仅人民的精神概念是从寺院那里来的，而且连人民的所有道德的、共同生活的和法律的概念也是通过寺院的教育影响后，又从它们回到社会意识中，采取一个共同的方向。"[②] 在此情形下，宗教精神已深入每个俄罗斯人的灵魂之中，因而他们容易对历史上相对短暂的事物迷信及崇拜，这样就为教条主义、个人崇拜提供了滋生的土壤。

第三，俄国工人文化理论素养偏低。俄国国内 80% 的居民是农民，1920 年俄国文盲率为 68.1%，甚至布尔什维克党内受过中等教育的人也是凤毛麟角。这些情况大大增加了马克思主义哲学大众化的难度。例如，1872 年 5 月 23 日，俄国民粹主义者丹尼尔逊在致马克思的信中谈到过一个饶有趣味的情形：他认为《资本论》之所以能在俄国出版，是因为当时的俄国书报检察官相信，虽然该书具有十足的社会主义性质，但是书中的论述

[①]　姜长斌、左凤荣：《读懂斯大林》，四川人民出版社，2007，第 165 页。

[②]　参见《普列汉诺夫哲学著作选集》第 4 卷，三联书店，1974，第 621 页。

"绝对不能称为通俗易懂的",故而,丹尼尔逊将当时的书报检察委员会比作"一个社会主义俱乐部"①。因此,对于马克思主义哲学在俄国的大众化问题,首要的前提就是文本的转化问题,即如何解决将理论化、抽象化的马克思主义经典文本转化为通俗易懂,既切合俄国实际,又为本国工人所喜闻乐见的形式,如何将马克思主义哲学的诸多版本译介为与俄罗斯传统文化语境相契合的俄文。

对这一任务的解决,有许多俄国早期的民主主义者作过尝试。早在19世纪60年代,俄国读者就通过民粹主义者彼·特卡乔夫的文章,开始得知(尽管是相当简单化的)有关唯物主义历史观的介绍,其中还包括马克思在《〈政治经济学批判〉序言》中的经典表述。对此,特卡乔夫曾指出:马克思在《政治经济学批判》中为唯物主义历史观的原则提供了"最准确和明白的"表述形式,他对历史的深刻观点"几乎成为一切有思想修养的人们的一切共同的社会财富"②。随后,巴枯宁翻译了《共产党宣言》(1869年),洛帕廷、丹尼尔逊翻译了《资本论》(1872年)。总体来看,尽管在这一时期,马克思恩格斯著作俄文版的数量实现了零的突破,但是受译者本身的阶级立场及利益诉求的限制,一方面,这些译著的影响范围是相当狭窄有限的;另一方面,这些译本中的许多字句也很难全面展陈马克思主义的精神实质及理论内涵。

为了使马克思主义哲学文本转化为通俗化、大众化的形态,普列汉诺夫主要诉诸四种途径。其一,译介、出版马克思恩格斯的重要著述。1883年,普列汉诺夫与查苏利奇、捷依奇、阿克雪里罗得、伊格纳托夫成立了俄国最早的马克思主义组织"劳动解放社"。同时,将该社的首要任务规定为"把马克思恩格斯学派的最主要著作以及以各种不同的知识程度的读者为对象的文章译成俄文"③。他们翻译了《哲学的贫困》《致〈祖国纪事〉编辑部的信》《社会主义从空想到科学的发展》《俄国沙皇政府的对外政策》《关于俄国的社会问题》等著述。在翻译的过程中,普列汉诺夫呕心沥血,

---

① 《马克思恩格斯与俄国政治活动家通信集》,人民出版社,1987,第142页。

② 〔苏〕纳尔斯基、波格丹洛夫、约夫楚克:《十九世纪的马克思主义哲学》下册,金顺福、贾泽林译,中国社会科学出版社,1984,第324页。

③ 〔苏〕米·约夫楚克、伊·库尔巴托娃:《普列汉诺夫传》,宋洪训、纪涛等译,三联书店,1980,第91页。

反复推敲，不断考量及勘定马克思主义经典文本，从而判定哪些语词需保留国外的用法，哪些需要转变为俄文的表现形式，哪些语词在俄国社会主义者中间已经通用可以继续保留，哪些需要重新创造，哪些语句需要直译，哪些需要意译。

其二，为马克思恩格斯著作作序及撰写导言。普列汉诺夫曾先后几次为《路德维希·费尔巴哈与德国古典哲学》《社会主义从空想到科学的发展》《共产党宣言》的俄文版作序，补充注释。对马克思主义著作在俄国传播所做的诠释工作，使俄国知识分子明白，"马克思揭示了人类历史运动的内部原因。只有用马克思的观点去看俄国的社会关系"[①] 才是正确的，因而必须"研究哲学"，因为在哲学领域"也像在经济和政治的领域中一样，马克思和恩格斯也是俄国社会主义者的最可信赖的领导者"[②]。

其三，不断深入工人群众，利用各种场合发表演讲。例如，他曾先后三次在日内瓦钟表工人学校发表题为"唯物主义历史观"的讲演。

其四，撰写历史唯物主义普及读物。如《马克思主义的基本问题》是马克思和恩格斯的辩证唯物主义和历史唯物主义"重要原理的独特的汇编"，普列汉诺夫对这些原理作了出色的和通俗的解说。

综上，普列汉诺夫在从事文本转换的过程中，以其高度的使命感、责任感不断推进着历史唯物主义大众化的进程。虽然其中不乏错乱混淆之处，但他仍然帮助诸多俄国先进知识分子掌握了马克思主义哲学。对此，列宁曾评价道："俄国的马克思主义是在19世纪80年代初期的一个侨民团体（'劳动解放社'）的著作中产生的。"[③]

2. 视界融合：推进历史唯物主义的民族化

由于任何文本的创作者、接受者所处的时空境遇各不相同，这样在他们身上无疑会表现出不同的价值诉求、问题导向、话语方式及思维方式。这些不同的因素所提供的"可能性空间"就是"视界"。然而，这些"视界"具有开放性、继承性的特点，故而当接受者在揣测、理解文本创作者的"视界"时，无疑会受到自身"视界"的影响，不仅表现为"疏离"

---

① 《普列汉诺夫哲学著作选集》第1卷，三联书店，1959，第510页。
② 《普列汉诺夫哲学著作选集》第1卷，三联书店，1959，第502页。
③ 《列宁全集》第15卷，人民出版社，1959，第367页。

"排斥"的情形，而且会表现为"对接""融合"的过程。而"视界融合"，正是文本作者与接受者之间的"视界"达到高度契合、融为一体的状态。就俄罗斯民族而言，唯物史观作为一种外源性的理论，要在俄国这一异源的文化土壤上生根发芽，在很大程度上取决于如何遴选出俄罗斯民族传统文化中那些与历史唯物主义具有同一性的理论成分。这种同一性也就是历史唯物主义能否在俄罗斯传统文化中具有直接现实性功能的前提。

在俄国的传统文化中由于存在实证化、"苏兹达尔式"简单化等倾向，无疑对历史唯物主义的俄国化产生了障碍。从历史唯物主义在俄国的接受情况来看，最先接受、触及唯物史观的是安年柯夫。他在19世纪40年代的许多著述中把马克思的历史学说理解为"反思的""现实主义的"理论，这一理论在他看来，主要是依据社会经济生活的具体事实，并且只根据这些事实来解释历史。同时，他在之后回忆马克思的文章中，直截了当地将历史唯物主义称为"经济唯物主义"。这样一来，马克思主义实际上成了一种政治经济领域里的某种实证"科学"。

对此，民粹主义者特卡乔夫也持相同的看法，他指出："一切法律现象和政治现象，不外是经济生活现象在法律上的直接后果而已。这种法律生活和政治生活可以说只不过是反映人民经济生活的一面镜子……还在1859年，著名的德国流亡者卡尔马克思对这个原理作了最准确、最确定的论述。"依特卡乔夫之见，"经济唯物主义"的主要内容至少包括这几个方面的内容：其一，它能够以经济上的变化解释过去和现在的所有历史事件；其二，社会经济"生活"是基础，在其上面发展着政治的、法的及其他的上层建筑；其三，经济利益决定着个别人的、集团的、阶层的和阶级的利益；其四，人类生活中的全部理想表现无一不是经济原因的反映和后果。由此看来，这种对于历史唯物主义作简单化理解的倾向，完全与恩格斯晚年、列宁所批评过的经济自发论在本质上相同。因此，诉诸这样的唯物主义来解释社会，不能不造成一种情况，要么把这种理解当作一种片面狭隘的观念加以否定，要么把它看作需要加以"补充"的科学历史观的一种基础。例如，尽管巴枯宁在口头上承认物质条件在社会生活起决定作用，但他认为，马克思主义似乎忽略了其他因素的影响，如压制了个人的自由，忽略了各个因素的相互作用。再如，虽然拉甫罗夫高度评价了马克思的经济学说，但同时他又认为，这一学说必须以制定伦理学说和分析主观因素来加以补充。

　　在此种情形下，普列汉诺夫不断挖掘俄罗斯传统文化中的合理因素，促进历史唯物主义俄国化。其一，对朴素的唯物主义因素的弘扬。在俄罗斯文化长河中，唯心主义与唯物主义的斗争从没间断过。在彼得改革时期，由于与西欧文化的广泛交流，俄国的上层社会对西方当时的世俗文化（特别是法国启蒙受主义思想）的了解日趋深入。这样，俄国哲学不再仅限于基督教—东正教世界观，而更多的是强调对世界、自然和历史的唯物主义认识。其中，18世纪的著名科学家、诗人罗蒙诺索夫（1711～1765年）奠定了唯物主义的地位。他发现了化学反应中的物质守恒定律，并认为这一定律具有广延性，他坚持物质和运动统一的思想，从而为唯物主义的物质永恒性存在提供了自然科学的证明。而这种朴素的唯物主义思想被普列汉诺夫所重视。在他看来，唯物主义是"力图用物质的这些或那些属性，用人类的或一般动物的身体的这种或那种组织来解释心理现象"，因此"所有那些把物质看成第一要素的哲学家，都属于唯物主义者阵营"。① 另外，在社会科学的领域里，就最广义的社会科学来说，唯心主义已经不止一次地感到自己的无能，"输给用纯粹唯物主义的解释来说明历史事实了"②。因此，他不断论证历史唯物主义这一"现代唯物主义"较之于其他理论的科学性。例如，19世纪末20世纪初，针对俄国宗教哲学家"始终忠实于社会范围内的马克思主义，但是一开始就不赞成哲学中的唯物主义"③，希冀用康德学说去补充马克思主义的错误主张，普列汉诺夫重申了马克思主义学说的唯物主义基础："在那些自命为马克思和恩格斯的忠实信徒的人们中间，并且不但在俄国，就是在整个文明世界里面，往往都把'马克思主义'这个名词只看作……与'哲学唯物主义'完全不相关，而且差不多和它相反的东西。"④ 进而，普列汉诺夫将历史唯物主义称为"一元论历史观"。这样就为历史唯物主义的俄国化奠定了重要的理论基础。

　　其二，高扬革命民主主义传统。在受到法国启蒙主义思想的洗礼后，

---

① 徐凤林编《俄国哲学》，商务印书馆，2013，第456页。
② 《普列汉诺夫哲学著作选集》第2卷，三联书店，1961，第154～155页。
③ 〔俄〕别尔嘉耶夫：《俄罗斯思想：十九世纪末至二十世纪初俄罗斯思想的主要问题》，雷永生、邱守娟译，三联书店，1995，第218页。
④ 《普列汉诺夫哲学著作选集》第3卷，三联书店，1962，第134～135页。

革命民主主义精神顿时在诸多有识之士的心灵深处开始萌生。作为俄国社会激进主义鼻祖的思想家拉吉舍夫，在《从彼得堡到莫斯科旅行记》等文中不断论证了推翻沙皇专制主义、发动俄国革命的必要性和必然性。他写道："把奴役的黑暗化作光明，让布鲁图和泰尔（西方的英勇战士——引者注）再次苏醒，掌握政权，让沙皇听了你的声音胆战心惊。"① 拉吉舍夫的这番话无疑代表了广大劳动人民的心声，申明了他们极力推翻沙皇农奴制的夙愿。随后别林斯基、赫尔岑、车尔尼雪夫斯基等思想家对此作了进一步发挥。而普列汉诺夫在学生时代通过阅读这些大思想家关于反对专制主义的诸多思想深邃的作品和歌颂自由的诗篇，激起了他对沙皇专制制度的愤怒及对自由的憧憬。其中，车尔尼雪夫斯基的《怎么办》一书，对于普列汉诺夫革命世界观的形成发展起到了巨大的作用。这部书中塑造的平民革命知识分子形象，让普列汉诺夫难以释怀，反复揣摩、思考。在这一革命民主主义思想的导引下，他"结合自己长期目睹沙皇专制制度的罪恶和工农大众的疾苦，时常思考俄国社会的前景和革命的出路问题，时常思考他应该怎么办？应该为人民做什么"②。这种革命民主主义，即使在他生命的最后时刻，也得到了一再强调。他认为"争取政治自由应该是，而且只能是为在多少遥远的未来实现的社会主义革命作准备的必要条件之一"③。

可以看出，普列汉诺夫一生为之奋斗的目的之一就是使俄罗斯传统文化中的瑰宝实现向马克思主义学说的创造性转换，使马克思主义的"视界"与俄罗斯传统文化之间的融合由"可能"成为"现实"。正如他所强调的那样，马克思主义"历史观对现代西欧的关系，正如对希腊和罗马、印度和埃及的关系一样。它们包括人类的整个文化史，只有在它们一般的不能成立时才不能应用于俄国"④。

3. 理论论战：推进历史唯物主义的时代化

所谓历史唯物主义的时代化，是指历史唯物主义与时代发展的基本特征相结合，运用历史唯物主义观测时代发展的进程，从而及时回应时代发展的各种问题及挑战，时代的挑战为其自身发展动力的过程。列宁指出，

---

① 徐凤林编《俄国哲学》，商务印书馆，2013，第 37 页。
② 高放、高敬增：《普列汉诺夫评传》，中国人民大学出版社，1985，第 15 页。
③ 〔俄〕普列汉诺夫：《在祖国的一年》，王荫庭、杨永译，三联书店，1980，第 22～23 页。
④ 《普列汉诺夫哲学著作选集》第 1 卷，三联书店，1959，第 72 页。

马克思主义"在其生命的途程中每走一步都得经过战斗"①。的确，从俄国国内情势来看，当马克思主义哲学完成了其文本转换后，自然会与俄国既有的思想体系发生交融与交锋。其中，最主要的就是民粹主义思潮。在这里，值得注意的是，虽然我们知道民粹主义曾极力阻挠与抵制马克思主义在俄国的传播，但是，我们也看到了马克思主义对民粹主义是有影响的，"但这种影响至多也不过是有助于他们思想发展的一种附带因素。在相当长的一段时间里，民粹主义思想和马克思主义思想是在他们的世界观中离奇古怪地结合在一起的"②。总之，民粹主义充当了马克思主义在俄国传播发展的"绊脚石"。尤其是在看待俄国"向何处去"的问题上，民粹派始终抓住"村社"这根能使俄国免受资本主义"苦难"的"避雷针"，否定俄国资本主义的发展。然而，普列汉诺夫却能在充分领会历史唯物主义理论内涵及精神实质的基础上，充分揭示资本主义在俄国发展的必然性，肯定了工业无产阶级在俄国资本主义发展进程中的重要角色及历史使命，强调尽快组成无产阶级政党的必要性。需要强调的是，随着普列汉诺夫对时代特征的进一步认识，他对村社的看法发生根本转变，他开始改变以往在《我们的意见分歧》中所认为的，与马克思恩格斯视野下的原始共产主义具有同质性。对此，他在 1905 年为该书再版时所写的序言中，纠正了这一误解，指出："那时还没有彻底弄清楚，俄国的农村公社和原始共产主义毫无共同之点。现在这是无可怀疑的。"③ 可以看出，在 19 世纪的最后十年，普列汉诺夫在对资本主义经济生活中的新现象进行深入研究后，依据时代的最新变化，对历史唯物主义所具有的方法论意义作出了科学解读，推进了其时代化的进程。

另外，众所周知，19 世纪末 20 世纪初，伯恩施坦、康拉德·施米特等人借口"时代的最新变化"，企图全面修正马克思主义，尤其是马克思主义哲学，试图彻底颠覆其"唯物主义"的基石，以康德主义取而代之。这一思潮给新生无产阶级政党造成了巨大的冲击及混乱，同时使普列汉诺夫毅然决然地站在了捍卫历史唯物主义、批判修正主义的最前沿。他在《论所

① 《列宁专题文集·论马克思主义》，人民出版社，2009，第 148 页。
② 〔苏〕纳尔斯基、波格丹洛夫、约夫楚克：《十九世纪的马克思主义哲学》下册，金顺福、贾泽林译，中国社会科学出版社，1984，第 330 页。
③ 《普列汉诺夫哲学著作选集》第 1 卷，三联书店，1959，第 147 页。

谓马克思主义的危机》《伯恩施坦与唯物主义》《康拉德·施米特反对卡尔马克思和弗里德里希恩格斯》《唯物主义还是康德主义?》《我们为什么感谢他》《Cant 反对康德,或伯恩施坦的精神遗嘱》《对我们的批判者的批判》等著述中从哲学世界观和方法论的层面揭示了伯恩施坦主义的实质及危害性,指出:他们之所以"很愿意康德的哲学复活,因为他们希望这一哲学能帮助他们麻痹无产阶级"①,因而必须"用感性的试剂即马克思和恩格斯的哲学来化验"这些"折中主义杂碎汤"②。此外,普列汉诺夫一再说明,虽然历史唯物主义"不是最后的永恒的真理",但"它是我们时代最高的社会真理"③。

总而言之,普列汉诺夫一元论历史观对于发展马克思主义哲学,特别是对于在俄国推进历史唯物主义的民族化、大众化、时代化,具有重要的贡献,不愧为马克思主义哲学史上矗立的一座丰碑。

二 普列汉诺夫一元论历史观的不足

普列汉诺夫的一元论历史观是深邃而富有创见的。正如列宁所言:"不研究——正是研究——普列汉诺夫所写的全部哲学著作,就不能成为一个自觉的、真正的共产主义者,因为这些著作是整个国际马克思主义文献中的优秀作品。"④ 然而,也需要强调的是,普列汉诺夫对于历史唯物主义的解读,都只是"他"自己的理解,是受其生活情境、理论旨趣、知识结构等制约的,因而深深打上了他个人的烙印,其中必然存在一些不足。

1. 理论上的"本体论"情结

虽然普列汉诺夫对以伯恩施坦为代表的修正主义的哲学进行过釜底抽薪的批判,但是,他在对马克思哲学的理解上存在明显的不足。这主要表现在他误读了马克思哲学的变革性特征,对历史唯物主义的伟大变革意义认识不够。例如,他指出:"马克思和恩格斯的历史观点忠实于费尔巴哈哲

① 《普列汉诺夫哲学著作选集》第 2 卷,三联书店,1961,第 493 页。
② 《普列汉诺夫哲学著作选集》第 2 卷,三联书店,1961,第 404 页。
③ 《普列汉诺夫哲学著作选集》第 2 卷,三联书店,1961,第 410 页。
④ 《列宁专题文集·论辩证唯物主义和历史唯物主义》,人民出版社,2009,第 314 页。

学的唯物主义精神"①，"费尔巴哈是马克思的直接的哲学前辈，而且在很大的程度上还奠定了马克思和恩格斯的世界观的哲学基础"②。因此，在普列汉诺夫看来，马克思主义哲学比费尔巴哈哲学的高明之处仅仅在于"用唯物主义来解释历史"③。是什么原因导致了普列汉诺夫有这种错误理解呢？我们认为，最主要的原因就是，普列汉诺夫在对马克思主义哲学进行理解时，存有"本论论"的情结，将马克思主义哲学归结为"物质"本体。概括起来，主要表现在以下几个方面。

第一，把马恩的唯物史观归为斯宾诺莎门下。1889 年，普列汉诺夫与恩格斯进行过深入交流，随后他便以"恩格斯本人的见证作依据"，指出"马克思和恩格斯在他们的发展中的唯物主义时期从来没有抛弃过斯宾诺莎的观点"④，认为"除广延性的实体外，我们不能知道有其他能思维的实体，而且思想和运动同为物质的功能"，因而"现代唯物主义只是或多或少地意识到自己的斯宾诺莎主义"⑤。在这里，普列汉诺夫按照一般唯物主义的理解，将世界视为一种实体性的存在，甚至等同于物质。因而，在他那里，"马克思哲学的存在论基础被领会为费尔巴哈的，并且最终是前康德性质的"⑥。这显然有悖于马克思恩格斯的本意。

第二，缺乏对马克思主义实践观的科学认识。众所周知，马克思的《关于费尔巴哈提纲》是"包含着新世界观的天才萌芽的第一个文件"。其宗旨是说明科学实践观在马克思主义哲学。普列汉诺夫曾十多次引证《关于费尔巴哈提纲》中的相关论断来批驳新康德主义的不可知论。然而，我们发现，他对于其中实践观的理解存在偏差。主要体现在以下三点。

其一，以哲学的基本问题为模板来解读主客体的关系。首先，在普列汉诺夫看来，主客体的关系、存在与思维的关系一样是哲学的基本问题。普列汉诺夫强调，由于马克思和恩格斯一度是费尔巴哈的信徒，所以他们"一直到生命结束时始终保持着对主体和客体的关系的一般哲学观点"⑦。例

---

① 《普列汉诺夫哲学著作选集》第 4 卷，三联书店，1974，第 328 页。
② 《普列汉诺夫哲学著作选集》第 3 卷，三联书店，1962，第 138 页。
③ 《普列汉诺夫哲学著作选集》第 3 卷，三联书店，1962，第 777 页。
④ 《普列汉诺夫哲学著作选集》第 2 卷，三联书店，1961，第 404 页。
⑤ 《普列汉诺夫哲学著作选集》第 2 卷，三联书店，1961，第 381 页。
⑥ 吴晓明、王德峰：《马克思的哲学革命及其当代意义》，人民出版社，2005，第 180 页。
⑦ 《普列汉诺夫哲学著作选集》第 3 卷，三联书店，1962，第 778 页。

如，普列汉诺夫在解读《关于费尔巴哈提纲》的第一条时，这样写道：

> 唯物主义如果不想永远像过去那样片面下去，如果不想由于不断地回返到唯心主义的见解而背叛自己固有的原则，如果不想因此承认唯心主义在一定的范围内更强有力，就必须给人的生活的一切方面一个唯物主义的说明。人的生活的主观方面，正是心理的方面，"人的精神"，人的感情和观念。①

这段话可以清晰地表明，普列汉诺夫没有注意到人的感性活动即社会实践的重要意义，而仅以唯物论的立场来解决哲学上的基本问题，以此来审视主客体关系。其次，在主体、客体概念的理解上，普列汉诺夫认为，主体不仅包括人，而且"所有那些由于自身结构的某些特殊性而有可能这样或那地'看见'外部世界的有机体都是主体"②，而客体则是"物质"。最后，主客体的关系只是起源与派生的关系。他在说明恩格斯关于哲学基本问题的思想导源于费尔巴哈时，指出：当恩格斯说"凡是认为自然界是本源的，则属于唯物主义的各种学派"时，他无疑重复了费尔巴哈的思想，即"思维对存在的真实的关系只是在于，存在是主体；思维是客体；思维起源于存在，而不是存在起源于思维"③。由此看来，普列汉诺夫在理解主客体关系时，既不懂得思维与存在的辩证关系，也忽视了作为主客体关系的基础、中介和桥梁的社会实践，更不懂得认识过程中主体的能动作用。

其二，对人的存在方式的曲解。在《唯物主义史论丛》中，在阐释自由与必然的关系时，他指出："只有马克思才知道如何片刻不放弃'人的物质性'的学说而使'理性'和'必然性'和解，因为他考察了'人的实践'。"④ 这句话至少蕴藏了两层意思：①人的实践是解决自由与必然的矛盾的途径；②未能把人的实践看作人的感性活动或对象化的活动，而是将它视为实践活动中凝固化的物性要素，从而忽略了社会生活中的内在历史本质。

---

① 《普列汉诺夫哲学著作选集》第 2 卷，三联书店，1961，第 186 页。
② 《普列汉诺夫哲学著作选集》第 1 卷，三联书店，1959，第 536 页。
③ 《普列汉诺夫哲学著作选集》第 2 卷，三联书店，1961，第 403 页。
④ 《普列汉诺夫哲学著作选集》第 2 卷，三联书店，1961，第 208 页。

其三，在理解理论与实践的关系时，低估了理论对实践的依赖性。普列汉诺夫非常赞同费尔巴哈关于理论与实践关系的见解。费尔巴哈指出："理论，这是仍然在我一个人头脑中的东西；实践则是深入许多人头脑中去的东西，它把许多头脑团结起来，创造出群众，传遍世界，并且为自己在世界中夺得一席地位。"对此，普列汉诺夫认为这是"毋庸置辩的真理"，也就是说，决不能把理论"放在实践次要地位上"，因为"理论决定着'创造群众'的质量"。① 这样，普列汉诺夫无疑否认了实践高于理论的认识，否认了实践对于理论的形成、发展、筛选及验证等方面的最终决定作用。

第三，把历史唯物主义纳入唯物主义的谱系中来考察。普列汉诺夫在《唯心主义与唯物主义》一文中，写道：

> 马克思指责费尔巴哈不了解"实践批判"活动，这是不对的。费尔巴哈是了解它的。但是马克思说得对，费尔巴哈用解释"宗教的本质"的那个"人的本质"的概念，缺点在于抽象。这是不可避免的。只要作到唯物主义来解释历史，费尔巴哈就可消除自己学说中的这个缺点。②

不难看出，普列汉诺夫在这里的判断是如此草率，一方面，如果费尔巴哈与马克思一样是了解"实践批判"活动的话，那么，这样就会使人误以为"实践"是将马克思与费尔巴哈勾连起来的"节点"，似乎在这两人的哲学世界观之间没有多大差别；另一方面，"只要"费尔巴哈用"唯物主义来解释历史"，就能克服自己抽象的"人的本质"的缺陷。也就是说，即便他借助于"实践"也不能通达地"用唯物主义来解释历史"。当然，将历史唯物主义指认为与唯心主义完全对立的唯物主义哲学，这是没错的，但显然不够，而且把它混同于以往一般唯物主义是错的。这样，无疑将其意义和内容限定于以还原论方式处理世界本原问题，也就是说，即便在历史观上达到了唯物主义，实际上也并没有把捉到历史唯物主义区别于以往哲学

---

① 〔俄〕普列汉诺夫：《普列汉诺夫机会主义文选（1903年–1908年）》上册，虚容译，三联书店，1964，第182页。
② 《普列汉诺夫哲学著作选集》第3卷，三联书店，1962，第776~777页。

的革命性特征，而相反大大缩小了历史唯物主义展开的现实视域和深邃的历史厚度。

基于以上认识，普列汉诺夫认为马克思主义哲学既是一般的唯物主义哲学，又是辩证的、历史的唯物主义。进而言之，在他看来，辩证法的特征只在于"从现象本身中，而不是从研究者的这种或那种同情和反感中，去寻找决定这种现象发展的力量的"，故而"按其本性来说就是唯物主义的"①，所以，辩证法并不涉及世界的本质，而只是实体本身的存在样态和实体之间的相互作用。同样，历史唯物主义也只是对历史作唯物主义的解释，而且历史唯物主义必须以自然界为前提，"马克思的历史理论不仅不排斥自然界的影响，而且还直接以它为前提"②。这样，普列汉诺夫就从"物质本体论"的立场出发，对社会历史作了感性直观的实体性理解，落入了马克思曾大加批评的旧唯物主义形而上学思维方式的窠臼，同时，由于缺乏对科学实践观的正确认识，没能把捉到马克思主义哲学是以历史为基础的"实践中介论"，即没能将实践看作主体与客体统一联系的中介，是人的存在方式、社会生活的本质和认识的基础。

那么，是什么原因造成了普列汉诺夫对于马克思主义哲学特别是历史唯物主义的这种片面认识呢？我们认为，原因有三。其一，从知识结构来看，普列汉诺夫在成为马克思主义者以前，已经形成了完整系统的知识理论体系，他作为革命民粹主义"黑土重分派"的主要领导，在各类刊物上公开发表过许多论文。因此，其牢固的世界观体系致使他很难完全接受马克思主义世界观。与此同时，他接受马克思主义的顺序依次为政治经济学—科学社会主义—哲学，这恰好与马克思恩格斯在创立其学说时的次序相反。所以，他很难把捉到马克思主义的形成过程的实质，加之《1844年经济学哲学手稿》《德意志意识形态》等马恩早期著作未能公开面世，普列汉诺夫便难以准确理解马克思恩格斯所完成的哲学变革的实质。其二，从当时的历史条件来看，普列汉诺夫在成为马克思主义者时，恰逢自然科学三大发现广为盛行的时期。特别是达尔文进化论对整个理论界及思想界产生的巨大影响，以至于造成将进化论简单移植到社会领域成为一种风尚。

① 《普列汉诺夫哲学著作选集》第4卷，三联书店，1974，第265页。
② 《普列汉诺夫哲学著作选集》第2卷，三联书店，1961，第813页。

这种情况下，人们力图从理论上使进化论与历史唯物主义接近。例如，普列汉诺夫在说明社会形态更替时，写道："马克思证明了人类社会的经济制度是基础，用这个基础的进化可以解释社会进化的一切其他方面。"① 其三，从俄罗斯哲学传统来看，与近代以来西方哲学所不同的是，俄罗斯哲学对以主客体关系为基础的认识论问题并不"感冒"，甚至是有力批判，这在一定程度上也影响了普列汉诺夫的判断。

2. 政治上的机会主义倾向

普列汉诺夫后来在政治上机会主义的表现也必然对其理论活动特别是一元论历史观发生影响。但是，这种反映往往不是直接的，而是主要体现在那些与革命政治实践联系较紧密的问题上，诸如关于国家观和阶级斗争问题，关于社会意识在革命中的重大作用，关于社会存在决定社会意识的问题，等等。但是，令人不解的是，长期以来，有许多人不加分说地将其理论上的错误与其政治活动粘连起来，譬如，有人硬说普列汉诺夫的"地理环境决定论"与孟什维克主义有密切联系。

（1）阶级调和论

普列汉诺夫在很多著作中，如《社会主义与政治斗争》《无政府主义和社会主义》《唯物主义历史观》《阶级斗争学说的最初阶段》等，对马克思主义阶级斗争学说进行过阐释。他依据马克思和恩格斯的思想，系统考察了阶级斗争学说的发展史，运用历史唯物主义的原理揭示了阶级斗争的根源，解读了阶级斗争的诸多现象，强调了无产阶级与资产阶级之间斗争的不可调和性，发挥了马克思恩格斯关于"一切阶级斗争都是政治斗争"的思想，捍卫了马克思主义阶级斗争学说的真理性，指出"只有从卡尔·马克思时代起，社会主义才立足于阶级斗争的基础上"②。

但是，当普列汉诺夫转向孟什维克的政治立场后，他便逐渐开始宣扬"阶级调和论"。他的这一思想，最初表现在俄国社会民主工党第二次代表大会之后，他开始鼓吹布尔什维克与孟什维克之间无原则的团结。随后，在俄国资产阶级民主革命时期，他不仅不同在议会还软弱无力的时候就散布立宪幻想的自由资产阶级作斗争，反而认为议会斗争是当时斗争的主要

---

① 《普列汉诺夫哲学著作选集》第 2 卷，三联书店，1961，第 510 页。
② 〔俄〕普列汉诺夫：《无政府主义与社会主义》，王荫庭译，三联书店，1980，第 25 页。

形式，而且提出所谓"分开走，一起打"的策略，即认为俄国革命既然是资产阶级革命，那么，俄国资产阶级就是革命的阶级。因此，无产阶级政党在这一过程中，只应当揭露资产阶级社会政治意识形态的反无产阶级的和反革命的性质，而不要从政治上使自己与它对立起来，换句话说，只应当同资产阶级进行理论斗争，不应当同它进行政治斗争，否则就会犯"巨大的错误"，在他看来，"把自己同资产阶级对立起来的最好方式是向无产阶级进行社会主义教育"①。这些策略意味着，无产阶级主动放弃了在民主革命中的领导权，主张无产阶级同资产阶级"平行领导""互相亲善"，进而凸显了其阶级调和论的错误。1917 年二月革命后，普列汉诺夫回到了阔别 37 年之久的祖国，在两个政权并存的革命重要时机，他的阶级调和论却愈演愈烈。在《为什么需要联合》一文中，他写道："为了避免内战，必须联合。为了巩固革命已经取得的成果，必须联合。为了消灭单靠民主派的力量不可能胜利地反对掉的那种可怕的经济崩溃现象，必须联合"②，"除联合外没有挽救的办法"③。"俄国得救之道不在于国内战争，而在于两大阶级达成自觉的、全面考虑的、有计划的和诚恳的协议。"④ 可见，在他看来，阶级合作已成为治愈俄国社会疮疤的"灵丹妙药"。因此，列宁在评价普列汉诺夫等人的错误时，指出："他们完全没有说明，甚至显然完全忘记了觉悟的社会民主主义无产阶级在当前的主要政治任务是反对立宪幻想的斗争。社会主义无产阶级是严守阶级观点的，是坚定地运用历史唯物主义观点估计时局的。"⑤

（2）夸大社会存在的作用

第一，夸大经济因素对政治因素的作用。

有一种流行观点认为，当普列汉诺夫沦为机会主义者后，他便犯了"庸俗生产力论"的错误，而这一错误又成为普列汉诺夫机会主义与社会沙文主义的理论支柱。其实，我们发现，当普列汉诺夫成为马克思主义者后，

① 〔俄〕普列汉诺夫：《普列汉诺夫机会主义文选（1903 年 – 1908 年）》上册，虚容译，三联书店，1964，第 278 页。
② 〔俄〕普列汉诺夫：《在祖国的一年》，王荫庭、杨永译，三联书店，1980，第 369 页。
③ 〔俄〕普列汉诺夫：《在祖国的一年》，王荫庭、杨永译，三联书店，1980，第 371 页。
④ 〔俄〕普列汉诺夫：《在祖国的一年》，王荫庭、杨永译，三联书店，1980，第 303 ~ 304 页。
⑤ 《列宁全集》第 12 卷，人民出版社，1987，第 314 页。

他的态度是非常明确的，即俄国革命的道路只有一条，那就是大力促进资本主义的发展，以便为社会主义革命创造条件。例如，在《社会主义与政治斗争》中，他指出，"社会主义的生产组织也需要有这样性质的一些经济关系为先决条件……而这样的组织在现代的俄国是没有的"，因此"我们完全不相信俄国最近有社会主义政府的可能"。① 在《我们的意见分歧》中，他又写道："我们为了革命和劳动人民的利益应当利用在俄国进行的社会经济变革。我国的社会主义运动是在资本主义刚萌芽的时候开始的。"② 在《社会民主主义"劳动解放社"纲领》中，普列汉诺夫对此观点进行了申述，"当代的俄国所遭受到的——正如马克思关于欧洲大陆的西部所说的——不仅是资本主义生产发展的痛苦，而且也感到这一发展不够的痛苦"③。请注意，这句马克思的名言，他在此后经常引述，比如在批评列宁"四月提纲"的《谈谈列宁的提纲以及为什么有时梦话值得注意》一文中，他指出，"俄国不仅吃存在着资本主义的苦头，而且也吃资本主义生产方式不够发达的苦头"，"如果一国的资本主义尚未达到阻碍本国生产力发展的那个高级阶段，那号召城乡工人和最贫苦的农民推翻资本主义就是荒谬的"。④ 由此看来，并不是因为普列汉诺夫的政治立场转变，他才坚持所谓的"庸俗生产力决定论"，而只能说，因为其立场的转变，更加凸显了其教条式、呆板地来理解马克思主义关于革命理论的论述特点。他的错误正在于，在帝国主义时代，无产阶级与资产阶级矛盾进一步尖锐化，第一次世界大战使革命的机会成熟，在俄国这个资本主义统治的薄弱环节，无产阶级通过革命取得政权以建设社会主义已成为现实的可能之机，却片面地强调历史条件的不足，要俄国无产阶级放弃实现其理想的机会。

而相比之下，列宁却高明得多，他根据帝国主义时代的最新特征，及时地把握了马克思主义革命学说的内在逻辑。在他看来，马克思在生前的确强调资本主义的一定发展是社会主义革命的前提，但这个"一定发展"究竟到什么程度，马克思并未言明。因此，列宁在其"政治遗嘱"《论我国革命》中，深刻地说道："谁也说不出这个一定的'文化水平'究竟是什么

① 《普列汉诺夫哲学著作选集》第 1 卷，三联书店，1959，第 106 页。
② 《普列汉诺夫哲学著作选集》第 1 卷，三联书店，1959，第 314 页。
③ 《普列汉诺夫哲学著作选集》第 1 卷，三联书店，1959，第 412 页。
④ 〔俄〕普列汉诺夫：《在祖国的一年》，王荫庭、杨永译，三联书店，1980，第 420 页。

样的，因为这在各个西欧国家都是不同的。"也就是说，依列宁之见，既然社会主义代替资本主义是必然的趋势，那么，为什么不能将这个日程稍微提前一点呢，这不但不是"使历史的车轮停止"，而是大势所趋，更何况在革命胜利后，始终在工农政权和苏维埃制度的基础上，"为这种文明创造前提，如驱逐地主、驱逐俄国资本家，然后开始走向社会主义"①。

第二，夸大社会历史发展中客观因素的作用。

马克思最强调群众的历史主动性，而普列汉诺夫却完全没有"从马克思身上学到怎样来估计俄国工人和农民在 1905 年 10 月和 12 月所表现的历史主动性"②。在分析巴黎公社起义的教训时，马克思强调"本来是应该立刻向凡尔赛进军的"。普列汉诺夫则未能将他之前所倡导的社会意识在一定条件下可以影响历史发展进程的理论如"革命的思想是一种炸药，它不是世界上任何炸药物所能代替的"运用于实践，而是在 1905 年 12 月俄国工农群众必须用武力抵抗敌人对已经争得的自由发起进攻的时候，在《再论我们的处境》等文中，普列汉诺夫极力反对工人群众创造历史的主动性，指出：虽然由于工人的政治罢工已引起了莫斯科、索尔莫夫等的武装起义，在这些起义中俄国无产阶级表现了强大的力量、英勇的气概和舍身忘我的精神，但是他们没有具备取得胜利的任何条件。所以，可以说"本来就用不着拿起武器"③。对此，列宁在《马克思致路·库格曼书信集俄译本序言》中的评价比较公允，指出，"马克思观察世界历史，是从正在创造历史，但无法绝对准确地估计成功机会的那些人们的观点出发的，而不是从瞎说'本来容易预见到……本来就用不着拿起'等等的小市民知识分子的观点出发的。同时，马克思能够理解到历史上常有这种情形，即群众进行殊死的斗争甚至是为了一件没有胜利希望的事业，但对于进一步教育这些群众，对于训练这些群众作下一次斗争却是必需的"，所以，普列汉诺夫"只愿仿效他估计已往而不愿仿效他创造未来"④。

总而言之，普列汉诺夫试图全面维护历史唯物主义的纯洁性及科学性，

---

① 《列宁选集》第4卷，人民出版社，1995，第778页。
② 《列宁专题文集·论马克思主义》，人民出版社，2009，第109页。
③ 〔俄〕普列汉诺夫：《普列汉诺夫机会主义文选（1903 年 - 1908 年）》上册，虚容译，三联书店，1964，第282页。
④ 《列宁专题文集·论马克思主义》，人民出版社，2009，第111~112页。

却恰恰给更为陈旧僵化的哲学观点保留了地盘；他极力回避一切"形而上学"的问题，却恰恰在无产阶级革命的策略和战略等最现实的问题上栽了跟头。尽管他在传播、研究、推进唯物史观上的贡献是巨大的，但是在运用唯物史观回答新历史条件的挑战方面却极其平庸。普列汉诺夫的这些失误，确实给后来的马克思主义者留下了值得深思及反省的深刻教益。

三 列宁对普列汉诺夫一元论历史观的理解、运用及发展

近年来，关于普列汉诺夫一元论历史观与列宁哲学思想关系的研究不断成为学界争相探讨的重要课题。然而，从现有的理论成果来看，由于立场的不同，分析视角的差异，加之普列汉诺夫政治生涯的复杂曲折，人们在评价两人的关系时，无法科学审视他们之间的思想联系，不断矮化普列汉诺夫一元论历史观。因此，为了正确理解列宁与普列汉诺夫一元论历史观间的关系，需要联系他们的理论政治活动，对照他们哲学思想的重要文本。

1. 普列汉诺夫的一元论历史观：列宁哲学思想的重要来源

学术界对于普列汉诺夫是非功过的评价一直是众说纷纭、见仁见智。其中，所争论的核心就是如何评价列宁与普列汉诺夫的思想关系问题。对此，苏联学术界的观点较具代表性，他们在这一问题上形成了三种不同的基本观点。

第一种观点是以阿克雪里罗得、德波林、卡列夫、卢波尔等人为代表的"师生论"或"相互补充论"。他们当中有许多人曾经是普列汉诺夫的友人，而且同为孟什维克党人，有的则在十月革命后担任新生苏维埃政府的要职。例如，德波林在《战斗唯物主义者列宁》一文中的一条边注中指出，"列宁在哲学方面是普列汉诺夫的'学生'，他自己也曾不止一次地说过"，而且"从一定意义上来说，这两位思想家是互相补充的"。[①] 卡列夫在《在马克思主义旗帜下》杂志上刊发的《纪念杂志五周年社论》（1926年）一

---

① 〔苏〕德波林：《哲学与政治》，李光莫等译，三联书店，1965，第817页。

文也阐发了同样的观点，他指出，虽然"普列汉诺夫在理论方面有一些不确切的表述和强调得不成功的地方"，但是"这些局部错误不可能抹杀列宁一再强调的一般性的东西，——普列汉诺夫的哲学著作到目前为止仍然是世界马克思主义文献中撰写这些题目的最优秀著作"。①

第二种观点则是以米丁、拉里采维奇、西特柯夫斯基为代表的"对立论"。他们公然抨击以德波林等人的观点，认为他们"最多不过是把列宁'打扮'成普列汉诺夫的样子，从而粉饰普列汉诺夫的错误"②，并给他们扣上"孟什维克化的唯心主义者"的帽子。例如，西特柯夫斯基在《论机械论和孟什维克化的唯心论的反马克思主义的实质》中指出："普列汉诺夫保卫了辩证的和历史的唯物论。可是首先不容许曲解历史事实：把普列汉诺夫变为列宁的哲学的教师。"因为，列宁在1894年完成了《什么是"人民之友"及他们如何反对社会民主派》一书，而当时普列汉诺夫的《论一论历史观之发展》一书正在创作之中，所以"列宁的著作从其最初的著作起，在对普列汉诺夫著作的关系上，不仅是完全独立的，而且远远的高于后者"。接下来，在说明普列汉诺夫思想的缺点时，强调普列汉诺夫哲学著作中的思想，只是恩格斯思想的"翻版"，没有任何新的进展，他并没有"领会自然科学的最新发现，并唯物地利用它"③。

同样，米丁、尤金等人在《论马克思列宁主义哲学的新任务》《为真正地研究列宁的哲学遗产而斗争》《唯物辩证法的迫切问题》等文中，着力抬高列宁的地位，而不断贬低普列汉诺夫。在他们看来，"列宁在历史唯物主义问题上所作的贡献，无疑是历史唯物主义发展中的新阶段"，而普列汉诺夫的一元论历史观只是"倒退的""背离正统马克思主义的"第二国际时代的马克思主义。所以，他们对普列汉诺夫的贡献采取一味的批判态度，指出，"不研究列宁把马克思主义哲学提高到的新阶段，不研究列宁对普列汉诺夫在马克思主义理论上的错误所作的批判，就不能成为真正的共产主义者"，而且在批判普列汉诺夫的理论时最重要的是揭示其中"第二国际的基本传统和教条"。④ 不仅如此，米丁等人还夸大了普列汉诺夫一元论历史观

---

① 张念丰等编译《德波林学派资料选编》，长春人民出版社，1982，第384页。
② 张念丰等编译《德波林学派资料选编》，长春人民出版社，1982，第382页。
③ 参见博古等编《辩证唯物论与历史唯物论基本问题》，三联书店，1950，第1315页。
④ 张念丰等编译《德波林学派资料选编》，长春人民出版社，1982，第387页。

中的缺点，炮制出一系列所谓的"错误"，抹杀了普列汉诺夫一元论历史观在列宁哲学思想演进过程中的作用，进而言道："列宁是马克思主义者普列汉诺夫的'学生'这样一个'历史哲学'，是该结束的时候了"，"马克思主义发展的真实历史是从马克思恩格斯到列宁，决不是经过普列汉诺夫"。[①]

第三种观点则是以恰金、西多罗夫、奥库洛夫、约夫楚克等为代表的"继承论"。1956 年 11 ~ 12 月，为纪念普列汉诺夫诞生 100 周年，《哲学问题》等杂志上刊发了一组纪念文章，其中，西多罗夫在《普列汉诺夫对历史唯物主义的研究》一文中写道："列宁从来都是高度评价马克思主义哲学家、辩证唯物主义者普列汉诺夫的活动的。即使在孟什维克反对布尔什维克所进行的派别活动最激烈的年代里，列宁在指出作为俄国社会民主派领袖的普列汉诺夫的弱点的同时，仍然还对他作为一个战斗的辩证唯物主义哲学家的活动作了肯定评价。"奥库洛夫在《普列汉诺夫为反对对马克思主义作康德主义的修正而斗争》一文中说，"在恩格斯逝世以后，普列汉诺夫是作为一个优秀的马克思主义理论家。对哲学上的修正主义进行批判的勇敢批评家出现在国际舞台上的"。1957 年 1 ~ 2 月，约夫楚克在《普列汉诺夫著作中的哲学史问题》中重申了普列汉诺夫在马克思主义哲学史上的地位和价值。他指出，"普列汉诺夫不仅对哲学史的唯物主义传统赋予巨大的意义，而且为马克思主义辩证法开辟了道路。"[②] 罗森塔尔在《马克思主义辩证法史》中写道，"列宁在进一步发展马克思主义创始人的哲学遗产时，毫无疑问，利用了……普列汉诺夫等人所作出的成就"，然而，遗憾的是，列宁"与他们之间的直接继承性联系问题迄今没有引起人们足够的重视"。[③]

那么，究竟应该如何来看待以上三种观点呢？我们认为，关键的问题就是要弄清普列汉诺夫对列宁哲学思想的变化发展究竟有无影响，对此，有必要结合列宁重要的哲学著述来加以比较，从而作出正确的判断。

众所周知，列宁的第一部哲学著作为《什么是"人民之友"以及如何攻击社会民主党人?》（1894 年秋），该书的主题是批判以米海洛夫斯基为代表的民粹派主观主义者，阐述历史唯物主义基本原理。在该书中，我们可

---

① 张念丰等编译《德波林学派资料选编》，长春人民出版社，1982，第 386 页。
② 参见贾泽林编译《苏联哲学纪事（1953 - 1976）》，三联书店，1979，第 61 页。
③ 〔苏〕马·莫·罗森塔尔主编《马克思主义辩证法史：从马克思主义产生到列宁阶段之前》，汤侠声译，人民出版社，1986，第 469 页。

以发现，首先，列宁为了阐明自己的观点，曾多次引证普列汉诺夫的言论，例如，他写道："普列汉诺夫说得很对：我国革命家有'两种敌人，一种是还没有完全根除的陈腐偏见，一种是对新纲领的狭隘理解'。"① 而且"在普列汉诺夫的著作里往往可以看到对米海洛夫斯基先生非常中肯的批评"②。

其次，列宁高度评价了普列汉诺夫的著作。他认为要理解科学社会主义，"任何一个稍微正派的人都应当这样做，——并且读过第一本社会民主主义著作，即普列汉诺夫的《我们的意见分歧》一书"③。

再次，列宁在历史唯物主义有关原理表述的话语方式上与普列汉诺夫惊人的相似。例如，列宁在说明经济基础与上层建筑的关系时，将经济基础比作"骨骼"，而与这种经济基础相适应的上层建筑，则是包裹骨骼的"血肉"。普列汉诺夫在1894年8~11月完成的《论一元论历史观的发展问题》中，也有相似的表述，他指出，历史唯物主义的研究"应当指明枯燥的经济骨骼怎样为生动的社会政治形式的肉体所包裹"④。

最后，列宁的一些重要论断与普列汉诺夫的思想是一致的。例如，在评价《资本论》在历史唯物主义发展中的意义时，列宁指出："自从《资本论》问世以来，唯物主义历史观已经不是假设，而是科学地证明了的原理。"⑤ 无独有偶，我们在《论一元论历史观的发展问题》中也找到了类似的论断，普列汉诺夫认为米海洛夫斯基等人不懂得也不承认马克思的经济观点而又否定他的历史观点，恰好是因为他们不知晓"《资本论》同时就是历史研究"⑥。

由此可见，列宁的《什么是"人民之友"以及他们如何攻击社会民主主义者?》无疑渗透着普列汉诺夫的有关思想，以至于列宁在1900年曾感慨道："我们热中于爱戴他，实际上当了奴隶，当奴隶本来是不体面的事情，而正因为是'他'本人（普列汉诺夫）使我们亲身尝到了奴隶的滋味，

① 《列宁选集》第1卷，人民出版社，1995，第48页。
② 《列宁选集》第1卷，人民出版社，1995，第48页。
③ 《列宁全集》第1卷，人民出版社，1984，第163页。
④ 〔俄〕普列汉诺夫：《论一元论历史观的发展问题》，王荫庭译，商务印书馆，2012，第224页。
⑤ 《列宁全集》第1卷，人民出版社，1984，第112页。
⑥ 〔俄〕普列汉诺夫：《论一元论历史观的发展问题》，王荫庭译，商务印书馆，2012，第219页。

我们就更加懊丧百倍。"① 换言之，列宁此时在总的哲学思想上与普列汉诺夫是一致的，而且普列汉诺夫对列宁的哲学思想有着重要的影响。与此同时，列宁在此后的文章中，如《再论工会、目前局势及托洛茨基同志和布哈林同志的错误》，也特别重视普列汉诺夫有关辩证法的思想，写道："辩证逻辑教导说，'没有抽象的真理，真理总是具体的'——已故的普列汉诺夫常常喜欢按照黑格尔的说法这样说。"② 在《哲学笔记》中，列宁在谈到黑格尔对社会生活的因果关系的深刻理解时，要求人们参看普列汉诺夫的著作。从这些事实可以清晰地看到，普列汉诺夫的哲学思想对列宁有着重要的启示意义。正如列宁的妻子克鲁普斯卡娅所说的那样，"列宁认为，在作为唯物主义者的普列汉诺夫那里有许多可以学习的东西，不知道普列汉诺夫的哲学言论，就不可能把辩证唯物主义推向前进"③。

那么，以上观点能否佐证德波林等人所说的，作为"学生"的列宁永远不能超过普列汉诺夫，而没有自己的独到见解呢？对此，科尔施在批评苏联哲学时，就这样说过："列宁同普列汉诺夫哲学上的关系是这样的，学生在盲目地接受老师的全部基本教诲之后，接着便继续毫不犹豫地利用它们得出的逻辑的结论。"④ 这个观点显然有失偏颇。其实，不难看出，列宁的哲学思想有一个发展过程，一个逐渐成熟的过程，一个不断丰富提高的过程，这是与客观的历史条件相联系的。

不可否认，在列宁政治理论活动最初的一段时间里，普列汉诺夫在哲学上和政治上都是一位革命先行者，在哲学史和哲学理论的阐述上，在哲学著述的深度及数量上，无疑大大领先于初出茅庐的列宁，故而使列宁常常倚重于普列汉诺夫的思想来进行论战，这一点历史事实已经证明。但是，列宁任何时候都不是盲从的，他在哲学上，特别是在唯物史观的研究与认识上，从来没有丧失自己的"独立性"，尤其是在俄国资产阶级革命失败之后，列宁研究的重心逐渐转向马克思主义哲学，着力于解决俄国革命的正确道路问题，开始认识到普列汉诺夫哲学思想中的不足。1908 年 3 月 24 日，在致高尔基的信中第一次就纯粹哲学问题对普列汉诺夫提出了批评。

① 《列宁全集》第 4 卷，人民出版社，1984，第 303 页。
② 《列宁选集》第 4 卷，人民出版社，1995，第 420 页。
③ 〔苏〕克鲁普斯卡娅：《论列宁》，人民出版社，1960，第 366 页。
④ 〔德〕科尔施：《马克思主义和哲学》，王南湜、荣新海译，重庆出版社，1989，第 84 页。

他指出:"他不会或者不想或者懒于具体地、细致地、简明地说出自己的看法,而是用深奥的哲理不必要地去吓唬读者。我无论如何要按自己的方式说出自己的意见。"① 随后,在1909年的《唯物主义和经验批判主义》中,列宁对普列汉诺夫的哲学思想提出了诸多批评意见。譬如他对"象形文字"比喻不当,忽视自然科学与哲学的紧密联系,利用哲学分歧进行反对布尔什维克的活动等。当1914年第一次世界大战爆发后,帝国主义的各种矛盾更加尖锐化,分析时代及战争的本质与特征的任务进一步加重,通过对作为完整的哲学科学的辩证法的深入研究,列宁对普列汉诺夫哲学的重大局限性进行了深度揭示。这些结论,既是列宁长期革命实践活动所累积的哲学思想的升华,也是对他前期著作中对普列汉诺夫哲学错误批评的理论延伸,更是列宁对马克思、恩格斯、黑格尔有关哲学思想的高度自觉。这也表明,普列汉诺夫的哲学思想特别是一元论历史观,在一定时期从反面推进了列宁哲学思想的发展。

由上观之,因普列汉诺夫在哲学、政治上的曲折发展,在不同时期,列宁对普列汉诺夫的哲学思想有各种不同的评价,而普列汉诺夫哲学对列宁的思想也有性质或程度不同的影响。故而,关于列宁与普列汉诺夫哲学思想关系,现在看来,我们更倾向于第三种观点即"继承论",它更符合事实。在列宁哲学思想发展的过程中,既存在向普列汉诺夫学习的阶段,也就是"肯定的继承"阶段,也存在批判普列汉诺夫哲学思想的缺点错误进一步发展马克思主义哲学阶段,即"否定的继承性"阶段。

2. 列宁对普列汉诺夫一元论历史观的超越

正如以上所指出的那样,早期列宁的历史唯物主义思想基本上师承了普列汉诺夫的一元论历史观。作为一名马克思主义者,普列汉诺夫把握了历史唯物主义这根"引路之线"的意义,并且从各个方面证明了它"指给了我们一条科学研究的安全道路"。沿着这条道路,列宁对历史唯物主义作了具体且详细的分析和论述。

1. 从"单线论"到"多线论"

历史发展规律问题,是初入革命浪潮及学术舞台的列宁面对的主要课题。从列宁的早期著作(诸如《论所市场问题》《什么是"人民之友"以

---

① 《列宁全集》第45卷,人民出版社,1990,第192页。

及他们如何攻击社会民主主义者?》《民粹主义的经济内容及其在司徒卢威先生的书中受到的批评》《俄国资本主义的发展》《评经济浪漫主义》《我们究竟拒绝什么遗产》等）来看，其主要任务就是坚持运用历史唯物主义哲学观点，批判自由主义的民粹派否认俄国资本主义发展的客观必然性及现实性。在列宁看来，尽管俄国的资本主义发展得缓慢，但是俄国近代的工业体系已经初具规模，因此，在俄国应该首先实现的是促进资本主义的发展。所以，列宁反复强调社会历史发展规律的客观性。针对民粹派诉诸主观社会学的方法试图消解历史发展规律，列宁对照《资本论》中的有关论述，强调"只有把社会关系归结于生产关系，把生产关系归结于生产力的水平，才能有可靠的根据把社会形态的发展看作自然历史过程"①。但同时，我们也发现，早期的列宁只是把"社会经济形态"看作历史唯物主义的核心概念，他指出，与主观社会学的不同，马克思恩格斯"不过是把社会进化看做社会经济形态发展的自然历史过程"②。因此，俄国社会民主主义者的任务就是"具体地研究俄国经济对抗的一切形式，研究它们的联系和一贯发展……指明经济发展所昭示的摆脱这个制度的出路"③。以此思想为导引，在俄国社会命运的问题上，他认为社会主义的胜利，只能建立在资产主义生产方式的充分发展之上。显然，这是一种基于社会历史发展客体向度的解析，忽略了历史主体能动性，与马克思的历史辩证法思想存在一定的差距。

列宁说过，他在当时"几乎知道普列汉诺夫的全部著作，对《一元论历史观之发展》有很深的印象"，而且两人在民粹派斗争立场上的一致性，促使早年列宁无论在哪一方面对普列汉诺夫的思想都是相当推崇的。

然而，需要指出的是，随着对马克思主义哲学研究的深化，列宁逐渐认识到普列汉诺夫理论的不足。列宁认为普列汉诺夫夸大了社会存在的作用，过分强调经济因素。在普列汉诺夫看来，俄国革命的道路只有一条，那就是大力促进资本主义的发展，以便为社会主义革命创造条件。社会主义革命的发生必须建立在高度发展的生产力水平之上。他指出："如果一国

---

① 《列宁全集》第 1 卷，人民出版社，1984，第 110 页。
② 《列宁全集》第 1 卷，人民出版社，1955，第 145 页。
③ 《列宁选集》第 1 卷，人民出版社，1995，第 77 页。

的资本主义尚未达到阻碍本国生产力发展的那个高级阶段，那号召城乡工人和最贫苦的农民推翻资本主义就是荒谬的。"①

尽管这一思想对早期列宁的历史观产生了极大的影响，但由于对俄国现实问题的充分认识，对帝国主义时代特征的科学研判，特别是在1905年俄国资产阶级革命后，他逐渐认识到普列汉诺夫这一理论的不足。在《俄国资本主义问题》第二版序言中，列宁写道，在以普列汉诺夫为首的右翼社会民主党人中间"他们力图在关于我国革命基本性质的一般真理的单纯逻辑发展中去寻找具体问题的答案，这是把马克思主义庸俗化，并且完全是对辩证唯物主义的嘲弄"②。他认为这种"庸俗化"正在于教条式、呆板地来理解马克思主义关于革命理论的论述。认为普列汉诺夫在帝国主义时代，无产阶级与资产阶级矛盾进一步尖锐化，第一次世界大战使革命的时机成熟，在俄国这个资本主义统治的薄弱环节，无产阶级通过革命取得政权以建设社会主义已成为现实的可能之机，却片面地强调历史条件的不足，要俄国无产阶级放弃实现其理想的机会。因而，列宁根据帝国主义时代的最新特征，及时把握了马克思主义革命学说的内在逻辑及历史辩证法的精髓。在他看来，马克思在生前的确强调资本主义的一定发展是社会主义革命的前提，但这个"一定发展"究竟到什么程度，马克思并未言明。因此，列宁在其"政治遗嘱"《论我国革命》中，深刻地指出："谁也说不出这个一定的'文化水平'究竟是什么样的，因为这在各个西欧国家都是不同的。"③ 也就是说，依列宁之见，既然社会主义代替资本主义是必然的趋势，那么，为什么不能将这个日程稍微提前一点呢？这不但不是"使历史的车轮停止"，而是大势所趋，更何况在革命胜利后，始终在工农政权和苏维埃制度的基础上，"为这种文明创造前提，如驱逐地主、驱逐俄国资本家，然后开始走向社会主义"④。这种发展路径也符合历史规律，因为"世界历史发展的一般规律，不仅丝毫不排斥个别发展阶段在发展的形式或顺序上表现出特殊性，反而是以此为前提的"⑤。总之，对历史辩证法的科学把握导

---

① 〔俄〕普列汉诺夫：《在祖国的一年》，王荫庭、杨永译，三联书店，1980，第420页。
② 《列宁选集》第1卷，人民出版社，1995，第161页。
③ 《列宁选集》第1卷，人民出版社，1995，第777页。
④ 《列宁选集》第4卷，人民出版社，1995，第778页。
⑤ 《列宁选集》第4卷，人民出版社，1995，第776页。

致了列宁与普列汉诺夫政治上的分野，因为"十月革命的哲学基础只能是历史唯物主义中的实践辩证法"①。

2. 从历史"唯物主义"到"历史"唯物主义

列宁在《唯物主义和经验批判主义》中，反复论证及强调了一个观点："马克思和恩格斯几十次地把自己的哲学观点叫作辩证唯物主义。"② 在该书的第二版序言中，他甚至直截了当地指出："马克思主义的哲学基础是辩证唯物主义。"③ 然而，马克思恩格斯并没有明确地把自己的哲学叫作"辩证唯物主义"，甚至也没有如列宁所说的那样使用过这一概念。那么，列宁为什么会有如此的提法呢？

不可否认，在马克思恩格斯的著述中存有与"辩证唯物主义"极为相似的提法，在《路德维希·费尔巴哈和德国古典哲学的终结》中，恩格斯写道："我们发现了这个多年来已成为我们最好的工具和最锐利的武器的唯物主义辩证法。"④ 众所周知，"辩证唯物主义"最早出现于1886年狄慈根的小册子《一个社会主义者在认识论领域中的漫游》，但第一个从学理意义上将马克思主义哲学指认为"辩证唯物主义"的是普列汉诺夫。在《论一元论历史观的发展问题》中，普列汉诺夫在说明马克思哲学与之前哲学的区别时，明确指出："'辩证唯物主义'这一术语，是唯一能够正确说明马克思哲学特点的术语。"⑤ 在《论"经济因素"》一文中，他强调："辩证唯物主义涉及历史，所以恩格斯有时将它叫做历史的。"由此可知，普列汉诺夫对马克思主义哲学的理解带有一种"一般唯物主义""自然唯物主义""辩证唯物主义"的物质本体论情结，在他看来，马克思主义哲学是一般的唯物主义哲学，而当辩证唯物主义体系涉及自然时，便有了"唯物主义的自然观"，涉及历史时，就有了"唯物主义的历史观"，涉及主观思维时，就有了"唯物主义的思维观"。当它应用于宗教、道德、文艺、美学等领域时，就会有唯物主义的宗教观、唯物主义的伦理观、唯物主义的文艺观、

① 张一兵：《回到列宁》，江苏人民出版社，2008，第125页。
② 《列宁选集》第2卷，人民出版社，1995，第12页。
③ 《列宁选集》第2卷，人民出版社，1995，第247页。
④ 《马克思恩格斯文集》第4卷，人民出版社，2009，第298页。
⑤ 〔俄〕普列汉诺夫：《论一元论历史观的发展问题》，王荫庭译，商务印书馆，2012，第243页。

唯物主义的美学观等。这样一种还原论的思维方式，使他无论如何也要在各个领域的世界观之前加上"唯物主义"这个前缀。

诚然，这一思想深深地影响了列宁。在《马克思主义的三个来源和三个组成部分》一文中，列宁强调，"马克思的辩证唯物主义"是"一种极其完整严密的科学理论"。因为马克思"把它贯彻到底，把它对自然界的认识推广到对人类社会的认识。马克思的历史唯物主义是科学思想中的最大成果"①。在《卡尔·马克思》一文中，他将唯物主义历史观表述为"推广运用于人类社会及其历史的唯物主义"②。可以看到，列宁这个时候仍然与普列汉诺夫一样，基于"物质本体论"的视域来理解历史唯物主义，在历史唯物主义前面先验地预设着作为大全真理的"一般的唯物主义"。然而，我们发现，从1913年底开始，列宁通过系统钻研黑格尔哲学思想，对马克思主义实践观、辩证法的核心及实质有了更加科学的认识，从而对历史唯物主义的认知发生了升华，从历史"唯物主义"的理解转变为"历史"唯物主义的理解。

在《黑格尔〈逻辑学〉一书摘要》中，他批注道："历史唯物主义，是在黑格尔那里处于萌芽状态的天才思想。"③ 这一话语标志着列宁开始从以马克思主义哲学形成的费尔巴哈唯物主义来源的解释向度，转向以黑格尔哲学来源的向度。基于此，他在理解实践概念及辩证法思想时，从黑格尔哲学中汲取了精华。

在对实践的理解中，他将人的实践活动看作历史唯物主义的核心。他写到"马克思把实践的标准引进认识论时，是直接和黑格尔接近的"④，这个接近表现为两点。其一，"人为了自己的需要，以实践的方式同外部自然界发生关系"⑤。其二，"人因自己的工具而具有支配外部自然界的力量"⑥。请注意，对于黑格尔的这两句话，列宁的批注都是"在黑格尔那里就有了历史唯物主义的萌芽"。也就是说，历史唯物主义的核心已不是物质与社会

① 《列宁专题文集·论辩证唯物主义和历史唯物主义》，人民出版社，2009，第335页。
② 《列宁专题文集·论马克思主义》，人民出版社，2009，第13页。
③ 《列宁全集》第55卷，人民出版社，1990，第160页。
④ 《列宁全集》第55卷，人民出版社，1990，第181页。
⑤ 《列宁全集》第55卷，人民出版社，1990，第274页。
⑥ 《列宁全集》第55卷，人民出版社，1990，第159页。

的关系问题，而是人的实践活动与社会的关系问题。不难看出，这一思想对普列汉诺夫的哲学思想是一个重大超越，因为在普列汉诺夫看来，实践根本不是马克思主义哲学变革的重要标志。譬如，普列汉诺夫在《从唯心主义与唯物主义》一文中写道："马克思指责费尔巴哈不了解'实践批判'活动，这是不对的……因为只要作到唯物主义来解释历史，费尔巴哈就可消除自己学说中的这个缺点。"①

在对辩证法的理解上，列宁也破除了物质本体论的思维。他指出了普列汉诺夫对辩证法理解上的三点不足：①他不理解"主观主义（怀疑论和诡辩论等等）和辩证法的区别"②；②不理解个别和一般之间的辩证关系；③不善于将辩证法应用于认识论。由此看来，依列宁之见，普列汉诺夫的不足主要表现在他未能看到辩证法与认识论的同一性，虽然普列汉诺夫坚持了唯物主义认识论，但辩证法在他的视野之外，在普列汉诺夫看来，辩证法的特征只在于"从现象本身中，去寻找决定这种现象发展的力量"③。也就是说，辩证法并不涉及世界的本质，而只是实体本身的存在样态和实体之间的相互作用。对此，列宁在《黑格尔〈哲学史讲演录〉一书摘要》中深刻地指出，认识向客体的运动从来只能辩证地进行，而认识过程中前进和后退的"交错点＝人的和人类历史的实践"④。同时，由于对立面之统一是唯物主义辩证法的实质与核心，故而这些认识过程中的"交错点是矛盾的统一"，就是说，"在运动（＝技术、历史等等）的某些环节上，存在和非存在这两个消逝着的环节在一瞬间相符合"⑤。这就表明，只有以"对象的本质自身中的矛盾"⑥ 为研究对象才能将思维与存在统一起来。

综上，列宁并没有像普列汉诺夫那样从物质本体论的立场出发，对社会历史作感性直观的实体性理解，从而陷入马克思曾大加批评的旧唯物主义形而上学思维方式的窠臼，而是在对科学实践观的正确认识基础上，将实践引入认识论，把实践看作主体与客体统一联系的中介，看作人的存在

① 《普列汉诺夫哲学著作选集》第 3 卷，三联书店，1962，第 776～777 页。
② 《列宁全集》第 55 卷，人民出版社，1990，第 306 页。
③ 《普列汉诺夫哲学著作选集》第 4 卷，三联书店，1974，第 265 页。
④ 《列宁全集》第 55 卷，人民出版社，1990，第 239 页。
⑤ 《列宁全集》第 55 卷，人民出版社，1990，第 240 页。
⑥ 《马克思恩格斯文集》第 1 卷，人民出版社，2009，第 286 页。

方式、社会生活的本质和认识的基础。正如列宁所言，马克思和恩格斯在他们的著作中特别坚持的是历史唯物主义，而不是历史唯物主义。①

　　3. 从"一个完整的世界观"到"一整块钢"

　　这里可能有人会问，既然列宁的高明之处正是对历史唯物主义作出了科学的理解，那么，历史唯物主义与辩证唯物主义的关系是怎样的呢？马克思主义哲学体系究竟为何呢？

　　恩格斯对马克思主义哲学的主要内容作过阐发，他在《反杜林论》中指出："马克思和我，可以说是唯一把自觉的辩证法从德国唯心主义哲学中拯救出来并运用于唯物主义的自然观和历史观的人。"② 在这里，恩格斯将马克思主义哲学看作由唯物主义的自然观和历史观两个部分组成的整体。随后，在《路德维希·费尔巴哈与德国古典哲学的终结》中，他在批判费尔巴哈的唯物主义哲学时，又提出了"两个半截"的思想，即费尔巴哈在自然观领域是唯物主义者，却在历史、社会领域中坚持唯心主义，所以"他下半截是唯物主义者，上半截是唯心主义者"③。而马克思的哲学"把这个世界观彻底地（至少在主要方面）运用到所研究的一切知识领域里去了"④，实现了唯物主义基础上的自然观和历史观的辩证统一。

　　在《反杜林论》及《路德维希·费尔巴哈与德国古典哲学的终结》中，恩格斯对历史唯物主义作了"最为详尽的阐述"。对于它们，普列汉诺夫反复研读过多遍，且深谙其中的观点、方法及具体表述。根据恩格斯的相关论述，普列汉诺夫在《〈路德维希·费尔巴哈和德国古典哲学的终结〉第二版俄译本译者序言》《卡尔·马克思逝世二十五周年》《论"经济因素"》等文中，结合当时的实际任务，对马克思主义哲学体系进行了架构，提出了自己的看法。第一，"马克思和恩格斯的哲学不仅是唯物主义的哲学，而且是辩证的唯物主义"⑤，因而马克思主义哲学是"辩证唯物主义体系"⑥。第二，依据对《反杜林论》主要内容的理解，普列汉诺夫指出，马克思主

----

① 《列宁专题文集·论辩证唯物主义和历史唯物主义》，人民出版社，2009，第115～116页。
② 《马克思恩格斯文集》第9卷，人民出版社，2009，第13页。
③ 《马克思恩格斯文集》第4卷，人民出版社，2009，第296页。
④ 《马克思恩格斯文集》第4卷，人民出版社，2009，第297页。
⑤ 《普列汉诺夫哲学著作选集》第3卷，三联书店，1962，第79页。
⑥ 《普列汉诺夫哲学著作选集》第3卷，三联书店，1962，第106页。

义是"一个完整的世界观",而"历史唯物主义仅仅是马克思唯物主义世界观的一部分"①。第三,"马克思和恩格斯的唯物主义世界观……既包括自然界,也包括历史。无论是在自然界或是在历史方面,这种世界观'都是本质上辩证性的'。但因为辩证唯物主义涉及历史,所以恩格斯有时将它叫做历史的。这个形容语不是说明唯物主义的特征,而只表明应用它去解释的那些领域之一"②。从这些论述中,我们可以清晰地看到,普列汉诺夫把马克思主义哲学看作囊括"历史唯物主义"的辩证唯物主义体系。

无独有偶,列宁在《唯物主义和经验批判主义》中,针对波格丹诺夫等人用马赫主义来修正、补充历史唯物主义的企图时,写道:"一般唯物主义认为客观真实的存在(物质)不依赖于人类的意识、感觉、经验等等。历史唯物主义认为社会存在不依赖于人类的社会意识。在这两种场合下,意识都不过是存在的反映,至多也只是存在的近似正确的(恰当的、十分确切的)反映。在这个由一整块钢铸成的马克思主义哲学中,决不可去掉任何一个基本前提、任何一个重要部分,不然就会离开客观真理,就会落入资产阶级反动谬论的怀抱。"③ 正是这一段论述,为后人解读马克思主义哲学体系提供了极大的伸缩空间,最典型的就是苏联哲学教科书"二唯"板块化的解读范式,认为马克思主义哲学由"辩证唯物主义和历史唯物主义"两部分组成。其中,历史唯物主义被降格为一种辩证唯物主义统摄下的部门哲学。这种观点不仅背离了马恩提出"新唯物主义"的初衷,而且使马克思主义哲学呈现碎片化。其实,列宁在此的本意是要强调存在与意识、社会存在与社会意识的整体性,彰显社会存在作为历史唯物主义的基础性意义。

进而言之,我们认为,与马恩一样,列宁将马克思主义哲学的本质看作历史唯物主义。他依然是在历史唯物主义的视域下来探讨辩证唯物主义的。

首先,申明历史唯物主义是马克思主义哲学变革的标志。列宁指出,马克思对旧唯物主义的超越就在于,他从历史唯物主义出发克服了旧唯物

① 《普列汉诺夫哲学著作选集》第3卷,三联书店,1962,第216页。
② 《普列汉诺夫哲学著作选集》第2卷,三联书店,1961,第311页。
③ 《列宁专题文集·论辩证唯物主义和历史唯物主义》,人民出版社,2009,第112页。

主义那种不了解革命实际活动的缺点。列宁还指出："历史哲学所提供的东西非常之少——这是可以理解的，因为正是在这里，正是在这个领域中，在这门科学中，马克思和恩格斯向前迈了最大的一步。"①

其次，历史唯物主义的本质特征体现在辩证法上。列宁不断强调历史唯物主义方法论意蕴时，就被称为辩证唯物主义。譬如列宁在《列·尼·托尔斯泰及他的时代》《社会主义和宗教》《论工人政党对宗教的态度》等文中，在批判"造神说""寻神说"，揭示研究宗教这一社会意识形式时，不断以辩证唯物主义来指代历史唯物主义方法。

不仅如此，在《纪念赫尔岑》这篇文章中，列宁在评价赫尔岑的思想观点时，认为虽然他懂得辩证法是"革命的代数学"，也"超过黑格尔，跟着费尔巴哈走向了唯物主义"，从而走到了"辩证唯物主义跟前"，但是"在历史唯物主义前面停住了"②。这段论述清晰地说明，辩证唯物主义与历史唯物主义不在同一个认识高度之上，辩证唯物主义可以说是黑格尔辩证法与费尔巴哈唯物主义的综合方法，而历史唯物主义则是运用这样一种方法后所要达到的结果。也就是说，列宁在论述辩证唯物主义时，始终着眼于历史唯物主义，他认为，马克思恩格斯"所特别注意的不是唯物主义认识论，而是唯物主义历史观"③。

马克思主义具有丰富多彩的思想内容。一个真正的马克思主义者理所当然地应该依照不同历史时期的需要，把自己的主要精力放在它的某一方面，使之特别突出。正如列宁在《我们的取消派》中指出的那样，"在俄国，在革命以前，特别突出的是马克思的经济学说在我国实际中的运用；在革命时期，是马克思主义的政治；在革命以后，是马克思主义的哲学。这并不是说，在任何时候可以忽视马克思主义的某一方面；这只是说，把注意力主要放在这一方面或那一方面，并不取决于主观愿望，而取决于总的历史条件"④。所以，早期的列宁由于革命准备的需要，未能专注于对马克思主义哲学的研究，故而在哲学思想上当了普列汉诺夫的"奴隶"。但之后由于列宁对革命实践经验的深刻总结，对时代特征的科学研判，其思想

① 《列宁全集》第 55 卷，人民出版社，1990，第 277 页。
② 《列宁专题文集·论辩证唯物主义和历史唯物主义》，人民出版社，2009，第 232 页。
③ 《列宁专题文集·论辩证唯物主义和历史唯物主义》，人民出版社，2009，第 115～116 页。
④ 《列宁专题文集·论马克思主义》，人民出版社，2009，第 299 页。

发生了理论逻辑转轨和认识飞跃，逐渐觉察到了普列汉诺夫一元论历史观中的不足及缺陷，从而"亲身尝到了做奴隶的滋味"，并最终超越了他的"老师"。

　　总而言之，如果说普列汉诺夫是书生气十足的马克思主义理论宣传家的话，那么列宁则是延续了普列汉诺夫的理论工作，与无产阶级革命实践活动保持紧密联系的革命理论家。列宁面对新时代提出的新任务，在总结无产阶级革命实践新经验的基础上，不仅丰富发展了历史唯物主义思想，而且申明了历史唯物主义这一马克思主义哲学的本质，捍卫了马克思主义哲学体系的整体性。

结束语　普列汉诺夫一元论历史观的当代价值

　　总结前述各章，可以得出结论，作为马克思主义哲学俄国化的"鼻祖"，普列汉诺夫对于一元论历史观的构想和实践建构具有奠基性及开创性。他紧扣俄国实际，在艰苦卓绝的俄国革命实践中，既继承了马克思恩格斯的思想传统，又汲取了第二国际重构历史唯物主义的经验教训，既吸纳了由列夫·托尔斯泰、赫尔岑、别林斯基、车尔尼雪夫斯基等俄罗斯巨匠所开创的哲学文化传统，又浸润了民粹主义化民导众之作风，推动了马克思主义哲学形态的创造性转换，将世界观和方法论、自然观和历史观有机的统一，以历史唯物主义的核心范畴、基本原理为经，以主要命题为纬，创造性地将历史唯物主义置于"辩证唯物主义"的科学体系中来总结、概括，并鲜明地提出马克思主义哲学是行动的哲学、革命的哲学，为列宁哲学思想的形成与发展，乃至苏联马克思主义哲学的发展注入了强大的生长因子及宝贵的基本思路。无论何时何地，他对于研究、传播、推广历史唯物主义之心始终未变，倾其一生之精力，使历史唯物主义深入人心。正因为如此，普列汉诺夫被称为"俄国马克思主义之父"当之无愧，其自成一家的理论内核得以凝结，从而赋予了其一元论历史观一种独特的理论魅力。这种持久而深远的魅力使它在世界范围内产生了巨大的影响，不仅在苏联哲学界引起了巨大的思想史效应，而且对当代中国同样具有有益的现实启示。

　　借鉴普列汉诺夫推进马克思主义哲学，特别是历史唯物主义俄国化的重要经验，我们认为进一步推进马克思主义哲学（尤其是历史唯物主义）的中国化，应从以下几点入手。

　　第一，坚持以"中国问题意识"为导向。在马克思主义哲学俄国化的道路上，普列汉诺夫牢牢地抓住了历史唯物主义这根"引路之线"，不断回答俄国"向何处去"的问题，从而使历史唯物主义在俄国得以开枝散叶。然而当前，在我国，"马克思主义哲学研究不再具有上世纪 70 年代末 80 年代初的那种推动中国思想解放的作用"，而其中最大的原因，就在于"中国问题意识"的淡薄和缺失。① 因此，为了不使马克思主义哲学（特别是历史唯物主义）蜕变为经院式的概念推演，发挥其"改变世界"的作用，就必须得始终观照"我国仍处于并将长期处于社会主义初级阶段"，这个"认识当下、规划未来、制定政策、推进事业的客观基点"。② 在理论上回答新时代坚持和发展什么样的中国特色社会主义、怎样坚持和发展中国特色社会主义的问题。

第二，正确对待马克思主义哲学与民族传统文化之间的关系。由于俄国是一个政教合一的多民族国家，几乎 95% 的人民信仰东正教，因此，在马克思主义哲学的俄国化进程中，必然承担如何对民族传统文化进行创造性转换的任务。对此，普列汉诺夫指出："一个时代的思想家任何时候都不会在所有人类知识问题和社会关系问题上同自己前辈们进行全线斗争。"他认为马克思的理论事实上是"一个长期的历史观念的发展的合法产物"，且包含"一切有实际价值的历史观念"。③ 所以，他在坚持马克思主义哲学开放性的基础上，不仅积极扬弃俄罗斯传统文化中的非理性因素，又对其中的合理内核进行了借鉴吸收。随后，列宁继承了普列汉诺夫的这一思想，他在《青年团的任务》等文中，一再强调必须继承和发展一切人类的优秀文明成果。然而，遗憾的是，列宁之后的苏联共产党人，却忽视了这些重要思想，不是一味地以"阶级斗争为纲"的政治方向来碾压传统文化，就是忽略了对民族心理及落后传统习惯的改造，从而造成了个人崇拜的长期存在。最终未能妥善处理好马克思主义哲学俄国化与俄罗斯传统民族文化的关系，导致了苏联马克思主义哲学的终结。因此，对于马克思主义哲学中国化而言，我们必须注重对中华传统文化的现代改造，"处理好继承和创造性发展的关系，重点做好创造性转化和创新性发展"。

第三，利用各种途径，积极推进马克思主义哲学的大众化。马克思说：

---

① 参见叶险明《马克思主义哲学研究的困境与出路》，《理论视野》2014 年第 12 期。
② 《中央政治局新年首次集体学习辩证唯物主义》，新华网，2015 年 1 月 26 日。
③ 《普列汉诺夫哲学著作选集》第 2 卷，三联书店 1961，第 162 页。

"理论一经掌握群众,也会变成物质力量。"① 这就是说,历史唯物主义只有被广大人民群众所理解、掌握,并内化为指导他们日常生活工作的原则时,才会具有强大的生命力。普列汉诺夫通过自己切身的实践推进历史唯物主义俄国化的进程告诉我们,必须综合运用各种途径来传播和宣传马克思主义哲学。当前,我们认为必须从这几点入手。其一,编撰通俗化的马克思主义哲学读物。马克思说,"人们为之奋斗的一切,都同他们的利益有关"②,因此,在编写马克思主义哲学普及读物时,应切实关注与人民利益相关的热点问题。其二,利用各种媒介。不仅应重视以报刊、电视、广播为主体的传统媒介,还应重视以数字杂志、移动电视、手机网络、桌面视窗为主的新媒体。

当然,普列汉诺夫根据历史唯物主义的基本原理,创造性地考察了地理环境对人类社会的影响,个人在历史上的作用以及社会结构的"五项力量"公式等问题,对于当前中国特色社会主义建设也具有非常重要的启示意义。

就地理环境对人类社会的影响而言,普列汉诺夫认为地理环境是决定一个民族或国家历史发展的"空间条件"③,它对社会生产力的发展状况、人民生活的各个方面以及人本身具有重要的影响作用。换言之,从某种意义上来说,对地理环境的保护及重视,就是对人类自身的发展提供了重要的保障。从目前形势来看,虽然由于社会生产力的飞速发展、科学技术的突飞猛进,以往那种"靠天吃饭""赖地穿衣"的状况逐渐被打破,但是,发展的不平衡、不充分仍然制约着人们对美好生活的向往。地理环境对我们的影响不但没有丝毫消减,反而其影响作用以更加突出的方式表现出来,诸如"心肺之患""十面霾伏""心腹之患"等已成为人们日常生活中的"新常态",对此,中共中央先后提出"可持续发展"(1995年)、建设"两型社会"(2004年)、"和谐社会"(2005年),"生态文明"(2007年)、"美丽中国"(2012年)、"绿色发展理念"(2015年)等战略目标,这些正体现了我们对地理环境影响力的高度重视。此外,正如普列汉诺夫所强调的那样,地理环境对人类社会的影响"只能通过社会关系"来发挥。因而,

① 《马克思恩格斯文集》第1卷,人民出版社,2009,第11页。
② 《马克思恩格斯选集》第1卷,人民出版社,1995,第187页。
③ 参见〔俄〕普列汉诺夫《俄国社会思想史》第1卷,商务印书馆,1988,第7页。

中国共产党在保护自然环境时，致力于生态制度"安全网"的打造与构建，反复强调"保护生态环境必须依靠制度"①。对此，党的十九大又提出"加快生态文明体制改革，建设美丽中国"。

就社会结构的"五项力量公式"而言，普列汉诺夫注意到了构成社会各个因素在社会发展中的作用，说明了各种社会力量之间的因果关系，强调了它们之间彼此依赖、互相制约、互相影响的联系。这一公式不仅提出了新的观点，而且"进一步具体深入地分析和认识到社会有机体的各个因素及其复杂的相互关系和相互作用，从而深化了对人类社会发展的内在规律的研究"②。对于社会主义社会而言，它不仅是一整套相互衔接、相互联系的复杂体系，而且随着社会主义实践的向前推进相应地调整。对此，苏共中央政治局委员雷日科夫在反思苏联解体、东欧剧变教训时指出："任何一个社会制度，如果能全面发展，经常不断地回应时代的新要求，那它就是一个足够稳定的制度。"③ 从我们党提出的全面、协调、可持续的"科学发展观"到"四个全面"的重要思想，再到"五位一体"的全面布局、"五大发展理念"无不充分昭示出，这一公式对于建设中国特色社会主义的重要意义。

就个人在历史上的作用而言，普列汉诺夫运用了历史辩证法，在一般、特殊与个别的分析框架内，集中探讨了群众和英雄、英雄和时势、个人与社会发展、个人与历史环境的辩证关系。他强调，在评价及审视杰出人物的历史作用时，应坚持利益分析法及阶级分析法。这些思想对于我们今天批判以诋毁、丑化英雄，从而歪曲历史的虚无主义思潮具有重要意义。一些人在"还原历史"的幌子下，试图颠覆历史上杰出人物在人民群众心目中的崇高形象，以破除所谓的"英雄史观"，诸如"邱少云违背生理学""黄继光堵枪眼的弥天大谎""刘胡兰死于乡亲们之手"等，进而贩卖资本主义的价值观。依据普列汉诺夫对于杰出人物的相关论述，我们可以轻易揭露这种行径的本质。

---

① 胡锦涛：《坚定不移沿着中国特色社会主义道路前进为全面建成小康社会而奋斗——在中国共产党第十八次全国代表大会上的报告》，人民出版社，2012，第41页。
② 黄楠森：《马克思主义哲学史》，高等教育出版社，1998，第153页。
③ 〔苏〕尼·伊·雷日科夫：《大国悲剧：苏联解体的前因后果》，徐昌翰译，新华出版社，2008，第20页。

参考文献

1. 《马克思恩格斯文集》（第1～10卷），人民出版社，2009。

2. 《马克思恩格斯选集》（第1～4卷），人民出版社，1995。

3. 《马克思恩格斯全集》（第1卷），人民出版社，1956。

4. 《马克思恩格斯全集》（第34卷），人民出版社，1972。

5. 《马克思恩格斯与俄国政治活动家通信集》，人民出版社，1987。

6. 《列宁选集》（第1～4卷），人民出版社，1995。

7. 《列宁专题文集》（5卷本），人民出版社，2009。

8. 《列宁全集》（第1卷），人民出版社，1984。

9. 《列宁全集》（第2卷），人民出版社，1988。

10. 《列宁全集》（第4卷），人民出版社，1984。

11. 《列宁全集》（第20卷），人民出版社，1989。

12. 《列宁全集》（第24卷），人民出版社，1990。

13. 《列宁全集》（第25卷），人民出版社，1988。

14. 《列宁全集》（第26卷），人民出版社，1988。

15. 《列宁全集》（第45卷），人民出版社，1990。

16. 《列宁全集》（第55卷），人民出版社，1990。

17. 《斯大林选集》（上、下卷），人民出版社，1979。

18. 斯大林：《论列宁主义基础》，人民出版社，1959。

19. 《邓小平文选》（第1～3卷），人民出版社，第1～2卷1994，第3卷1993。

20. 《普列汉诺夫著作选集》（第1～5卷），三联书店，第1卷1959，第2卷1961，第3卷1962，第4卷1974，第5卷1984。

21. 〔俄〕普列汉诺夫:《论一元论历史观的发展问题》,王荫庭译,商务印书馆,2012。

22. 〔俄〕普列汉诺夫:《普列汉诺夫机会主义文选(1903 – 1908 年)》(上、下册),三联书店,1964 ~ 1965。

23. 〔俄〕普列汉诺夫:《在祖国的一年》,王荫庭、杨永译,三联书店,1980。

24. 〔俄〕普列汉诺夫:《普列汉诺夫文选》,人民出版社,2010。

25. 〔俄〕《普列汉诺夫读本》,中央编译出版社,2008。

26. 〔俄〕普列汉诺夫:《论个人在历史上的作用问题》,王荫庭译,商务印书馆,2012。

27. 〔俄〕普列汉诺夫:《无政府主义与社会主义》,王荫庭译,三联书店,1980。

28. 〔俄〕普列汉诺夫:《论战争》,王荫庭译,三联书店,1962。

29. 〔俄〕普列汉诺夫:《俄国社会思想史》(第 1 ~ 3 卷),孙静工译,商务印书馆,1988。

30. 〔德〕伯恩施坦:《伯恩施坦读本》,殷叙彝译,中央编译出版社,2008。

31. 〔德〕考茨基:《考茨基文选》,王学东译,人民出版社,2008。

32. 〔德〕考茨基:《唯物主义历史观》(第 1 ~ 4 册),上海人民出版社,1964 ~ 1984。

33. 〔德〕梅林:《保卫马克思主义》,吉洪译,人民出版社,1982。

34. 〔意〕拉布里奥拉:《关于历史唯物主义》,杨启燧等译,人民出版社,1984。

35. 〔法〕拉法格:《唯心史观和唯物史观》,王子野译,三联书店,1965。

36. 〔苏〕尼·布哈林:《历史唯物主义理论》,李光谟等译,东方出版社,1988。

37. 〔法〕让·饶勒斯:《饶勒斯文选》,李兴耕译,人民出版社,2009。

38. 〔德〕亨利希·库诺:《马克思的历史、社会和国家学说》,袁志英译,上海译文出版社,2014。

39. 〔法〕拉法格:《思想起源论》,王子野译,三联书店,1963。

40. 庄福龄主编《马克思主义史》(第 1 ~ 4 卷),人民出版社,1996。

41. 顾海良主编《马克思主义发展史》,中国人民大学出版社,2009。

42. 中共中央马克思恩格斯列宁斯大林编译局:《俄国民粹派文选》,人民出版社，1983。

43. 陈启能：《普列汉诺夫》，商务印书馆，1981。

44. 高放、高敬增：《普列汉诺夫评传》，中国人民大学出版社，1985。

45. 高放、高敬增：《普列汉诺夫年谱》，中国人民大学出版社，1986。

46. 李清崑、王秀芳：《普列汉诺夫与唯物史观》，河北人民出版社，1984。

47. 何梓焜：《普列汉诺夫哲学思想述评》，中山大学出版社，1987。

48. 李清崑：《唯物史观与哲学史：普列汉诺夫哲学史研究述评》，河北人民出版社，1992。

49. 王荫庭：《普列汉诺夫哲学新论》，北京出版社，1988。

50. 全国马列文艺论著研究会：《普列汉诺夫美学思想论集》，黄河文艺出版社，1987。

51. 刘佩弦、马健行：《第二国际若干人物思想研究》，中国人民大学出版社，1994。

52. 殷叙彝等：《第二国际研究》，中央编译出版社，1998。

53. 叶汝贤：《唯物史观发展史》，吉林人民出版社，1985。

54. 陈先达：《走向历史的深处马克思历史观研究》，上海人民出版社，1987。

55. 陈先达等：《历史唯物主义新探》，中国人民大学出版社，1990。

56. 黄楠森等：《马克思主义哲学史》，高等教育出版社，1998。

57. 吕世荣、周宏：《唯物史观的返本开新》，人民出版社，2006。

58. 《第二国际修正主义主要人物简介》，中国人民大学马克思列宁主义基础系资料室，1964。

59. 王文英主编《著名马克思主义哲学家评传》第 1 卷，山东人民出版社，1990。

60. 李景治：《国际共运史学百年》，北京出版社，1999。

61. 徐凤林：《俄国哲学》，商务印书馆，2013。

62. 贾泽林：《苏联哲学纪事（1953－1976）》，三联书店，1979。

63. 袁贵仁、杨耕：《东欧和苏联学者卷》上，北京师范大学出版社，2012。

64. 安启念：《俄罗斯向何处去》，中国人民大学出版社，2003。

65. 安启念：《东方国家的社会跳跃与文化滞后——俄罗斯文化与列宁主义问题》，1995。

66. 中共中央马克思恩格斯列宁斯大林著作编译局编《回忆恩格斯》，人民出版社，2005。

67. 李尚德：《20 世纪马克思主义哲学在苏联》，社会科学文献出版社，2009。

68. 姚顺良：《马克思主义哲学史：从创立到第二国际》，北京师范大学出版社，2010。

69. 程恩富：《马克思主义经济思想史：苏联俄罗斯卷》，东方出版社，2005。

70. 张一兵：《资本主义理解史》第 2 卷，江苏人民出版社，2009。

71. 张一兵：《回到列宁　关于"哲学笔记"的一种后文本学解读》，江苏人民出版社，2008。

72. 张念丰：《德波林学派资料选编》，吉林人民出版社，1982。

73. 俞吾金：《意识形态论》，人民出版社，2009。

74. 侯惠勤：《马克思的意识形态批判与当代中国》，中国社会科学出版社，2010。

75. 杨耕：《危机中的重建：唯物主义历史观的现代阐释》，武汉大学出版社，2011。

76. 段忠桥：《重释历史唯物主义》，江苏人民出版社，2009。

77. 聂锦芳：《马克思的"新哲学"——原型与流变》，中国社会科学出版社，2013。

78. 吴晓明：《思入时代的深处：马克思哲学与当代世界》，北京师范大学出版社，2006。

79. 江丹林：《东方复兴之路：非西方社会发展理论与建设有中国特色社会主义》，广东教育出版社，1996。

80. 刘祖熙：《改革和革命：俄国现代化研究（1861 – 1917)》，北京大学出版社，2001。

81. 张光明：《社会主义由西方到东方的演进：从马克思到邓小平的社会主义思想史考察》，云南人民出版社，2004。

82. 吴元梁：《马克思主义哲学形态的演变》上卷，中国社会科学出版社，2010。

83. 何建华：《俄苏马克思主义哲学形态研究》，黑龙江人民出版社，2013。

84. 张翼星：《读懂列宁》，四川人民出版社，2001。

85. 武杰、毛建儒：《马克思主义哲学的新探索》，中国经济出版社，2006。

86. 姜长斌、左凤荣：《读懂斯大林》，四川人民出版社，2007。

87. 孙来斌：《"跨越论"与落后国家经济发展道路》，武汉大学出版社，2006。

88. 林红：《民粹主义：概念、理论与实证》，中央编译出版社，2007。

89. 林艳梅：《当代俄罗斯马克思主义研究》，中央编译出版社，2013。

90. 孙亮：《马克思主义哲学研究范式：一个批判性建构》，知识产权出版社，2013。

91. 严国红：《马克思主义视域下的社会心理研究》，知识产权出版社，2013。

92. 王兰：《普列汉诺夫与苏联哲学教科书体系》，东北林业大学出版社，2013。

93. 〔苏〕福明娜：《普列汉诺夫的哲学观点》，汝信译，三联书店，1957。

94. 〔苏〕维·亚·福明娜：《普列汉诺夫的哲学遗产》，郭从周译，上海人民出版社，1957。

95. 〔苏〕福明娜：《普列汉诺夫的文学和艺术观》，张祺译，新文艺出版社，1958。

96. 〔苏〕弗·雅·波梁斯基：《普列汉诺夫的经济观点》，季谦译，上海人民出版社，1957。

97. 〔苏〕米·约夫楚克、伊·库尔巴托娃：《普列汉诺夫传》，宋洪训、纪涛等译，三联书店，1980。

98. 〔苏〕谢德洛夫·米亚斯尼柯夫：《普列汉诺夫》，王荫庭译，三联书店，1956。

99. 〔苏〕敦尼克、约夫楚克等主编《哲学史》（第4~5卷），三联书店，第4卷1964，第5卷1976。

100. 〔苏〕娜·康·克鲁普斯卡娅等：《回忆列宁》，人民出版社，1980。

101. 〔苏〕罗森塔尔、尤金编《简明哲学辞典》，三联书店，1975。

102. 〔苏〕康斯坦丁诺夫等主编《历史唯物主义》，刘丕坤等译，人民出版社，1955。

103. 〔苏〕弗·瓦·康斯坦丁诺夫主编《马克思列宁主义哲学原理》，袁任达、伊尔哲译，三联书店，1976。

104. 〔匈〕卢卡奇：《历史与阶级意识》，杜章智、任立等译，商务印书馆，2009。

105. 〔法〕路易·阿尔都塞：《保卫马克思》，顾良译，商务印书馆，2011。

106. 〔南斯拉夫〕普雷德腊格·弗兰尼茨基：《马克思主义史》，李嘉恩、韩宗等译，人民出版社，1986。

107. 〔英〕戴维·麦克莱伦：《马克思以后的马克思主义》（第3版），李智译，中国人民大学出版社，2008。

108. 〔奥〕哥斯塔夫·威特尔：《辩证唯物主义：苏联哲学之历史的和系统的概观》，周辅成等译，商务印书馆，1963。

109. 〔苏〕祖波克：《第二国际史》，刘金质等译，人民出版社，1984。

110. 〔苏〕马·莫·罗森塔尔：《马克思主义辩证法史：从马克思主义产生到列宁主义阶段之前》，汤侠声译，人民出版社，1986。

111. 〔英〕恩斯特·拉克劳、查特尔·墨菲：《领导权与社会主义的策略：走向激进民主政治》，鉴传今、轩传树译，黑龙江人民出版社，2003。

112. 〔美〕马尔库塞：《苏联的马克思主义：一种批判的分析》，中国人民大学出版社，2012。

113. 〔俄〕尼·别尔嘉耶夫：《俄罗斯思想：十九世纪末至二十世纪初俄罗斯思想的主要问题》，雷永生、邱守娟译，三联书店，1995。

114. 〔英〕以赛亚·伯林：《俄国思想家》，彭淮栋译，译林出版社，2001。

115. 〔俄罗斯〕津科夫斯基：《俄国哲学史》下，张冰译，人民出版社，2013。

116. 〔苏〕巴加图利亚：《马克思的第一个伟大发现：唯物史观的形成和发展》，陆忍译，中国人民大学出版社，1981。

117. 〔苏〕巴加图利亚、维戈茨基：《马克思的经济学遗产》，马健行译，贵州人民出版社，1981。

118. 〔苏〕联共（布）中央特设委员会编《联共（布）党史简明教程》，人民出版社，1975。

119. 〔德〕科尔施：《马克思主义和哲学》，王南湜、荣新海译，重庆出版社，1989。

120. 〔德〕尤尔根·哈贝马斯：《重建历史唯物主义》，郭官义译，社会科学文献出版社，2000。

121. 〔美〕埃里克·霍布斯鲍姆：《史学家——历史神话的终结者》，马俊亚、郭英剑译，上海人民出版社，2002。

122. 〔日〕广松涉：《唯物史观的原像》，邓习仪译，南京大学出版社，2009。

123. 〔俄〕丘丘金：《俄历史学家丘丘金论普列汉诺夫》，尚伟译，《当代世界社会主义问题》2009年第1期。

124. 〔俄〕尤里别洛夫：《给人民的最后忠告》，马凤书译，《当代世界社会主义问题》2001年第3期。

125. 〔俄〕左托夫文：《我们拒绝什么样的马克思主义》，曲延明译，《当代世界社会主义问题》2003 年第 3 期。

126. 〔俄〕列·希罗格拉德文：《普列汉诺夫论 20 世纪初俄罗斯及西方经济学》，黄登学译，《当代世界社会主义问题》2010 年第 1 期。

127. 〔美〕塞缪尔·巴伦：《普列汉诺夫、国际社会主义和一九〇五年革命》，解宇红译，《世界历史》1986 年第 2 期。

128. 〔苏〕约夫楚克：《普列汉诺夫与马克思主义哲学在俄国的传播》，董晓阳译，《国外社会科学》1984 年第 4 期。

129. 〔苏〕福明娜：《普列汉诺夫——俄罗斯人世杰出思想家》，《人民日报》1956 年 12 月 11 日。

130. 〔苏〕柯兹优拉·西多罗夫：《普列汉诺夫的美学观点》，黄嘉德译，《文史哲》1955 年第 12 期。

131. 〔苏〕叶戈罗夫：《普列汉诺夫在马克思主义哲学史中的地位》，译自苏联《马克思主义哲学史教程》，《马克思主义研究参考资料》1984 年第 19 期。

132. 王荫庭：《普列汉诺夫论哲学史方法论的若干问题》，《江汉论坛》1980 年第 2 期。

133. 王荫庭：《普列汉诺夫对历史唯物主义理论的创新性贡献》，《南京政治学院学报》2008 年第 2 期。

134. 朱传棨、王荫庭：《略论普列汉诺夫关于唯物史观形成史的研究》，《中国社会科学》1981 年第 6 期。

135. 陈启能：《评两本普列汉诺夫传记》，《世界历史》1980 年第 5 期。

136. 陈启能：《普列汉诺夫论个人在历史上的作用》，《世界历史》1981 年第 1 期。

137. 陈启能：《一个本本主义者的悲剧》，《世界历史》1980 年第 5 期。

138. 高放：《论普列汉诺夫功大于过》，《教学与研究》1979 年第 6 期。

139. 高放、高敬增：《普列汉诺夫与中国》，《湖北大学学报》1985 年第 6 期。

140. 高放：《普列汉诺夫在历史上的作用（续）》，《江西社会科学》1994 年第 8 期。

141. 高敬增：《普列汉诺夫社会沙文主义批判》，《江海学刊》1964 年第 8 期。

142. 王秀芳、李澄：《论普列汉诺夫对历史唯物主义的三个贡献》，《马克思主义研究》1988年第3期。

143. 李澄：《论普列汉诺夫关于社会结构的"五项因素公式"（下）》，《山西师院学报》1984年第3期。

144. 欧阳斌、唐春元：《普列汉诺夫哲学思想研究综述》，《湖湘论坛》1990年第3期。

145. 马绍孟、谢淀波：《普列汉诺夫对唯物史观理论来源的探讨及其方法论意义》，《哲学研究》1982年第6期。

146. 何梓焜：《从普列汉诺夫的"五项论"看"社会存在"与"社会意识"范畴——兼与张云勋、邹永图同志商榷》，《学术研究》1982年第2期。

147. 何梓焜：《普列汉诺夫论马克思主义哲学体系》，《中山大学学报》1990年第3期。

148. 何梓焜：《普列汉诺夫关于社会心理的论述》，《学术研究》1984年第5期。

149. 李明华：《普列汉诺夫社会结构理论初探》，《江汉论坛》1982年第8期。

150. 李明华：《作为社会意识的社会心理》，《现代哲学》2006年第6期。

151. 林辉基：《普列汉诺夫〈论个人在历史上的作用问题〉的理论价值》，《东岳论丛》1982年第1期。

152. 李清崑：《论普列汉诺夫的社会结构"五项因素公式"》，《情报与研究》1983年第1期。

153. 安延明、吴晓明：《评普列汉诺夫认识论思想的几个问题》，《马克思主义研究》1985年第3期。

154. 安延明、吴晓明：《试论普列汉诺夫关于地理环境作用的基本理论》，《哲学研究》1980年第8期。

155. 吴晓明、安延明：《普列汉诺夫关于社会心理问题的基本理论》，《复旦学报》1984年第3期。

156. 吴晓明：《论普列汉诺夫对唯物史观方法论的研究》，《复旦学报》1985年第3期。

157. 潘春葆：《普列汉诺夫社会心理学说述评》，《复旦学报》1983年第5期。

158. 高佳：《普列汉诺夫论社会心理和思想体系的关系》，《四川大学学报》1985年第2期。

159. 孙正聿：《历史唯物主义与哲学基本问题——论马克思主义的世界观》，《哲学研究》2010 年第 5 期。

160. 张雷声：《马克思主义整体性的三个层次》，《思想理论教育导刊》2008 年第 2 期。

161. 孙来斌：《列宁与普列汉诺夫关于俄国革命道路的争论及其启示》，《政治学研究》2009 年第 1 期。

162. 梁树发、李娉：《改革开放三十年来我国学者关于马克思主义认识的变化与发展》，《马克思主义与现实》2009 年第 4 期。

163. 左亚文：《普列汉诺夫的"地理环境决定论"再探》，《湖北行政学院学报》2012 年第 5 期。

164. 顾杰：《试论第二次飞跃的哲学理论特色》，《江汉论坛》1993 年第 12 期。

165. 周宏：《试论普列汉诺夫关于无产阶级革命斗争和意识形态的思考》，《马克思主义研究》2007 年第 1 期。

166. 秦在东、文大稷：《〈德意志意识形态〉与人的全面发展思想探析》，《江汉论坛》2008 年第 2 期。

167. 曾德生：《普列汉诺夫与晚年恩格斯的意识形态理论》，《理论探索》2009 年第 5 期。

168. 曲洪志：《试论普列汉诺夫的社会心理学说及其作用》，《烟台师范学院学报》2005 年第 3 期。

169. 李延明：《恩格斯的"中间因素"与普列汉诺夫的"中间环节"》，《理论探索》2009 年第 3 期。

170. 朱喆、操奇：《马克思主义哲学中的文化发展概念》，《哲学研究》2014 年第 2 期。

171. 王晓梅：《论社会意识的基本形式及价值意义》，《理论学刊》2000 年第 2 期。

172. 《应该重视和加强第二国际的研究——姚顺良教授访谈》，《国外理论动态》2008 年第 6 期。

173. 陈爱萍、李方方：《我国研究第二国际马克思主义的三个阶段》，《南昌航空大学学报》2013 年第 3 期。

174. 方章东：《忠诚与背弃：第二国际马克思主义的遗产》，《江淮论坛》

2009 年第 1 期。

175. 陈启懋：《列宁与普列汉诺夫：世界社会主义运动中跨世纪的大辩论》，《俄罗斯研究》2008 年第 6 期。

176. 何宏江：《俄罗斯〈独立报〉刊登普列汉诺夫的"政治遗嘱"》，《国外理论动态》2000 年第 4 期。

177. 王峰明：《对生产力一元决定论的反思与新释》，《马克思主义研究》2012 年第 10 期。

178. 吴炜、周全华：《普列汉诺夫和列宁关于在俄国能否实行社会主义的争论》，《社会科学》2014 年第 8 期。

179. 周建超、吴恒：《普列汉诺夫对马克思社会有机体理论的继承与发展》，《当代世界与社会主义》2013 年第 1 期。

180. 李萍：《早期苏俄马克思主义大众化生成逻辑》，《社会主义研究》2013 年第 2 期。

181. 张文喜：《列宁主义：超越革命代数学和预言政治》，《理论探讨》2014 年第 5 期。

182. 胡为雄：《普列汉诺夫对上层建筑的解释及其评价》，《湖北经济学院学报》2010 年第 6 期。

183. 韩雅丽：《彻底的唯物主义一元论的历史观——论普列汉诺夫"五项因素公式"理论》，《学习与探索》2006 年第 5 期。

184. 张三元：《关于马克思主义哲学形态的几个问题》，《理论探讨》2013 年第 1 期。

185. 张光明：《从跳跃到不可"跳跃"——重评普列汉诺夫的俄国社会发展规划》，《当代世界与社会主义》2003 年第 2 期。

186. Samuel H. Baron. *Plekhanov*：*The Father of Russian Marxism*，California：Stanford University Press，1983.

187. Samuel H. Baron，"Plekhanov's Russia：The Impact of the West Upon An 'Oriental' Society"，*Journal of the History of Ideas*，Jun. 1958.

188. Samuel H. Baron，"Plekhanov and the Origins of Russian Marxism"，*Russian Review*，Jan. 1954.

189. Robert Mayer，"Plekhanov Lenin and Working-class consciousness"，*Studies in East European Thought*，Sep. 1997.

后 记

当我与导师孙来斌教授拟定本论题时，实事求是地说，我是心存疑虑的：其一，论题太平常，学界已多有研究，我担心落入俗套，难以有所创新；其二，论题涉及的文献量之大、范围之广，我担心难以驾驭；其三，论题需要有深厚的哲学功底作支撑，这大大超出了我原有的知识结构，我担心难以如期完成。

的确，上述担心不是多余的。在读书、思考、研究了较长一段时间后，我仍然理不出具体的写作思路，但在导师的鼓励下，我咬紧牙关终于熬了过来。我深知要做好这个论题必须有大量的文本作为支撑，鉴于此，我尽力搜集和研究了所能找到的相关研究论著（除马克思主义经典作家、普列汉诺夫的著述外，还有第二国际主流理论家、俄国民粹派、西方马克思主义等的主要论著），基本上是每周过一本，整整坚持了一年，做了数本读书笔记，完成了供自己学习和研究的《普列汉诺夫论历史唯物主义》（30万字）的摘编。当摘编完成后，我丝毫不敢有任何懈怠，马上着手研究，反复研读摘录，边研边写，日复一日。随着研究的不断深入，我发现了这个论题的重大理论意义和现实意义，感觉它"太不平常了"。其需要人们通过艰苦的努力，不断深入普列汉诺夫思想大厦里面，方能发现"无数的珍宝"。正如马克思在《资本论》法文版序言和跋中所言："在科学上没有平坦的大道，只有不畏劳苦沿着陡峭山路攀登的人，才有希望达到光辉的顶点。"

本书的完成，离不开诸位师友的帮助。

首先，感谢孙来斌教授。作为我的博士生导师，先生才高八斗，学术造诣颇深，从论文选题、前期论证、资料搜集、大纲拟定、后期写作、修改定稿等各个方面给予我悉心点拨与指导，使我受益匪浅。先生"爱生如子"的情怀也让我倍加感动，一句"白了我的头不要紧，只要能增长你们的学问"，让我终生难忘。其为人、为文都是我终身学习的榜样。

其次，感谢朱喆教授。作为我的博士后导师，先生学富五车，才华横溢，不仅给予我学术上巨大的启迪及引导，而且在生活上对我关怀备至。始终叮嘱我要以深厚的哲学素养来造就严谨的文风，要以宽广的胸襟来塑造高尚的个人品格，要以务实的态度来树立求实的工作作风。感谢朱老师在本书的写作思路、文本选取等方面所提出的宝贵修改建议。

本书得到了武汉大学马克思主义理论学科点各位导师的指导与帮助。顾海良教授、石云霞教授、左亚文教授、颜鹏飞教授、曹亚雄教授、杨军教授、余永跃教授、袁银传教授、李楠教授、夏建国教授、杨乐强教授先后对本书的提纲和写作给予指导。其中，袁银传教授是我的硕士生导师，我对马克思主义理论的研究是在袁老师的指导下起步的，感谢袁老师的严格要求使我走出了"治学"的关键一步。

本书也得到了张雷声教授、顾杰教授、秦在东教授等校外知名专家的指导，在这里也向他们表示衷心感谢！

同时，要感谢社会科学文献出版社社会政法分社总编辑曹义恒对本书出版的鼎力帮助与支持！

当然，靠我一己之力是难以在这条学术道路上前行多远的，还离不开妻子与双方父母的支持与鼓励、承担与奉献，可以说，没有他们的付出，我不可能走上今天的学术之路。在这里向他们表示衷心的感谢！

郑 伟
2018 年 5 月 3 日

图书在版编目（CIP）数据

普列汉诺夫一元论历史观研究 / 郑伟著. -- 北京：
社会科学文献出版社，2018.9
（卓越文库·马克思主义研究青年学者论丛）
ISBN 978 - 7 - 5201 - 3432 - 3

Ⅰ.①普… Ⅱ.①郑… Ⅲ.①普列汉诺夫（
Plekhanov, Georgi Valentino 1856 - 1918）– 哲学思想 – 研
究 Ⅳ.①B512.54

中国版本图书馆 CIP 数据核字（2018）第 209904 号

卓越文库·马克思主义研究青年学者论丛
普列汉诺夫一元论历史观研究

著　者 / 郑　伟

出 版 人 / 谢寿光
项目统筹 / 曹义恒
责任编辑 / 吕霞云　王京美　孙连芹

出　　版 / 社会科学文献出版社·社会政法分社（010）59367156
　　　　　地址：北京市北三环中路甲 29 号院华龙大厦　邮编：100029
　　　　　网址：www.ssap.com.cn
发　　行 / 市场营销中心（010）59367081　59367018
印　　装 / 三河市尚艺印装有限公司

规　　格 / 开本：787mm × 1092mm　1/16
　　　　　印张：16.5　字数：269 千字
版　　次 / 2018 年 9 月第 1 版　2018 年 9 月第 1 次印刷
书　　号 / ISBN 978 - 7 - 5201 - 3432 - 3
定　　价 / 79.00 元